무료 동영상 강의를 제공하는

전산회계
운용사

3급 | 실기

시대에듀

2025 무료 동영상 강의를 제공하는
전산회계운용사 3급 실기

Always with you

사람의 인연은 길에서 우연하게 만나거나 함께 살아가는 것만을 의미하지는 않습니다.

책을 펴내는 출판사와 그 책을 읽는 독자의 만남도 소중한 인연입니다.

시대에듀는 항상 독자의 마음을 헤아리기 위해 노력하고 있습니다. 늘 독자와 함께하겠습니다.

머리말

안녕하세요.

전산회계운용사 3급 실기시험의 특징은 다음과 같습니다.

첫 째, 전산회계운용사 3급 실기시험은 '한국채택국제회계기준(K-IFRS)'이 적용되는 시험으로 전산회계운용사 3급 필기시험에 합격한 자(또는 실기시험 응시가능 자)에 한하여 응시할 수 있습니다.

둘 째, 매년 대한상공회의소 자격평가사업단에서 실제 시험과 유사한 모의고사를 공개하고 있어 수험생은 해당 모의고사 문제유형을 토대로 시험에 대비할 수 있으며, 기출문제는 외부에 공개되지 않습니다.

셋 째, 전산회계운용사 시험은 타 시험과 달리 상시시험으로 시행합니다.

본 교재는 전산회계운용사 3급 실기시험을 준비하는 수험생 여러분에게 최대한 많은 모의고사를 수록하여 다양한 문제를 풀어볼 수 있도록 구성하였습니다. 그것이 전산 회계운용사 3급 실기시험을 대비하는 수험생 여러분에게 좀 더 정확하고 빠른 합격의 길을 제시해 줄 수 있다고 보았기 때문입니다.

본 교재를 출간하는 데 도움을 주신 시대에듀 출판관계자분들과 그 외 도움주신 분들 께 감사의 말씀을 드립니다. 전산회계운용사 3급 실기시험에 도전하는 누군가에게 본 교재가 친절하고 명확한 길을 제시해 줄 수 있기를 바랍니다. 감사합니다.

with G. 박명희 저자

자격시험 안내

종목소개

방대한 회계정보의 체계적인 관리 필요성이 높아짐에 따라 전산회계운용 전문가에 대한 기업 현장의 수요도 증가하고 있습니다. 전산회계운용사 3급은 회계원리에 관한 지식을 갖추고 기업체 등의 회계실무자로서 회계정보시스템을 이용하여 회계업무를 처리할 수 있는 능력의 유무를 평가합니다.

시험과목 및 평가방법

등급		시험과목	출제형태	시험시간	합격기준(100점 만점)
1급	필기	재무회계 원가관리회계 세무회계	객관식 60문항	80분	과목당 40점 이상이고 전체 평균 60점 이상
	실기	회계시스템의 운용	컴퓨터 작업형	100분	70점 이상
2급	필기	재무회계 원가회계	객관식 40문항	60분	과목당 40점 이상이고 전체 평균 60점 이상
	실기	회계시스템의 운용	컴퓨터 작업형	80분	70점 이상
3급	필기	회계원리	객관식 25문항	40분	60점 이상
	실기	회계시스템의 운용	컴퓨터 작업형	60분	70점 이상

※ 계산기는 일반계산기만 지참 가능하며, 실기프로그램은 CAMP sERP, New sPLUS 중 택 1

시험일정 및 접수방법

구 분	내 용
시험일	상시(시험개설 여부는 시험장 상황에 따라 다름)
접수기간	개설일로부터 4일 전까지 인터넷 접수 또는 방문 접수
합격발표	대한상공회의소 자격평가사업단 홈페이지(license.korcham.net) 또는 고객센터(02-2102-3600) • 필기 : 시험일 다음 날 오전 10시 • 실기 : 시험일이 속한 주를 제외한 2주 뒤 금요일
검정수수료	필기 : 17,000원 / 실기 : 22,000원 ※ 인터넷 접수 시 수수료 1,200원 별도 부과

응시자격 ┃ 제한없음

🔺 전산회계운용사 3급 실기 출제기준

주요항목	세부항목	세세항목
전표관리	회계와 순환과정	• 회계상 거래와 일상생활에서의 거래를 구분할 수 있다. • 회계상 거래를 구성 요소별로 파악하여 거래의 결합관계를 차·대변 요소로 구분할 수 있다. • 회계상 거래의 결합관계를 통해 거래 종류별로 구별할 수 있다. • 거래의 이중성에 따라서 기입된 내용의 분석을 통해 대차평균의 원리를 파악할 수 있다.
	전표 작성	• 회계상 거래를 현금거래 유무에 따라 사용되는 입금전표, 출금전표, 대체전표로 구분할 수 있다. • 현금의 수입(지출) 거래를 파악하여 입금(출금) 전표를 작성할 수 있다. • 현금의 수입과 지출이 없는 거래를 파악하여 대체 전표를 작성할 수 있다.
	증빙서류 관리	• 발생한 거래에 따라 필요한 관련 서류 등을 확인하여 증빙여부를 검토할 수 있다. • 발생한 거래에 따라 관련 규정을 준수하여 증빙서류를 구분·대조할 수 있다. • 증빙서류 관련 규정에 따라 제 증빙자료를 관리할 수 있다.
자금관리	현금시재 관리	• 규정에 따라 현금 입·출금 관리 및 소액현금 업무를 처리할 수 있다. • 규정에 따라 입·출금 전표 및 현금출납부를 작성할 수 있다. • 규정에 따라 현금 시재를 일치시키는 작업을 할 수 있다.
	예금 관리	• 규정에 따라 예·적금 업무를 처리할 수 있다. • 자금운용을 위한 예·적금 계좌를 예치기관별·종류별로 구분·관리할 수 있다. • 은행업무시간 종료 후 회계 관련 규정에 따라 은행잔고를 확인할 수 있다. • 은행잔고의 차이 발생 시 그 원인을 규명할 수 있다.
	법인카드 관리	• 규정에 따라 금융기관에 법인카드를 신청할 수 있다. • 규정에 따라 법인카드 관리대장 작성 업무를 처리할 수 있다. • 법인카드의 사용범위를 파악하고 결제일 이전에 대금이 정산될 수 있도록 회계처리할 수 있다.
	어음·수표 관리	• 관련 규정에 따라 어음·수표를 발행·수령할 때 회계처리할 수 있다. • 관련 규정에 따라 수령한 어음·수표의 예치 업무 및 어음·수표의 분실처리 업무를 할 수 있다. • 관련 규정에 따라 어음관리대장에 기록하여 관리할 수 있다.
결산처리	결산준비	• 회계의 순환과정을 파악할 수 있다. • 회계 관련 규정에 따라 시산표, 재고조사표 및 정산표를 작성할 수 있다.
	결산분개	• 손익 관련 결산분개를 할 수 있다. • 자산·부채계정에 관한 결산정리사항을 분개할 수 있다. • 손익 계정을 집합 계정에 대체할 수 있다.
	장부마감	• 규정에 따라 주요장부 및 보조장부를 마감할 수 있다. • 규정에 따라 각 장부의 오류를 수정할 수 있다. • 자본거래를 파악하여 자본의 증감여부를 확인할 수 있다.
재무제표 작성	재무상태표 작성	• 자산·부채·자본을 회계관련 규정에 맞게 회계처리할 수 있다. • 재무상태표를 양식에 맞게 작성할 수 있다.
	손익계산서 작성	• 수익·비용을 회계관련 규정에 맞게 회계처리할 수 있다. • 손익계산서를 양식에 맞게 작성할 수 있다.
회계정보 시스템 운용	DB 마스터 관리	• 매뉴얼에 따라 계정과목 및 거래처를 관리할 수 있다. • 매뉴얼에 따라 비유동자산의 변경 내용 및 개정된 회계 규정을 적용하여 관리할 수 있다.
	프로그램 운용	• 매뉴얼에 따라 프로그램 운용에 필요한 기초 정보 및 정보 산출에 필요한 자료를 처리할 수 있다. • 매뉴얼에 따라 기간별·시점별로 작성한 각종 장부 및 작업 후 재무제표를 검색할 수 있다.
	회계정보 산출	• 회계정보를 활용하여 재무 안정성을 판단할 수 있는 자료를 산출할 수 있다. • 회계정보를 활용하여 수익성과 위험도를 판단할 수 있는 자료를 산출할 수 있다. • 경영진 요청 시 회계정보를 제공할 수 있다.

이 책의 구성과 특징

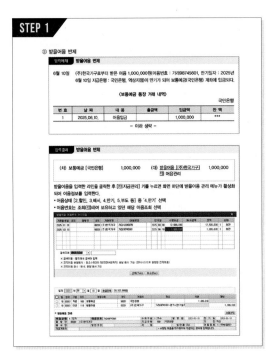

예제를 통한 실기 이론 완벽 정리

New Splus 화면을 통한 직관적 해설

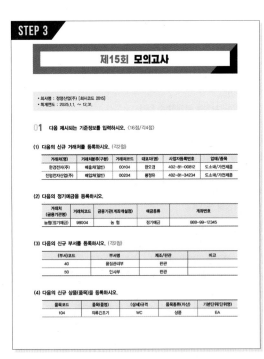

적중률 높은 모의고사 15회 제공

무료 동영상 강의 제공

이 책의 차례

이 책의 차례

제2편

모의고사

제3편

정답 및 해설

PART 1
실기 이론

지식에 대한 투자가 가장 이윤이 많이 남는 법이다.

- 벤자민 프랭클린 -

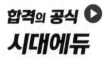

CHAPTER 01

PART 1 실기 이론

프로그램 및 DB 설치

01 New Splus 프로그램 설치방법

(1) 시대에듀 홈페이지에 접속하여 회원가입을 합니다.

홈페이지 주소 : https://www.sdedu.co.kr

(2) 시대에듀 홈페이지에서 아래 경로를 따라 이동하여 실기프로그램 설치파일을 다운로드합니다.

경로 : [학습자료실] 클릭 → [프로그램 자료실] 클릭 → [전산회계운용사] 조회 → [2025 전산회계운
용사 3급 실기 New Splus 프로그램 및 백데이터] 클릭 → 링크를 통해 설치파일 다운로드

(3) 다운로드한 파일의 압축을 풀어준 후 아래 파일을 실행하면 다음과 같이 설치가 진행됩니다.

파일명 : 2025 전산회계운용사 실기프로그램(New Splus) 설치파일.EXE

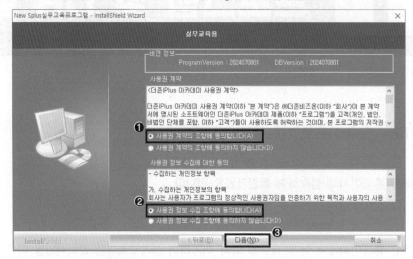

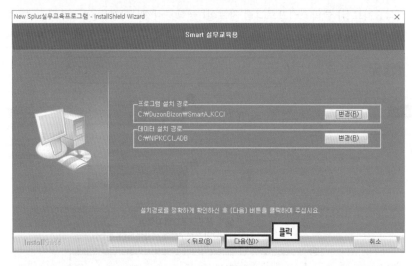

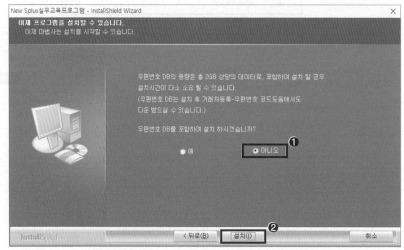

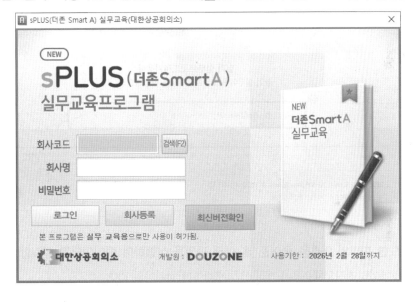

(4) 설치가 완료된 후 바탕화면에 생성된 아이콘(S)을 더블클릭하면 프로그램이 실행됩니다.

02 실기 백데이터 실행방법

(1) 시대에듀 홈페이지에 접속하여 회원가입을 합니다.

홈페이지 주소 : https://www.sdedu.co.kr

(2) 시대에듀 홈페이지에서 아래 경로를 따라 이동하여 실기 백데이터 파일을 다운로드합니다.

경로 : [학습자료실] 클릭 → [프로그램 자료실] 클릭 → [전산회계운용사] 조회 → [2025 전산회계운용사 3급 실기 New Splus 프로그램 및 백데이터] 클릭 → 링크를 통해 백데이터 다운로드

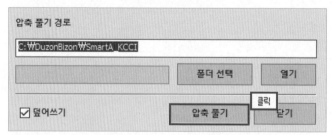

(3) 다운로드한 파일의 압축을 풀어준 후 아래 파일을 실행하여 백데이터를 설치합니다.

파일명 : 2025 전산회계운용사 3급 실기 백데이터 설치파일.EXE

(4) 교재 12 페이지를 참고하여 '회사등록'을 선행한 후 로그인을 해야 합니다.

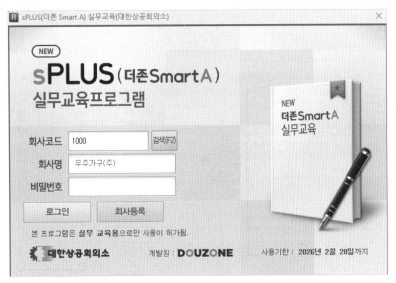

(5) [재무회계] → [데이터관리] → [백업데이터 복구] 메뉴를 실행합니다.

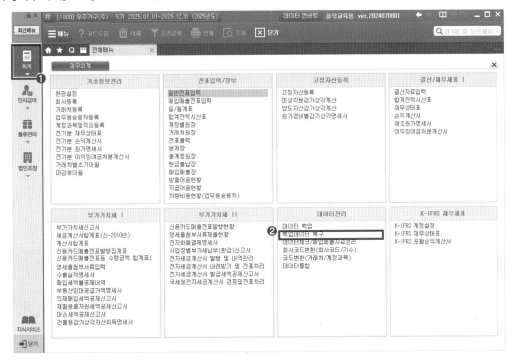

(6) 복구하고자 하는 회사를 선택하여 하단에 [복구하기]를 실행합니다.

> ※ 백데이터의 압축풀기 경로를 임의로 변경하신 경우 프로그램의 데이터경로란의 우측에 위치한 선택
> 버튼을 클릭하여 해당 폴더를 선택하여야 합니다.

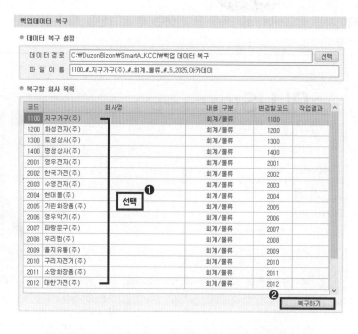

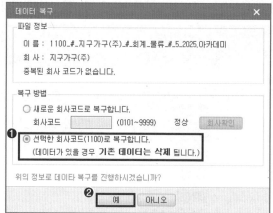

(7) 좌측 상단의 회사버튼을 클릭한 후 원하는 회사코드를 선택하여 재로그인합니다.

※ [Shift] + [F1] 버튼으로도 회사를 변경할 수 있습니다.

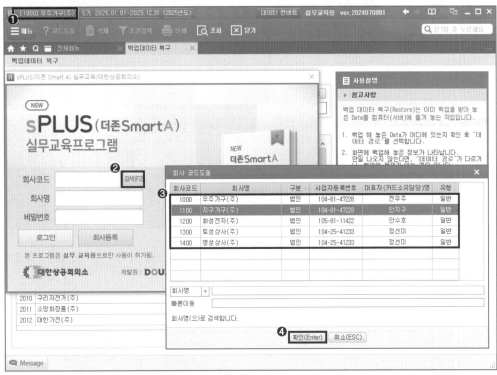

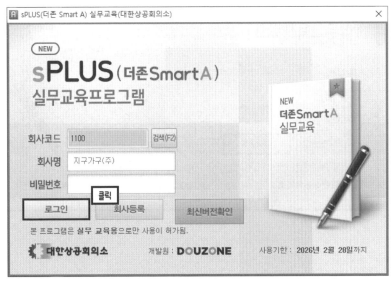

CHAPTER 02

PART 1 실기 이론

기초정보관리

회계모듈 → 기초정보관리 → 회사등록

회사등록은 회사의 기본사항을 입력하는 메뉴이다.

처음 프로그램을 시작할 때에는 회사등록 을 눌러 신규등록을 해야 하며, 회사의 정보(사업자등록증 등)를
입력하여 회사등록을 수행한다.

☞ 시험에 출제되지 않는다.

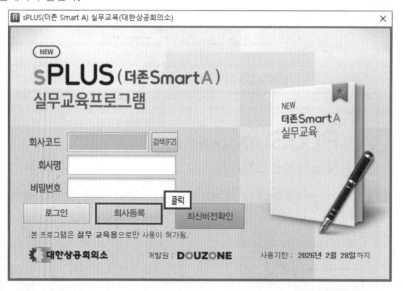

〈회사등록 메뉴〉

회사코드	등록할 회사의 회사코드를 부여하며, '0101 ~ 9999'까지 사용이 가능하다. 회사코드는 입력하면 자동으로 저장된다. 단, 회사코드를 삭제하는 경우에는 자판의 'Ctrl+F5'를 두 번 입력한다.
회사명	사업자등록증에 기재된 상호명을 입력한다.
구 분	법인의 경우는 '0'(자동), 개인의 경우는 '1'을 선택한다.
사용여부	기본이 '0.사용'으로 되어 있다. 미사용 체크 시 회사 코드도움에 나타나지 않는다.
회계연도	작업할 회사의 기수와 회계기간을 입력한다. 회계연도 기수를 1기로 하게 되면 전기이월 자료의 입력이 불가능하다.
사업자등록번호	○○○-○○-○○○○○ 사업자등록증상의 사업자등록번호를 입력한다. 사업자등록번호가 잘못될 경우에는 빨간색 바탕에 사업자등록번호가 표시된다. 이는 세무신고 시 각종 오류를 발생하게 된다.
법인등록번호	○○○○○○-○○○○○○○ 사업자등록증상의 법인등록번호를 입력한다.
대표자명	사업자등록증상의 대표자를 입력한다. 대표자가 2인 이상일 경우 대표자 1명만을 입력하고 그 밖의 대표자는 '외 몇 명'으로 입력한다.
내·외국인구분	대표자의 내국인과 외국인 여부를 표시한다.
대표자주민번호	대표자의 주민등록번호를 입력한다.
사업장주소	우편번호 옆 ? 를 클릭할 경우 보조화면이 나타나게 되고, 주소를 조회하여 입력한다. 사업장주소는 도로명주소 또는 지번주소를 선택하여 입력이 가능하다.
업종코드	업종코드 옆 ? 를 클릭하여 나타난 화면에서 업종세부를 선택하고 관련 업종을 검색하여 선택할 경우 '11.업태'와 '12.종목'에 관련 사항이 자동으로 입력되게 된다.
업태와 종목	'10.업종코드'를 선택할 경우 자동으로 입력된다. 다만, 추가적인 사항이 있거나 직접입력하는 경우 사업자등록증상에 기재된 업태 및 종목을 직접 입력한다.
사업장세무서	F2 코드도움 또는 ? 를 눌러서 반드시 코드번호로 입력한다.
개업년월일	사업자등록증에 있는 법인의 '개업년월일'을 입력한다.

- 회사코드 : 1000번
- 설립년월일 : 개업년월일과 동일
- 법인등록번호 : 110111-1111113
- 회계연도 : 제5기 2025.01.01. ~ 2025.12.31.

- 회사명 : 우주가구(주)
- 법인, 중소기업
- 대표자주민번호 : 641010-1771111

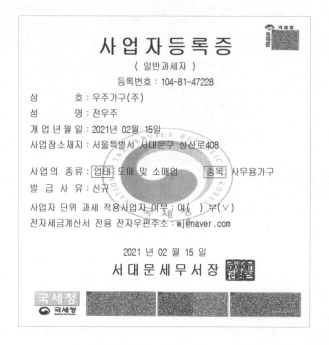

입력결과 | 회사등록

- 기본사항 탭

• 추가사항 탭

코드	회사명	구분	사용
1000	우주가구(주)	법인	사용

회사등록　　　　　　　　　　　　　　　　　　　　　회사명잠금(F8)

기본사항　**추가사항**

● **신고관련 추가정보**

1. 법 인 구 분 [1.내국]　　　　2. 중 소 기 업 여 부 [0.중소기업]
3. 종 류 별 구 분 [1.중소기업 ▼]　4. 지방소득세신고 [21. 00 주식회사] [?]
5. 담 당 자 부 서 /직 급 [　　　　]　　　　6. 담 당 자 성 명 [　　　　]
7. 담 당 자 E - M a i l [wj@naver.com]

New Splus 프로그램 로그인하기

회사등록을 하고 나서 우주가구(주)를 검색하여 선택한 뒤 [로그인] 한다.

---

02 화면구성

로그인을 하면 프로그램 초기화면은 총 4개의 모듈 '회계', '인사급여', '물류관리', '법인조정'으로 이루어져 있다. 좌측의 모듈에 대한 부분은 아이콘을 클릭하면 해당 모듈이 나타나게 된다.

> **시험가이드**
> 전산회계운용사 3급 시험은 회계모듈(일부), 물류관리모듈(일부)만 출제된다.

〈회계모듈〉

〈물류관리모듈〉

회계모듈 → 기초정보관리 → 환경설정

'전체' 탭에서 계정과목의 코드체계를 세목 사용여부를 결정하는 기능과 소수점관리에 대한 부분을 다루고 있다. '1.버림', '2.올림', '3.반올림'에 대한 부분을 선택하는 기능을 수행하고, '회계' 탭에서는 회계처리하는 회사의 업종에 따라 매출과 매입의 기본계정을 설정하는 기능과 신용카드 분개 시의 입력방법 및 카드채권과 채무의 기본계정을 설정하는 기능을 수행한다.

☞ 시험에 출제되지 않는다.

시험가이드

환경설정 메뉴에 기등록되어 있는 기본계정설정(상품매출, 상품)은 상기업의 환경에 맞도록 설정되어 있다.

환경설정   전기이월(F4)

| 전체 | 회계 (1) | 회계 (2) | CMS | 내컴퓨터 |

1.기본입력언어 설정

기본입력언어 `1.한글`

2.증빙 사용여부   **3.거래처등록 코드도움**

증빙사용여부 `사용안함` 주민번호 별표 사용여부(회계,물류 적용) `사용안함`

4.매입매출 전표입력 자동설정관리

① 기본 계정 설정

매 출	401	?	상 품 매 출
매 출 채 권	108	?	외 상 매 출 금
매 입	146	?	상 품
매 입 채 무	251	?	외 상 매 입 금

② 신용카드 기본계정설정(분개유형 4번)

카 드 입 력 방 식	1	1.공급대가(부가세포함)
카 드 채 권	120	?	미 수 금
카 드 채 무	253	?	미 지 급 금
카드매입공제	2.부가세불공제 ▼
복 식 부 기	사용함

③ 봉사료 사용여부   `사용안함`

④ 전자세금계산서(계산서) 거래처코드 변경 여부   `사용안함`

6.중단사업코드 설정

중단사업코드 선택 `0.미사용`

5.매입매출 전표입력 추가계정설정

매입매출 추가계정 사용여부 `사용안함`

① 매출 추가계정설정

분개유형	구 분	코 드	계정과목
5	매 출	404	?	제 품 매 출
	매출채권	108	?	외 상 매 출 금
6	매 출		?	
	매출채권		?	
7	매 출		?	
	매출채권		?	

② 매입 추가계정설정

5	매 입	153	?	원 재 료
	매입채무	251	?	외 상 매 입 금
6	매 입		?	
	매입채무		?	
7	매 입		?	
	매입채무		?	

7.글꼴크기 설정   **8.전표체크낸 원장 표시여부**

글꼴 크기 `1. 작은 글꼴`   표시여부 `표시안함`

PART 1

04 거래처등록

회계모듈 → 기초정보관리 → 거래처등록

거래처등록의 메뉴는 각 계정별, 거래처별 및 자금관리 항목 등을 위하여 거래처코드를 부여하는 것으로 3가지 탭(일반, 금융, 카드)으로 구성되어 있다.

거래처등록에 입력된 거래처를 삭제하려면 화면 상단의 아이콘(🗑 삭제)을 클릭하면 가능하다.

☞ 시험에 출제된다.

① 일반 : '00101 ~ 97999'의 범위 내에서 코드를 부여한다.
② 금융 : '98000 ~ 99599'의 범위 내에서 코드를 부여한다.
③ 카드 : '99600 ~ 99999'의 범위 내에서 코드를 부여한다.

| 입력예제 | 거래처등록 |

① 일 반

• 거래시작일 2025년 1월 1일, 우편번호 생략해도 무방함

코 드	사업자번호	상 호	구 분	대표자	업태/종목	사업장주소
201	104-81-24017	(주)한국가구	매 출	김한국	도매/생활가구	서울특별시 종로구 계동2길 11
202	107-81-31220	(주)누리가구	매 입	한대한	제조/사무가구	서울특별시 중구 서소문로 10
203	217-81-15304	태백상사	전 체	오대림	서비스/유류	서울특별시 도봉구 도봉로 413

② 금 융

• 은행등록 : 국민은행(코드 100), 하나은행(코드 200)

코 드	은행명	내 용
98001	국민은행	계좌번호 : 12541-244-24781, (역삼지점) (일반, 보통예금, 이자율 3%, 계좌개설일 2025.12.01.)
98002	하나은행	계좌번호 : 254-36587-3511, (논현지점) (정기예금, 연 5%, 계좌개설일 2025.02.01. ~ 계좌해지일(만기) 2026.01.31.)

③ 카 드

코 드	카드명	내 용
99601	국민카드	• 카드번호 : 1111-2222-3333-4444 (매입) • 카드구분 : 회사사업용, 결제일 25일, 결제계좌 : 국민은행 • 사용한도 : 500,000,000원, 유효기간 : 2021.02.10. ~ 2027.02.09.
99602	국민카드사	• 가맹점번호 : 557211 (매출) • 입금계좌 : 국민은행, 수수료율 3% • 계약기간 : 2022.10.08. ~ 2027.10.07.

입력결과 | **거래처등록**

① 일 반

② 금 융
• 은행등록(F8)

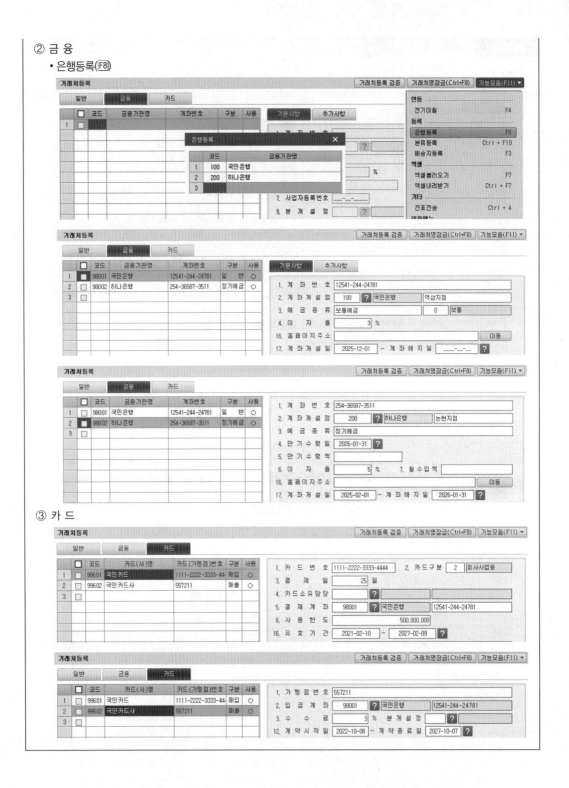

③ 카 드

05 계정과목및적요등록

회계모듈 → 기초정보관리 → 계정과목및적요등록

프로그램에 기등록된 계정과목은 필요에 따라 등록 또는 수정하여 사용할 수 있다. 그러나 계정과목의 등록은 프로그램상의 코드체계에 따라 알맞게 설정하여야 회계기준에 적합한 결산재무제표를 도출하는데 왜곡이 없다.

☞ 시험에 출제되지 않는다.

	코드	계정과목	구분	사용	과목	관계	관리항목	표준코드	표준재무제표항목
☐	101	현　　　　　금	일　반	○	101		거래처,부서/사원	003	현금및현금성자산
☐	102	당　좌　예　금	예　금	○	102		거래처,부서/사원,당조	003	현금및현금성자산
☐	103	보　통　예　금	예　금	○	103		거래처,부서/사원	003	현금및현금성자산
☐	104	정　기　예　금	예　금	○	104		거래처,부서/사원	004	단기예금
☐	105	정　기　적　금	예　금	○	105		거래처,부서/사원	004	단기예금
☐	106	회 사 설 정 계 정 과 목	예　금	○	106		거래처,부서/사원	004	단기예금
☐	107	당기손익-공정가치측정금융자산	유가증권	○	107		거래처,부서/사원	006	단기매매증권
☐	108	외　상　매　출　금	일　반	○	108		거래처,부서/사원,미불	010	외상매출금
☐	109	대　손　충　당　금	차　감	○	109	108	거래처,부서/사원		
☐	110	받　을　어　음	일　반	○	110		거래처,부서/사원,받을	012	받을어음
☐	111	대　손　충　당　금	차　감	○	111	110	거래처,부서/사원		
☐	112	공　사　미　수　금	일　반	○	112		거래처,부서/사원	034	공사미수금
☐	113	대　손　충　당　금	차　감	○	113	112	거래처,부서/사원		
☐	114	단　기　대　여　금	일　반	○	114		거래처,부서/사원	029	기타단기대여금
☐	115	대　손　충　당　금	차　감	○	115	114	거래처,부서/사원		
☐	116	미　수　수　익	일　반	○	116		거래처,부서/사원	068	미수수익

(1) 계정 및 계정과목

- 재무상태표 계정 : 자산, 부채, 자본
- 손익계산서 계정 : 수익, 비용

(2) 적 요

적요란 거래내역을 간단하게 설명하는 부분이다. 적요등록 사항은 현금적요와 대체적요의 두 가지 부분으로 나누어져 있다. 현금적요는 현금수지를 동반하는 거래, 즉 전표에서 '1.출금'이나 '2.입금'으로 처리하는 경우에 나타나는 적요이며, 대체적요는 차변과 대변으로 구분하여 입력할 경우 나타나는 적요를 의미한다.

(3) 계정과목 신규등록

계정과목 코드는 101번 ~ 999번까지로 구성되어 있으며 계정과목의 신규등록은 기존의 프로그램에서 없는 계정과목을 코드체계에 맞추어 설정하여야 한다. 정해진 코드 범위 내에서 계정과목명이 '회사설정계정과목'으로 되어 있는 란에 추가로 등록하여 사용한다.

(4) 계정과목 수정

일반적으로 계정과목의 색이 검정으로 표시된 부분은 수정해서 바로 사용할 수 있다. 다만 빨강으로 표시된 계정과목은 특수한 성격이 있어 원칙적으로 수정할 수가 없다. 만약 부득이한 경우에는 'Ctrl + F1'을 누른 후 수정이 가능하다.

입력예제 계정과목및적요등록

- 계정과목 추가 : 판매비와관리비인 '인터넷사용료' 계정과목을 추가하시오.
    (코드 : 852, 계정구분 : 경비, 현금적요 및 대체적요 : 01. 회선이용료)
- 계정과목 수정 : '136.선납세금' 계정과목명을 '136.선납법인세'로 수정하시오.

입력결과 계정과목및적요등록

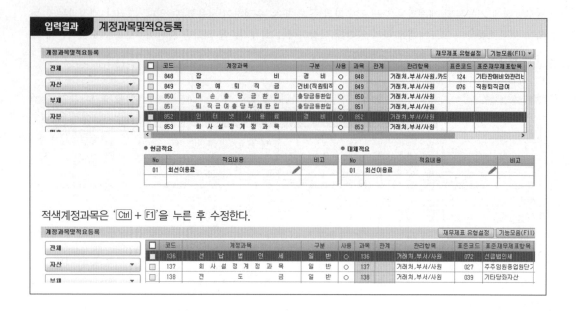

적색계정과목은 'Ctrl + F1'을 누른 후 수정한다.

---

06 부서등록

물류관리모듈 → 기준정보관리 → 부서/사원등록

☞ 시험에 출제된다.

입력예제 부서등록

부서명	부서코드	제조/판관	부문구분
영업부	10	판 관	공 통
관리부	20	판 관	공 통
구매부	30	판 관	공 통

부서/사원등록

	코드	부서명	부서구분	참조부서	제조/판관	부문구분	사용
☐	10	영업부	부서		판관	공통	여
☐	20	관리부	부서		판관	공통	여
☐	30	구매부	부서		판관	공통	여

07 품목등록 및 품목초기이월

물류관리모듈 → 기준정보관리 → 품목등록 및 품목초기이월

품목등록은 입고입력 메뉴와 출고입력 메뉴에서 사용하게 될 재고자산(상품)을 등록하는 메뉴이다. 상품을 입고 및 출고하는 과정을 통해 매입매출전표입력이 자동으로 작성되므로 품목등록은 매우 중요한 등록사항이다.

☞ 시험에 출제된다.

입력예제 품목등록 및 품목초기이월

(1) 품목등록

품목코드	품목(품명)	(상세)규격	품목종류(자산)	기준단위(단위명)
101	책 상	10-1	상 품	EA
202	의 자	20-9	상 품	EA
305	금 고	35-4	상 품	EA

(2) 품목초기이월

자 산	품목코드	품 명 / 규 격	수량단위	단 가	금 액
상 품	101	책 상 / 10-1	50EA	100,000	5,000,000
상 품	202	의 자 / 20-9	100EA	80,000	8,000,000
상 품	305	금 고 / 35-4	34EA	500,000	17,000,000

입력결과 　품목등록 및 품목초기이월

(1) 품목등록

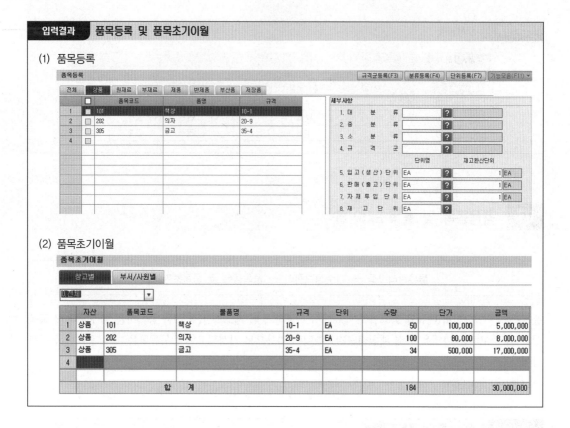

품목등록　　　　　　　　　　　　　　　　　　　　　　규격군등록(F3)　분류등록(F4)　단위등록(F7)　기능모음(F11) ▼

		품목코드	품명	규격
1	☐	101	책상	10-1
2	☐	202	의자	20-9
3	☐	305	금고	35-4
4	☐			

세부사항

	단위명	재고환산단위
1. 대 　 분 　 류	?	
2. 중 　 분 　 류	?	
3. 소 　 분 　 류	?	
4. 규 　 격 　 군	?	
5. 입고(생산)단위 EA	?	1 EA
6. 판매(출고)단위 EA	?	1 EA
7. 자재투입단위 EA	?	1 EA
8. 재 고 단 위 EA	?	

(2) 품목초기이월

품목초기이월

　창고별　　부서/사원별

	자산	품목코드	물품명	규격	단위	수량	단가	금액
1	상품	101	책상	10-1	EA	50	100,000	5,000,000
2	상품	202	의자	20-9	EA	100	80,000	8,000,000
3	상품	305	금고	35-4	EA	34	500,000	17,000,000
4								
			합　　계			184		30,000,000

08 전기분 재무제표

재무회계 프로세스 이해를 위해 '전기분 재무상태표'와 '전기분 손익계산서'를 입력한다.

☞ 시험에 출제되지 않는다.

입력예제 전기분 재무상태표

재무상태표

회사명 : 우주가구(주)　　　　제4기 2024.12.31. 현재　　　　(단위 : 원)

과 목	금 액		과 목	금 액	
유 동 자 산		152,225,000	유 동 부 채		26,000,000
당 좌 자 산		122,225,000	외 상 매 입 금		15,000,000
현　　　금		20,000,000	지 급 어 음		8,000,000
당 좌 예 금		45,000,000	미 지 급 금		3,000,000
보 통 예 금		30,000,000	비 유 동 부 채		50,000,000
외 상 매 출 금	15,000,000		장 기 차 입 금		50,000,000
대 손 충 당 금	150,000	14,850,000	부 채 총 계		76,000,000
받 을 어 음	12,500,000				
대 손 충 당 금	125,000	12,375,000	자　　본　　금		50,000,000
재 고 자 산		30,000,000	보통주자본금		50,000,000
상　　　품		30,000,000	이 익 잉 여 금		42,425,000
비 유 동 자 산		16,200,000	미처분이익잉여금		42,425,000
투 자 자 산		0	(당기순이익 14,540,000)		
유 형 자 산		14,200,000	자　본　총　계		92,425,000
차 량 운 반 구	15,000,000				
감가상각누계액	5,000,000	10,000,000			
비　　　품	5,000,000				
감가상각누계액	800,000	4,200,000			
무 형 자 산		2,000,000			
특 허 권		2,000,000			
기타 비유동자산		0			
자산총계		**168,425,000**	**부채와 자본총계**		**168,425,000**

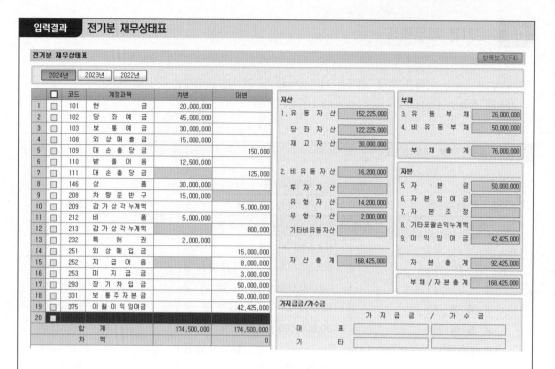

입력결과 전기분 재무상태표

전기분 재무상태표   항목보기(F4)

		코드	계정과목	차변	대변
1	□	101	현 금	20,000,000	
2	□	102	당 좌 예 금	45,000,000	
3	□	103	보 통 예 금	30,000,000	
4	□	108	외 상 매 출 금	15,000,000	
5	□	109	대 손 충 당 금		150,000
6	□	110	받 을 어 음	12,500,000	
7	□	111	대 손 충 당 금		125,000
8	□	146	상 품	30,000,000	
9	□	208	차 량 운 반 구	15,000,000	
10	□	209	감 가 상 각 누 계 액		5,000,000
11	□	212	비 품	5,000,000	
12	□	213	감 가 상 각 누 계 액		800,000
13	□	232	특 허 권	2,000,000	
14	□	251	외 상 매 입 금		15,000,000
15	□	252	지 급 어 음		8,000,000
16	□	253	미 지 급 금		3,000,000
17	□	293	장 기 차 입 금		50,000,000
18	□	331	보 통 주 자 본 금		50,000,000
19	□	375	이 월 이 익 잉 여 금		42,425,000
20	■				
		합 계		174,500,000	174,500,000
		차 액			0

자산

항목	금액
1. 유 동 자 산	152,225,000
당 좌 자 산	122,225,000
재 고 자 산	30,000,000
2. 비 유 동 자 산	16,200,000
투 자 자 산	
유 형 자 산	14,200,000
무 형 자 산	2,000,000
기타비유동자산	
자 산 총 계	168,425,000

부채

항목	금액
3. 유 동 부 채	26,000,000
4. 비 유 동 부 채	50,000,000
부 채 총 계	76,000,000

자본

항목	금액
5. 자 본 금	50,000,000
6. 자 본 잉 여 금	
7. 자 본 조 정	
8. 기타포괄손익누계액	
9. 이 익 잉 여 금	42,425,000
자 본 총 계	92,425,000
부 채 / 자 본 총 계	168,425,000

가지급금/가수금

	가 지 급 금 / 가 수 금
대 표	
기 타	

(1) 메뉴의 좌측에 코드와 해당 계정과목의 금액을 입력한다. 해당 계정과목의 코드를 모를 경우 툴바의 [코드조회]를 선택하거나 해당 계정과목명을 2자 이상 입력한 후 Enter↵를 누르면 계정코드도움 대화상자가 작동하게 된다.

(2) 1,000원 단위금액의 입력은 자판의 우측에 있는 ⊞키를 누르면 '000'이 표시된다. 대손충당금과 감가상각누계액의 경우 같은 계정과목명이 여러 개 있으므로 해당 자산의 차감계정 코드를 입력 시 주의해야 한다.

(3) 재무상태표의 미처분이익잉여금 42,425,000원은 전년도 기말 시점의 잉여금을 의미한다. 본 자료는 당해 연도 기초 시점에 전기분 자료를 입력하는 것이므로 미처분이익잉여금이 아닌 '375.이월이익잉여금'으로 계정과목을 입력해야 함을 주의해야 한다.

(4) 상품 30,000,000원은 기말재고자산으로 손익계산서의 상품매출원가를 계산하는 자료에 자동으로 반영되며 품목초기이월에서 입력한 상품의 재고자산 합계금액과 일치한다.

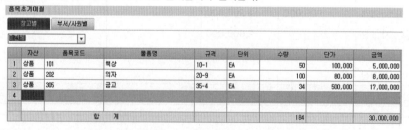

품목초기이월

창고별   부서/사원별

	자산	품목코드	물품명	규격	단위	수량	단가	금액
1	상품	101	책상	10-1	EA	50	100,000	5,000,000
2	상품	202	의자	20-9	EA	100	80,000	8,000,000
3	상품	305	금고	35-4	EA	34	500,000	17,000,000
4								
		합 계				184		30,000,000

손익계산서

회사명 : 우주가구(주)　　　　　제4기 2024.1.1. ～ 2024.12.31.　　　　　(단위 : 원)

과 목	금 액	
Ⅰ. 매　출　액		100,000,000
상　품　매　출	100,000,000	
Ⅱ. 상 품 매 출 원 가		60,000,000
기 초 상 품 재 고 액	10,000,000	
당 기 상 품 매 입 액	80,000,000	
기 말 상 품 재 고 액	30,000,000	
Ⅲ. 매 출 총 이 익		40,000,000
Ⅳ. 판 매 비 와 관 리 비		25,000,000
급　　　　　여	12,000,000	
복 리 후 생 비	5,000,000	
여 비 교 통 비	3,500,000	
차 량 유 지 비	500,000	
소 모 품 비	600,000	
광 고 선 전 비	400,000	
감 가 상 각 비	3,000,000	
Ⅴ. 영 업 이 익		15,000,000
Ⅵ. 영 업 외 수 익		500,000
이 자 수 익	500,000	
Ⅶ. 영 업 외 비 용		300,000
기타의대손상각비	300,000	
Ⅷ. 법인세차감전순이익		15,200,000
Ⅸ. 법 인 세 등		660,000
Ⅹ. 당 기 순 이 익		14,540,000

PART 1

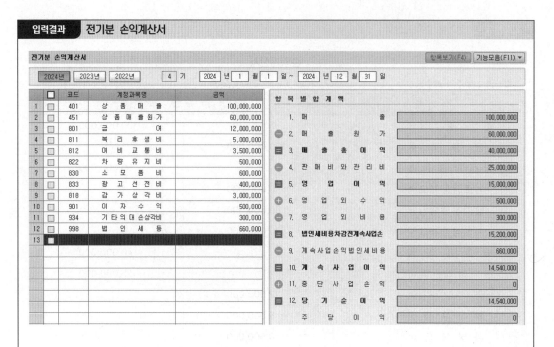

입력결과	전기분 손익계산서

전기분 손익계산서 · 항목보기(F4) · 기능모음(F11) ▾

2024년 / 2023년 / 2022년 · 4 기 · 2024 년 1 월 1 일 ~ 2024 년 12 월 31 일

	코드	계정과목명	금액
1	401	상 품 매 출	100,000,000
2	451	상 품 매 출 원 가	60,000,000
3	801	급 여	12,000,000
4	811	복 리 후 생 비	5,000,000
5	812	여 비 교 통 비	3,500,000
6	822	차 량 유 지 비	500,000
7	830	소 모 품 비	600,000
8	833	광 고 선 전 비	400,000
9	818	감 가 상 각 비	3,000,000
10	901	이 자 수 익	500,000
11	934	기 타 의 대 손 상 각 비	300,000
12	998	법 인 세 등	660,000
13			

항 목 별 합 계 액

1. 매 출		100,000,000
2. 매 출 원 가		60,000,000
3. 매 출 총 이 익		40,000,000
4. 판 매 비 와 관 리 비		25,000,000
5. 영 업 이 익		15,000,000
6. 영 업 외 수 익		500,000
7. 영 업 외 비 용		300,000
8. 법 인 세 비 용 차 감 전 계 속 사 업 손		15,200,000
9. 계 속 사 업 손 익 법 인 세 비 용		660,000
10. 계 속 사 업 이 익		14,540,000
11. 중 단 사 업 손 익		0
12. 당 기 순 이 익		14,540,000
주 당 이 익		0

(1) [전기분 손익계산서]는 각 계정과목과 금액은 입력하되 당기순손익의 입력은 우측화면에 각 항목의 집계와 함께 자동으로 표시된다.

(2) 451.상품매출원가 계정과목을 선택하면 우측에 보조화면이 나타나게 된다. 화면에 기말상품재고액은 전기분 재무상태표의 상품 30,000,000원이 자동으로 표시되므로 손익계산서의 상품매출원가의 '기말상품재고액 30,000,000원'은 직접 입력하지 않는다.

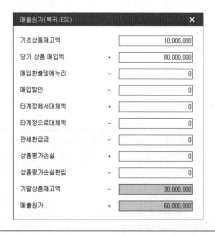

매출원가(복귀:ESC)		×
기초상품재고액		10,000,000
당기 상품 매입액	+	80,000,000
매입환출및에누리	-	0
매입할인	-	0
타계정에서대체액	+	0
타계정으로대체액	-	0
관세환급금	-	0
상품평가손실	+	0
상품평가손실환입	-	0
기말상품재고액	-	30,000,000
매출원가	=	60,000,000

09 거래처별초기이월

채권, 채무, 예금, 적금 등 특정한 계정과목에 대하여 전기분 재무상태표 계정과목별로 거래처별 잔액을 관리할 때 사용하는 메뉴로 계정과목별로 관리대상 거래처와 전기말 거래처별 잔액을 입력한다.

☞ 시험에 출제되지 않는다.

입력예제 거래처별초기이월

계정과목	거래처명	금액(원)	비 고
외상매출금	(주)한국가구	10,000,000	
	(주)누리가구	5,000,000	
받을어음	(주)한국가구	12,500,000	• 어음번호 : 가다12345678 • 발행인 : (주)한국가구, 자수 • 만기일자 : 2025.03.30. • 발행일자 : 2024.11.10. • 거래일자 : 2024.11.10. • 약속어음(일반) • 국민은행 역삼지점
보통예금	국민은행	30,000,000	
미지급금	태백상사	3,000,000	

입력결과 거래처별초기이월

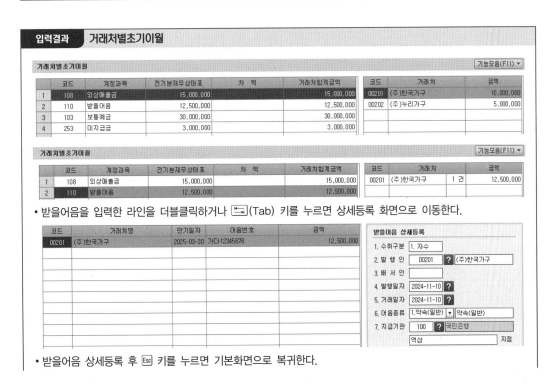

거래처별초기이월   기능모음(F11) ▼

	코드	계정과목	전기분재무상태표	차 액	거래처합계금액		코드	거래처	금액
1	108	외상매출금	15,000,000		15,000,000		00201	(주)한국가구	10,000,000
2	110	받을어음	12,500,000		12,500,000		00202	(주)누리가구	5,000,000
3	103	보통예금	30,000,000		30,000,000				
4	253	미지급금	3,000,000		3,000,000				

거래처별초기이월   기능모음(F11) ▼

	코드	계정과목	전기분재무상태표	차 액	거래처합계금액		코드	거래처		금액
1	108	외상매출금	15,000,000		15,000,000		00201	(주)한국가구	1 건	12,500,000
2	110	받을어음	12,500,000		12,500,000					

• 받을어음을 입력한 라인을 더블클릭하거나 ⇥(Tab) 키를 누르면 상세등록 화면으로 이동한다.

코드	거래처명	만기일자	어음번호	금액
00201	(주)한국가구	2025-03-30	가다12345678	12,500,000

받을어음 상세등록

1. 수취구분   1. 자수
2. 발 행 인   00201   ? (주)한국가구
3. 배 서 인
4. 발행일자   2024-11-10 ?
5. 거래일자   2024-11-10 ?
6. 어음종류   1.약속(일반) ▼ 약속(일반)
7. 지급기관   100   ? 국민은행
역삼   지점

• 받을어음 상세등록 후 Esc 키를 누르면 기본화면으로 복귀한다.

거래처별초기이월

	코드	계정과목	전기분재무상태표	차 액	거래처합계금액		코드	거래처	금액
1	108	외상매출금	15,000,000		15,000,000		98001	국민은행	30,000,000
2	110	받을어음	12,500,000		12,500,000				
3	103	보통예금	30,000,000		30,000,000				
4	253	미지급금	3,000,000		3,000,000				

거래처별초기이월

	코드	계정과목	전기분재무상태표	차 액	거래처합계금액		코드	거래처	금액
1	108	외상매출금	15,000,000		15,000,000		00203	태백상사	3,000,000
2	110	받을어음	12,500,000		12,500,000				
3	103	보통예금	30,000,000		30,000,000				
4	253	미지급금	3,000,000		3,000,000				

왼쪽 메뉴에 계정과목을 입력하면 전기분 재무상태의 금액이 자동으로 반영된다. 해당 계정과목의 거래처를 조회(F2)하여 거래처별 잔액을 직접 입력한다. 또는 기능도움(F11)의 불러오기(F3)를 하여 재무상태표 전체 금액을 불러오는 방법도 가능하다.

PART 1 실기 이론

전표입력

우주가구(주) (회사코드 : 1000)　　　　　　　▶ 회사변경 후 실무수행 연습하기

01　일반전표입력

[일반전표입력] 메뉴는 부가가치세신고와 관련된 거래를 제외한 모든 거래 자료를 입력하는 곳이다. 통상적으로 부가가치세를 제외한 금융거래, 급여지급 등의 경비지출, 채권의 회수 및 채무의 상환 등에 대한 거래가 이루어진다.

〈일반전표입력 메뉴〉

월/일	거래일자를 직접 입력한다.		
번 호	전표번호로 자동으로 발생한다. 동일한 전표번호는 하나의 거래를 의미하므로 차대변이 일치하여 하나의 거래가 완료되면 번호가 자동생성된다.		
구 분	전표의 유형을 입력하는 란이다.		
	현금전표	1. 출금전표	2. 입금전표
	대체전표	3. 차변전표	4. 대변전표
	결산전표	5. 결산차변전표	6. 결산대변전표
계정과목 및 거래처	계정과목과 코드의 입력은 해당 계정과목의 코드를 알고 있을 경우에는 해당 코드를 입력하고 [Enter↲] 키를 누르면 계정과목명까지 자동으로 입력된다. 만일 코드명을 모를 경우 더블클릭하거나 [F2]를 누르면 계정과목코드도움 대화상자가 나타나게 되며, 해당 계정과목을 찾아 클릭한 후 확인 버튼을 누르면 된다.		
전표삭제기능	삭제하고자 하는 전표에 커서를 두고 [F5 삭제] 키 또는 🗑️삭제(화면 상단) 버튼을 누른다.		
거래처코드등록	거래처등록 메뉴를 사용하지 않고 전표입력 시 거래처코드란에 ⊞ 키를 누르거나 숫자 '00000'을 입력하여 전표를 입력하면서 거래처등록을 바로 할 수 있다.		
유의사항	① 전표선택 　입금전표와 출금전표를 대체전표를 선택하여 입력해도 결과는 동일하므로 어떤 전표를 선택하느냐는 답안작성에 상관이 없다(단, 입금전표를 선택하면 차변에 자동으로 현금이 기록되고, 출금전표를 선택하면 대변에 자동으로 현금이 기록되는 편리함이 있음). ② 계정과목 　판매비와관리비에 해당하는 계정과목은 조회 시 판관비(코드 800번대)와 제조원가(코드 500번대) 등으로 조회된다.		

〈주의〉 본 시험은 상기업의 회계처리를 수행하므로 '판매비와관리비'로 구분되는 '800번대' 비용만 선택하여 회계처리해야 한다.

〈예〉 복리후생비

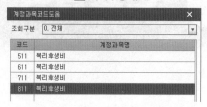

③ 거래처코드

채권, 채무, 예금, 적금 등의 계정과목은 거래처 관리가 중요한 과목이므로 '거래처코드'를 필수로 입력하여야 한다.

④ 어음관리[F3]

받을어음과 지급어음은 회계처리 시 하단에 '어음관리[F3] 자금관리]'를 입력해야 한다. 수취, 반제, 발행, 결제 등의 원인별로 어음번호, 만기일자 등을 하단에 기록하여 필히 관리한다.

● 받을어음 관리					삭제(F5)
어음상태 2 할인(전액)	어음번호	수취구분	발행일	만기일	
발행인		지급은행	지점		
배서인	할인기관	지점	할인율(%)	어음종류	
지급거래처				* 수령된 어음을 타거래처에 지급하는 경우에 입력합니다.	

⑤ 적요(본 시험은 전표입력 시 적요는 생략하도록 하고 있음)

⑥ 결차/결대(미사용)

전표유형 중 결차/결대는 결산차변/결산대변을 입력할 때 사용하는 유형이다. 자동으로 전표가 생성되거나 특별히 결산분개를 일반분개와 구분하기 위해 사용하는 것인데 특별한 기능은 없으므로 수험생이 해당 유형을 사용할 필요는 없다.

(1) 출금전표

현금지출을 동반한 거래의 처리에 사용한다.

입력예제	출금전표

2월 10일   (주)누리가구의 외상매입금 200,000원을 현금으로 지급하다.

입력결과	출금전표

구분란에 출금전표 '1번'을 선택하고 차변에 외상매입금과 (주)누리가구(거래처코드)와 200,000원을 입력하면 대변에 현금 200,000원이 자동반영된다.

일반전표입력 [어음등록] [복사(F4)] [이동(Ctrl+F4)] [기간입력(Ctrl+8)] [기능모음(F11) ▼]

일자 2025 년 02 ▼ 월 10 일 [현금잔액] 19,800,000원

□	일	번호	구분	코드	계정과목	코드	거래처	적요	차변	대변
■	10	00001	출금	251	외상매입금	00202	(주)누리가구		200,000	현금
□	10									

251	외상매입금		200,000	101	현금	200,000
		[차변 : 200,000]				[대변 : 200,000]

(2) 입금전표

현금수입이 발생하는 거래의 처리에 사용한다.

입력예제	입금전표
2월 11일	(주)한국가구의 외상매출금 500,000원을 현금으로 받다.

입력결과	입금전표
구분란에 입금전표 '2번'을 선택하고 대변에 외상매출금과 (주)한국가구(거래처코드)와 500,000원을 입력하면 차변에 현금 500,000원이 자동반영된다.	

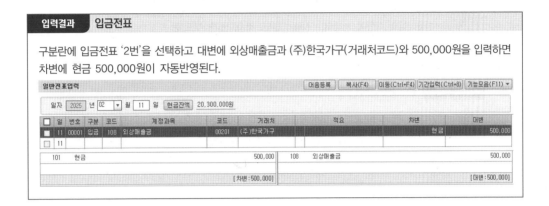

(3) 대체전표

대체전표는 차변과 대변을 모두 입력하는 전표이며, 입력순서는 상관이 없고 대차를 일치시켜야 한다.

입력예제	대체전표
2월 12일	(주)한국가구에 상품을 판매하기로 계약을 맺고, 계약금 1,000,000원을 보통예금(국민은행)으로 받다.

입력결과	대체전표
구분란에 차변 '3번'을 선택하여 보통예금, 국민은행(거래처코드), 1,000,000원을 입력하고, 다음 줄 구분란에 대변 '4번'을 선택하여 선수금, (주)한국가구(거래처코드), 1,000,000원을 입력한다.	

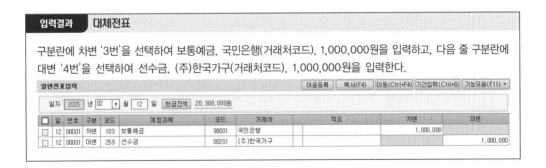

02 어음관리

받을어음과 지급어음의 회계처리를 하는 경우에는 반드시 해당 어음의 정보를 전표 하단에 입력하여 어음을 관리해야 하는데 이때 자금관리(어음관리)기능키(F3)를 사용하여 어음의 정보를 입력한다.

(1) 받을어음

받을어음은 추후에 대금으로 회수해야 할 매출채권으로 어음상의 만기일자, 어음번호 등을 회계처리와 동시에 관리해야 한다.

받을어음 수취	(차) 받을어음 　　　F3 어음관리	XXX	(대) 상품매출 등	XXX
받을어음 할인 등	(차) 현금 등	XXX	(대) 받을어음 　　　F3 어음관리	XXX
	• 받을어음이 대변에 처리되는 사례 : 할인, 배서, 만기, 부도 등 • 1.자수(직접 받은 어음), 2.타수(배서 받은 어음)			

① 받을어음 수취

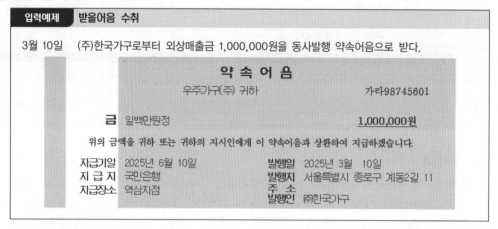

입력예제　받을어음 수취

3월 10일　(주)한국가구로부터 외상매출금 1,000,000원을 동사발행 약속어음으로 받다.

입력결과　받을어음 수취

```
(차) 받을어음 [(주)한국가구]    1,000,000    (대) 외상매출금 [(주)한국가구]   1,000,000
    F3 어음관리
```

받을어음을 입력한 라인을 클릭한 후 [F3 자금관리] 키를 누르면 화면 하단에 받을어음 관리 메뉴가 활성화된다.
• 어음상태 [1.보관], 어음종류, 어음번호, 만기일 등을 직접입력
• 수취구분 : 1.자수(직접 받은 어음), 2.타수(배서 받은 어음)

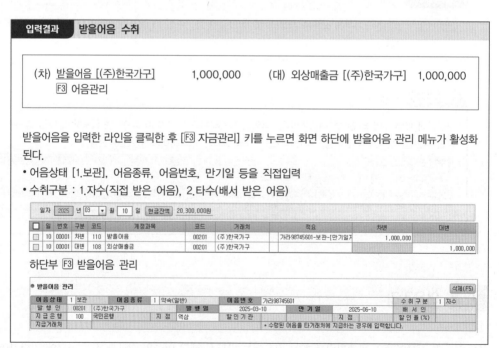

하단부 F3 받을어음 관리

② 받을어음 반제

6월 10일　　(주)한국가구로부터 받은 어음 1,000,000원(어음번호 : 가라98745601, 만기일자 : 2025년 6월 10일 지급은행 : 국민은행, 역삼지점)이 만기가 되어 보통예금(국민은행) 계좌에 입금된다.

〈보통예금 통장 거래 내역〉

국민은행

번 호	날 짜	내 용	출금액	입금액	잔 액
1	2025.06.10.	어음입금		1,000,000	***

－ 이하 생략 －

(차) 보통예금 [국민은행]　　　　1,000,000　　　　(대) 받을어음 [(주)한국가구]　　　1,000,000
F3 어음관리

받을어음을 입력한 라인을 클릭한 후 [F3]자금관리] 키를 누르면 화면 하단에 받을어음 관리 메뉴가 활성화되어 어음정보를 입력한다.
• 어음상태 [2.할인, 3.배서, 4.만기, 5.부도 등] 중 '4.만기' 선택
• 어음번호는 조회(F2)하여 보유하고 있던 해당 어음조회 선택

CHAPTER 03 전표입력 • **33**

(2) 지급어음

지급어음은 추후에 대금으로 결제해야 할 매입채무로 어음상의 만기일자, 어음번호 등을 회계처리와 동시에 관리해야 한다.

어음책 등록	은행으로부터 교부받은 어음책을 등록 [우측 상단에 어음등록] 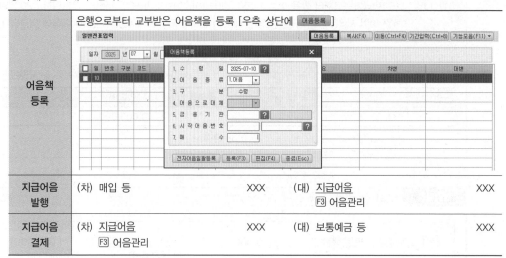
지급어음 발행	(차) 매입 등 XXX (대) 지급어음 XXX F3 어음관리
지급어음 결제	(차) 지급어음 XXX (대) 보통예금 등 XXX F3 어음관리

① 어음책등록

입력예제	어음책등록

7월 10일   국민은행(역삼지점)으로부터 교부받은 어음책 (어음번호 : 다라12345678 ~ 다라12345687, 10매)을 등록하시오. (수령일 : 2025.07.10.)

입력결과	어음책등록

- 어음등록은 우측 상단에 있는 어음등록 키를 클릭한다.
- 어음등록은 언제든지 발행하여 지급할 수 있는 어음을 미리 등록해두는 것이며 어음등록을 하는 것과 전표입력은 무관하다.

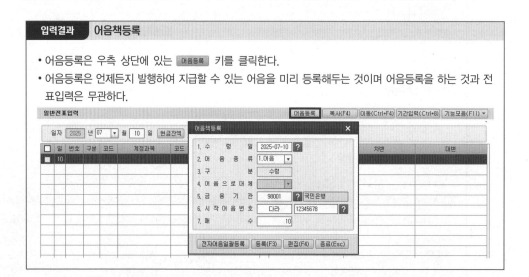

② 지급어음 발행

입력예제 지급어음 발행

7월 10일 (주)누리가구의 외상매입금 2,000,000원을 어음을 발행하여 결제하다.

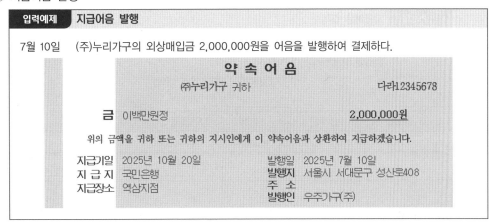

약 속 어 음

㈜누리가구 귀하 다라12345678

금 이백만원정 2,000,000원

위의 금액을 귀하 또는 귀하의 지시인에게 이 약속어음과 상환하여 지급하겠습니다.

지급기일 2025년 10월 20일 발행일 2025년 7월 10일
지 급 지 국민은행 발행지 서울시 서대문구 성산로408
지급장소 역삼지점 주 소
발행인 우주가구(주)

입력결과 지급어음 발행

(차) 외상매입금 [(주)누리가구] 2,000,000 (대) 지급어음 [(주)누리가구] 2,000,000
F3 어음관리

• 지급어음 라인을 클릭한 후 [F3 자금관리] 키를 누르면 화면 하단에 지급어음 관리 메뉴가 활성화된다.
• 어음상태 [2.발행], 어음번호는 입력하는 것이 아니라 조회(F2)하여 등록한 어음번호 선택하고 만기일자
는 직접입력한다.

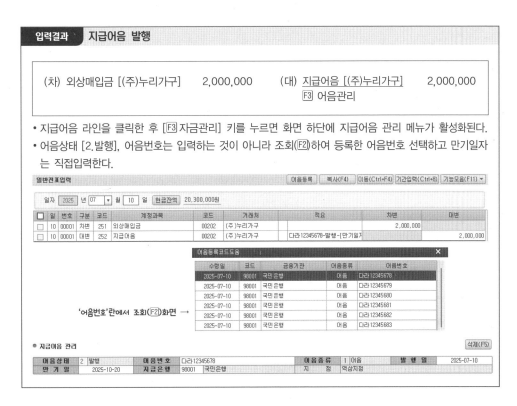

PART 1

③ 지급어음 결제

지급어음 결제

10월 20일 (주)누리가구에 발행한 어음이 만기가 되어 2,000,000원이 국민은행 보통예금(국민은행) 계
좌에서 인출되다.

〈보통예금 통장 거래 내역〉

국민은행

번 호	날 짜	내 용	출금액	입금액	잔 액
1	2025.10.20.	어음결제	2,000,000		***

– 이하 생략 –

지급어음 결제

(차) 지급어음 [(주)누리가구]   2,000,000   (대) 보통예금 [국민은행]   2,000,000
F3 어음관리

• 지급어음 라인을 클릭한 후 [F3 자금관리] 키를 누르면 화면 하단에 지급어음 관리 메뉴가 활성화된다.
• 어음상태 [3.결제], 어음번호는 조회(F2)하여 해당 어음 선택

| 일자 2025 년 10 ▼ 월 20 일 현금잔액 20,300,000원 |

	일	번호	구분	코드	계정과목	코드	거래처	적요	차변	대변
☐	20	00001	차변	252	지급어음	00202	(주)누리가구	다라12345678-결제-[만기일지	2,000,000	
☐	20	00001	대변	103	보통예금	98001	국민은행			2,000,000

지급어음 어음번호 코드도움   ✕

	발행일	코드	거래처명	어음번호	만기일	발행금액	구분
	2025 07 10	00202	(주)누리가구	다라12345678	2025 10 20	2,000,000 1	어음

검색조회 [   ] ▼ [   ]

'어음번호'란에서 조회(F2)화면 →   ※ 검색이동:필드에서 검색어 입력

선택(Tab)   취소(Esc)

● 지급어음 관리   삭제(F5)

어음상태	3 결제	어음번호	다라12345678	어음종류	1 어음	발 행 일	2025-07-10
만 기 일	2025-10-20	지급은행	98001 국민은행	지 점	역삼지점		

매입매출전표는 부가가치세신고와 관련한 거래를 입력하는 전표이다.

부가가치세 관련한 매입매출 거래내용을 증빙(세금계산서 등)으로 구분하여 입력하는 상단 부분과 분개를 입력하는 하단 부분으로 구성되어 있다.

상품의 매입(입고)과 출고(매출) 거래는 〈물류관리〉 모듈에서 상품을 입고(출고)시킨 뒤에 해당 자료를 회계 메뉴인 매입매출전표로 전송하여 전표를 자동으로 생성시킨다. 따라서 매입매출전표를 작성하기 위해서는 반드시 입고입력 또는 출고입력을 먼저 수행해야 한다.

물류관리	⇨	회 계
[입고입력], [출고입력]		[매입매출전표]

- 물류관리의 [입고입력], [출고입력]은 재고자산(상품)의 입출고를 입력하는 메뉴이다.
- 물류관리의 [입고입력], [출고입력]은 재고자산(상품)의 매출원가와 기말재고자산을 계산하기 위한 기초자료를 입력하는 메뉴이다.
- 물류관리의 [입고입력], [출고입력]을 한 뒤에는 반드시 [매입매출전표]로 전송을 해야 전표가 생성되며 부가세신고서 및 장부에 반영된다.

[21.건별과세]

10% 과세된 (전자)세금계산서의 발행 또는 수취하는 경우에 입력한다.

매입매출전표에 [11.과세매출] 또는 [51.과세매입]으로 자동반영된다.

(상품의 입고(매입)와 출고(매출)의 거래 시에는 부가가치세 10%가 부과됨)

부가가치세(VAT)

부가가치세(Value Added Tax)는 소비자가 물건 등을 소비하는 것에 대하여 과세되는 세금이다. 사업자는 재화나 용역을 매입 또는 매출할 때 실제 물건가액의 10%만큼을 부가가치세라는 항목으로 부과하여 부가가치세를 포함한 금액을 상대방으로부터 수취 또는 지급한 뒤, 해당 부가가치세 세금은 별도로 신고납부일에 국가에 납부해야 한다.

사업자는 매출 시 부가가치세를 소비자로부터 징수하여 국가에 납부하고, 매입 시 부담한 매입세액을 공제받는다. 부가가치세는 과세되는 상품의 매입매출거래가 발생할 때 10%만큼 부과되며 상기업의 입고입력과 출고입력 시 부과되는 특징이 있다. 또한 부가가치세를 과세함을 증명하는 법정증빙이 세금계산서이며, 법인사업자는 전자세금계산서를 발급할 의무가 있다.

상품매출	(차) 현금 등	1,100	(대) 상품매출	1,000
			부가세예수금(부채)	100
상품매입	(차) 상 품	600	(대) 현금 등	660
	부가세대급금(자산)	60		

(1) 입고입력과 매입매출전표

상품입고 실무수행순서
① [물류관리] → [구매관리] → [입고입력] 　상품입고를 입력한 뒤, 전표추가(F3)를 하여 입고내역을 매입매출전표로 자동 전송한다. ② [재무회계] → [전표입력] → [매입매출전표입력] 　자동으로 전표 생성이 되었는지 확인하고 전자세금계산서 여부 및 하단 회계처리 중 수정사항이 있는지 검토하여 　완료한다.

입력예제	입고입력 및 매입매출전표

8월 10일　상품을 매입하고 다음의 전자세금계산서를 발급받다.

전자세금계산서 (공급받는자 보관용)

승인번호	20250810-XXXX0151

공급자	등록번호	107-81-31220			공급받는자	등록번호	104-81-47228		
	상호	(주)누리가구	성명 (대표자)	한대한		상호	우주가구(주)	성명 (대표자)	전우주
	사업장 주소	서울시 중구 서소문로 10				사업장 주소	서울특별시 서대문구 성산로408		
	업태	제조	종사업장번호			업태	도소매	종사업장번호	
	종목	사무가구				종목	사무용가구		
	E-Mail	woori@kcci.com				E-Mail	space@kcci.com		

작성일자	2025.8.10.	공급가액	1,800,000	세 액	180,000
비고					

월	일	품목명	규격	수량	단가	공급가액	세액	비고
8	10	책상	10-1	10	100,000	1,000,000	100,000	
8	10	의자	20-9	10	80,000	800,000	80,000	

합계금액	현금	수표	어음	외상미수금	이 금액을	○ 영수 ◉ 청구	함
1,980,000				1,980,000			

• 처리구분 : [2.건별 + 1.과세]
• 지급구분 : [1.외상]
(참조문서, 부서/사원명은 생략함. 납기일자·입고번호는 자동생성)

입고입력
8월 10일

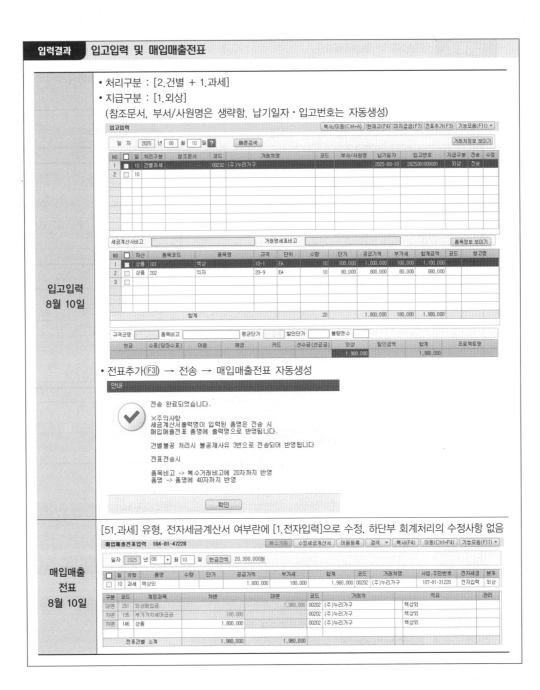

• 전표추가(F3) → 전송 → 매입매출전표 자동생성

안내

전송 완료되었습니다.

※주의사항
세금계산서출력명이 입력된 품목은 전송 시
매입매출전표 품명에 출력명으로 반영됩니다.

건별불공 처리시 불공제사유 3번으로 전송되어 반영됩니다

전표전송시

품목비고 -> 복수거래비고에 20자까지 반영
품명 -> 품명에 40자까지 반영

[확인]

**매입매출
전표
8월 10일**

[51.과세] 유형, 전자세금계산서 여부란에 [1.전자입력]으로 수정, 하단부 회계처리의 수정사항 없음

□	일	유형	품명	수량	단가	공급가액	부가세	합계	코드	거래처명	사업.주민번호	전자세금	분개
□	10	과세	책상외			1,800,000	180,000	1,980,000	00202	(주)누리가구	107-81-31220	전자입력	외상

구분	코드	계정과목	차변	대변	코드	거래처	적요	관리
대변	251	외상매입금		1,980,000	00202	(주)누리가구	책상외	
차변	135	부가가치세대급금	180,000		00202	(주)누리가구	책상외	
차변	146	상품	1,800,000		00202	(주)누리가구	책상외	
		전표건별 소계	1,980,000	1,980,000				

입력예제 입고입력 및 매입매출전표

8월 15일 상품을 매입하고 다음의 전자세금계산서를 발급받고 현금으로 500,000원, 보통예금(국민은행)으로 600,000원 이체하여 지급하고 나머지는 외상으로 매입하다.

입력결과 입고입력 및 매입매출전표

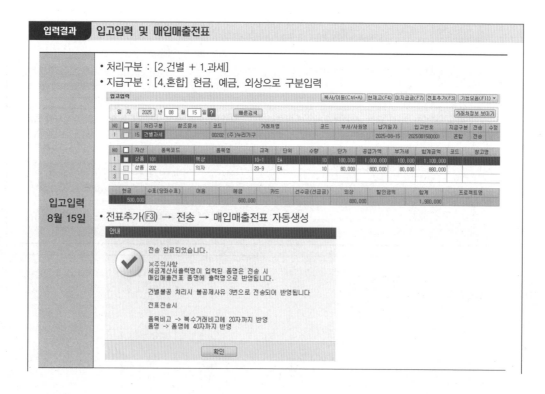

	[51.과세] 유형, 전자세금계산서 여부란에 [1.전자입력]으로 수정, 하단부 회계처리의 보통예금 거래 처를 국민은행으로 반드시 수정
매입매출 전표 8월 15일	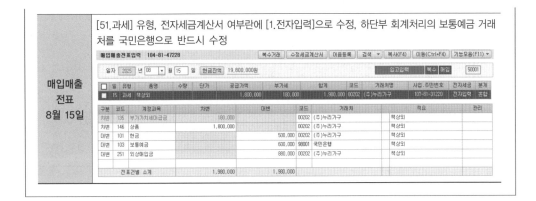

(2) 출고입력과 매입매출전표

상품출고 실무수행순서

① [물류관리] → [판매관리] → [출고입력]
   상품출고를 입력한 뒤, 전표추가(F3)를 하여 출고내역을 매입매출전표로 자동 전송한다.
② [재무회계] → [전표입력] → [매입매출전표입력]
   자동으로 전표 생성이 되었는지 확인하고 전자세금계산서 여부 및 하단 회계처리 중 수정사항이 있는지 검토하여 완료한다.

입력예제   출고입력 및 매입매출전표

8월 20일   상품을 매출하고 다음의 전자세금계산서를 발급하다.

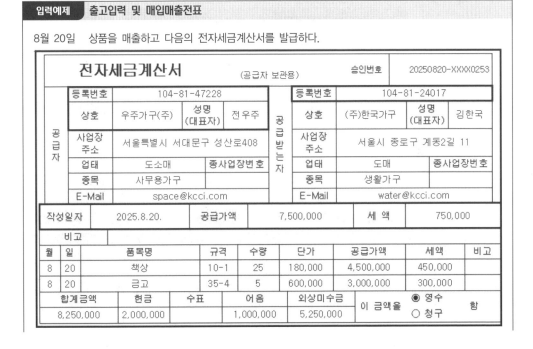

약 속 어 음

우주가구(주) 귀하   아차11223344

금 일백만원정   1,000,000원

위의 금액을 귀하 또는 귀하의 지시인에게 이 약속어음과 상환하여 지급하겠습니다.

지급기일 2025년 11월 17일   발행일 2025년 8월 20일
지 급 지 국민은행   발행지 서울시 서대문구 성산로408
지급장소 역삼지점   주 소
                               발행인 (주)한국가구

입력결과   출고입력 및 매입매출전표

출고입력 **8월 20일**	• 처리구분 : [2.건별 + 1.과세] • 지급구분 : [4.혼합] 현금, 어음, 외상으로 구분입력 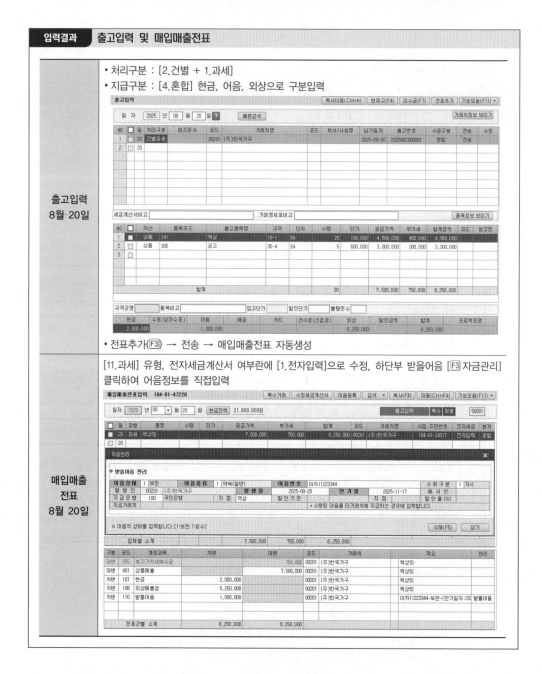 • 전표추가(F3) → 전송 → 매입매출전표 자동생성
매입매출 **전표** **8월 20일**	[11.과세] 유형, 전자세금계산서 여부란에 [1.전자입력]으로 수정, 하단부 받을어음 [F3 자금관리] 클릭하여 어음정보를 직접입력

8월 27일　상품을 매출하고 다음의 전자세금계산서를 발급하다. 대금 중 50%는 보통예금(국민은행)에 입금되고, 50%는 동사발행 당좌수표로 수취하다.

전자세금계산서 　(공급자 보관용)

	승인번호	20250827-XXXX0253

공급자

등록번호	104-81-47228		
상호	우주가구(주)	성명(대표자)	전우주
사업장주소	서울특별시 서대문구 성산로408		
업태	도소매	종사업장번호	
종목	사무용가구		
E-Mail	space@kcci.com		

공급받는자

등록번호	104-81-24017		
상호	(주)한국가구	성명(대표자)	김한국
사업장주소	서울시 종로구 계동2길 11		
업태	도매	종사업장번호	
종목	생활가구		
E-Mail	water@kcci.com		

작성일자	2025.8.27.	공급가액	7,500,000	세 액	750,000

비고							

월	일	품목명	규격	수량	단가	공급가액	세액	비고
8	27	책상	10-1	25	180,000	4,500,000	450,000	
8	27	금고	35-4	5	600,000	3,000,000	300,000	

합계금액	현금	수표	어음	외상미수금	이 금액을	◉ 영수 ○ 청구	함
8,250,000	4,125,000	4,125,000					

출고입력 8월 27일

- 처리구분 : [2.건별 + 1.과세]
- 지급구분 : [4.혼합] 당좌수표, 예금으로 구분입력

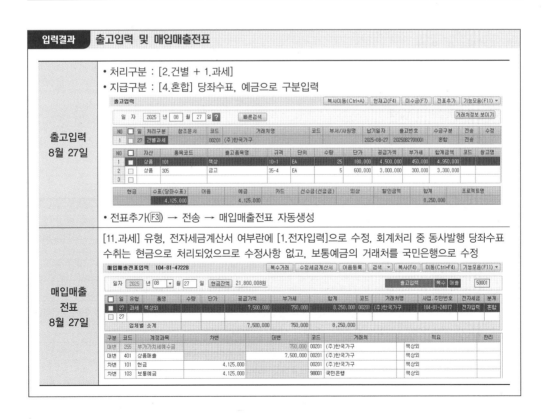

- 전표추가(F3) → 전송 → 매입매출전표 자동생성

매입매출전표 8월 27일

[11.과세] 유형, 전자세금계산서 여부란에 [1.전자입력]으로 수정, 회계처리 중 동사발행 당좌수표 수취는 현금으로 처리되었으므로 수정사항 없고, 보통예금의 거래처를 국민은행으로 수정

PART 1

04 유의사항

(1) 수수료비용

코드	계정과목명
531	수수료비용
631	수수료비용
731	수수료비용
831	수수료비용
946	수수료비용

- 사용하지 않는 계정과목 코드 : 500번대, 600번대, 700번대
- 사용하는 계정과목 코드 : 800번대(판매비와관리비), 900번대(영업외비용)

- 동일한 계정과목이지만 코드가 다른 이유는 해당 비용을 처리하는 항목이 다르기 때문이다. 본 시험은 상기업의 회계처리를 수행하므로 제조원가(500번대)와 같은 원가항목의 코드는 사용하지 않는다.
- 수수료비용(코드 946 영업외비용)은 당기손익-공정가치측정금융자산의 취득 시 수수료의 경우 사용함

(2) 유가증권 유동과 비유동 분류

코드	계정과목명
124	상각후원가측정금융자산(유동)
181	상각후원가측정금융자산(비유동)

코드	계정과목명
123	기타포괄손익-공정가치측정금융자산(유동)
178	기타포괄손익-공정가치측정금융자산(비유동)

- 지분증권과 채무증권의 단기보유(유동자산)인 경우 : 124, 123
- 지분증권과 채무증권의 장기보유(비유동자산)인 경우 : 181, 178

(3) 거래처코드 입력

채권, 채무, 예금, 적금 등의 계정과목에는 반드시 거래처코드를 입력하여야 한다.

(4) 어음의 자금관리 입력

받을어음과 지급어음은 자금관리 'F3 어음관리' 입력을 반드시 해야 한다.

(5) 판매비와관리비 계정과목 정리

판매비와관리비	비 고
종업원급여	임직원에게 근로의 대가로 지급하는 금액
상여금	월급이 아닌 상여금
잡 급	일용직 사원의 급여
퇴직급여	퇴직 시 지급하는 퇴직금, 퇴직급여충당부채 설정 시 대체액
복리후생비	임직원 식대, 임직원 경조사비, 건강보험료 회사부담분(50%) 등 복리후생을 위해 지급하는 비용
접대비(기업업무추진비)	사업상 지출되는 거래처 식대, 선물대금, 경조사비 등
여비교통비	업무 관련 버스비, 택시비, 출장비, 숙박비, 항공료 등
통신비	전화, 우편, 팩스, 핸드폰요금, 인터넷요금 등
수도광열비	수도료, 전기료, 가스료, 난방비 등
세금과공과	재산세, 자동차세, 사업소세, 상공회의소회비, 국민연금보험료 회사부담분(50%), 과태료 및 가산세 등 (단, 취득과 관련한 세금(취득세 등)은 자산의 취득원가에 포함)

감가상각비	결산 시 계상되는 유형자산의 가치감소를 측정한 금액
임차료	건물, 토지, 복사기 등을 빌리고 지급하는 월세 및 사용료
수선비	건물, 비품, 기계장치 등의 수리비 (유형자산의 수익적지출)
차량유지비	차량주유비, 엔진오일 교환, 타이어 교환, 주차요금, 기타 차량수선비 등 (유형자산 중 차량운반구의 수익적지출)
교육훈련비	종업원 교육훈련에 관련된 비용, 위탁교육비, 외부강사료, 학원비 등
광고선전비	홍보비용, TV·신문 광고료, 광고물제작·배포비, 간판제작 등
보험료	산재보험료, 자동차보험료, 화재보험료, 고용보험료 회사부담분 등
운반비	매출관련 운임, 탁송료, 퀵서비스, 택배비 등 (단, 상품 매입 시 운임은 상품의 취득원가에 포함)
도서인쇄비	신문, 잡지, 도서, 복사비, 명함인쇄비 등
소모품비	사무용 장부, 복사용지 등 사무용품 및 소모자재 등의 구입비용 (소모품의 사용액)
수수료비용	용역을 제공받고 지급하는 수수료, 기장료, 경비용역비, 송금수수료 등 (단, 당기손익–공정가치측정금융자산의 취득 시 수수료의 경우에는 판관비의 수수료비용이 아닌 '영업외비용[코드 946번 수수료비용]'으로 처리해야 함)
경상연구개발비	연구비, 미래 경제적 효익을 기대할 수 없는 경상적 개발비
무형자산상각비	무형자산의 가치감소를 측정하여 비용으로 처리
대손상각비	결산 시 매출채권에 대한 대손예상액 또는 기중 회수불능액 (단, 기타채권에 대한 대손의 경우에는 '영업외비용[기타의대손상각비]'으로 처리)
잡 비	소액으로 지급하는 기타 비용

지구가구(주) (회사코드 : 1100)   ▶ 회사변경 후 실무수행 연습하기

입력예제 **전표입력**

(1) 11월 1일   가수금(10월 15일) ₩1,500,000은 매출처 유달산유통(주)로부터 외상매출금이 회수된 것으로 확인되다.

(2) 11월 7일   상품을 매입하고 전자세금계산서를 발급받다. 대금은 전액 보통예금(국민은행)으로 입금되다.

전자세금계산서			(공급받는자 보관용)				승인번호		20251107-XXXX0151	
공급자	등록번호	206-82-00400			공급받는자	등록번호		104-81-47228		
	상호	드림유통	성명(대표자)	오세진		상호	지구가구(주)	성명(대표자)		안지구
	사업장주소	서울시 중구 서소문로 10				사업장주소	서울특별시 서대문구 성산로408			
	업태	제조	종사업장번호			업태	도소매		종사업장번호	
	종목	사무가구				종목	사무용가구			
	E-Mail	woori@kcci.com				E-Mail	space@kcci.com			
작성일자	2025.11.07.		공급가액		2,200,000		세액		220,000	
비고										
월	일	품목명		규격	수량	단가	공급가액	세액		비고
11	7	병상품			200	11,000	2,200,000	220,000		
합계금액	현금	수표	어음	외상미수금	이 금액을	◉ 영수 ○ 청구		함		
2,420,000	2,420,000									

(3) 11월 13일   보통예금(국민은행)에서 ₩6,000,000을 자기앞수표로 인출하여 우리은행에 정기예금(1년 만기)으로 예입하다.

(4) 11월 17일   강남상사(주)의 외상매출금 중 ₩23,000,000을 약속어음(아차40102021, 만기일 : 2026년 3월 10일, 발행인 : 강남상사(주), 지급은행 : 국민은행[신촌지점])으로 받다.

(5) 11월 18일   자인가구(주)에 대한 외상매입금 ₩1,000,000을 당좌수표(지급은행 : 기업은행)를 발행하여 지급하다.

(6) 11월 20일   플리가구(주)로부터 상품을 주문받고, 계약금 ₩3,000,000을 플리가구(주) 발행의 당좌수표로 받다.

(7) 11월 26일   보통예금(국민은행) 통장을 정리한 결과, 이자 ₩32,000이 입금되어 있음을 확인한다. 단, 이자 입금일은 당일이다(원천징수는 무시함).

(8) 12월 2일   상품을 매출하고 전자세금계산서를 발급하다.

전자세금계산서				(공급자 보관용)		승인번호		20251202-XXXX0253	
공급자	등록번호	104-81-47228			공급받는자	등록번호	104-81-24017		
	상호	지구가구(주)	성명(대표자)	안지구		상호	경인유통(주)	성명(대표자)	김한국
	사업장주소	서울특별시 서대문구 성산로408				사업장주소	서울시 종로구 계동2길 11		
	업태	도소매	종사업장번호			업태	도매	종사업장번호	
	종목	사무용가구				종목	생활가구		
	E-Mail	space@kcci.com				E-Mail	water@kcci.com		

작성일자	2025.12.2.	공급가액	4,600,000	세액	460,000
비고					

월	일	품목명	규격	수량	단가	공급가액	세액	비고
12	2	을상품		60	60,000	3,600,000	360,000	
12	2	병상품		40	25,000	1,000,000	100,000	

합계금액	현금	수표	어음	외상미수금	이 금액을	◉ 영수 ○ 청구	함
5,060,000				5,060,000			

(9) 12월 3일   시티은행으로부터 차입한 단기차입금 ₩5,000,000과 그 이자 ₩25,000을 보통예금(국민은행) 계좌에서 이체하여 지급하다.

(10) 12월 5일   보통예금(국민은행) 계좌에서 현금 ₩20,000,000을 인출하다.

(11) 12월 9일   현금과부족계정 차변 잔액 ₩600,000에 대한 원인은 다음과 같이 확인되다.

    | 직원식대 : ₩200,000 | 신문광고비 : ₩250,000 | 거래처접대 : ₩150,000 |

(12) 12월 10일   2월 3일에 단기 시세차익 목적으로 취득한 주식 중 150주(취득단가 ₩50,000, 처분단가 ₩60,000)를 처분하고, 대금은 보통예금(국민은행) 계좌에 입금하다.

(13) 12월 12일   종업원급여 ₩2,000,000 중 소득세 ₩165,000을 차감한 잔액은 보통예금(국민은행)에서 종업원 급여 계좌로 이체하다.

(14) 12월 17일　단기 시세차익을 목적으로 (주)상공 발행 주식 100주(액면금액 @₩5,000, 취득금액 @₩8,000)를
　　　　　　　취득하고 대금은 수수료 ₩5,000과 함께 보통예금(신한은행) 계좌에서 이체하다.

(15) 12월 20일　매입처 신일가구(주)에 발행한 약속어음(어음번호 : 가나54612303, 만기일 : 2025년 12월 20일,
　　　　　　　지급은행 : 국민은행) ₩10,000,000이 금일 만기가 되어 당점의 당좌예금(국민은행) 계좌에서
　　　　　　　결제되다.

(16) 12월 27일　승용차 자동차세 ₩1,500,000을 현금으로 지급하다.

입력결과　전표입력

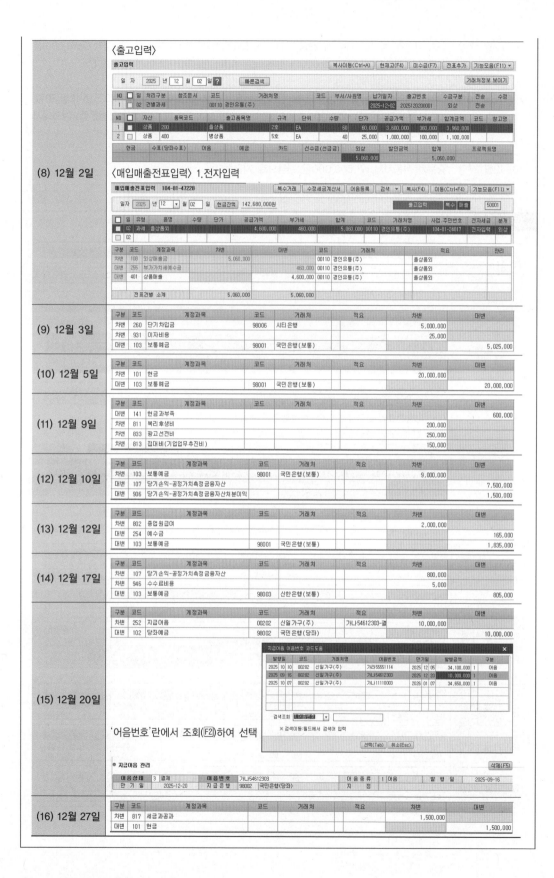

(8) 12월 2일

〈출고입력〉

〈매입매출전표입력〉 1.전자입력

(9) 12월 3일

구분	코드	계정과목	코드	거래처	적요	차변	대변
차변	260	단기차입금	98006	시티은행		5,000,000	
차변	931	이자비용				25,000	
대변	103	보통예금	98001	국민은행(보통)			5,025,000

(10) 12월 5일

구분	코드	계정과목	코드	거래처	적요	차변	대변
차변	101	현금				20,000,000	
대변	103	보통예금	98001	국민은행(보통)			20,000,000

(11) 12월 9일

구분	코드	계정과목	코드	거래처	적요	차변	대변
대변	141	현금과부족					600,000
차변	811	복리후생비				200,000	
차변	833	광고선전비				250,000	
차변	813	접대비(기업업무추진비)				150,000	

(12) 12월 10일

구분	코드	계정과목	코드	거래처	적요	차변	대변
차변	103	보통예금	98001	국민은행(보통)		9,000,000	
대변	107	당기손익-공정가치측정금융자산					7,500,000
대변	906	당기손익-공정가치측정금융자산처분이익					1,500,000

(13) 12월 12일

구분	코드	계정과목	코드	거래처	적요	차변	대변
차변	802	종업원급여				2,000,000	
대변	254	예수금					165,000
대변	103	보통예금	98001	국민은행(보통)			1,835,000

(14) 12월 17일

구분	코드	계정과목	코드	거래처	적요	차변	대변
차변	107	당기손익-공정가치측정금융자산				800,000	
차변	946	수수료비용				5,000	
대변	103	보통예금	98003	신한은행(보통)			805,000

(15) 12월 20일

구분	코드	계정과목	코드	거래처	적요	차변	대변
차변	252	지급어음	00202	신일가구(주)	가나54612303-결	10,000,000	
대변	102	당좌예금	98002	국민은행(당좌)			10,000,000

'어음번호'란에서 조회(F2)하여 선택

(16) 12월 27일

구분	코드	계정과목	코드	거래처	적요	차변	대변
차변	817	세금과공과				1,500,000	
대변	101	현금					1,500,000

결 산

01 결산방법

결산작업은 일반전표에서 직접 결산정리분개를 입력하는 수동결산방법과 프로그램상의 필요한 자료를 입력하면 결산정리분개가 자동으로 이루어져 일반전표에 추가하는 자동결산방법이 있다. 두 방법 모두 결산재무제표의 결과의 차이는 없다.

수동결산은 결산일 시점에 일반전표에 직접 분개하여 입력하는 것이며, 자동결산은 매출원가(기말재고자산금액 파악), 감가상각비, 대손상각비, 퇴직급여충당부채 등을 [결산자료입력] 메뉴에 결산에 반영할 금액을 입력하고 전표를 추가하면 자동으로 일반전표가 생성되는 결산방법이다.

단, 자동결산으로 결산을 수행하지 않고 수동결산(일반전표 직접입력)으로 결산을 수행해도 상관없다. 결산하는 방법을 선택하는 것의 차이일 뿐이다.

결산 순서 : 수동결산 → 자동결산	
수동결산	12월 31일 일반전표입력 직접입력
	(1) 기간미경과된 비용을 선급비용(자산)으로 이연 (2) 기간미경과된 수익을 선수수익(부채)으로 이연 (3) 기간경과된 수익을 미수수익(자산)으로 발생 (4) 기간경과된 비용을 미지급비용(부채)으로 발생 (5) 소모품(미사용액)과 소모품비(사용액)의 대체 (6) 유가증권(당기손익-공정가치측정금융자산) 공정가치 평가 (7) 미결산 계정인 가지급금과 가수금 정리 (8) 현금과부족 잔액의 계정대체
자동결산	[결산자료입력] → 전표추가(F3) → 12월 31일 일반전표입력 전표자동생성
	(1) 기말재고자산(상품) 금액 입력(물류관리 메뉴-재고자산수불부 직접 마감) (2) 매출채권 대손충당금(보충법) 설정금액 입력 (3) 유형자산 감가상각비 입력 (4) 무형자산 상각비 입력
재무제표 마감	손익계산서 조회 → 이익잉여금처분계산서 조회 후 전표추가(F3) → 재무상태표 조회(대차일치 확인)

수동결산은 결산일 시점(12월 31일)에 일반전표에 직접 분개하여 결산수정사항을 장부에 반영하는 것이다.

(1) 선급비용

기중 보험료 등 비용의 발생 시 비용계정으로 계상한 경우, 결산일 현재 기간이 미경과한 비용을 자산으로 처리하여 비용을 이연시키는 정리분개를 하게 된다.

(차) 선급비용	XXX	(대) 보험료 등	XXX

(2) 선수수익

기중 수입임대료 등 수익의 발생 시 수익계정으로 계상한 경우, 결산일 현재 기간이 미경과한 수익을 부채로 처리하여 수익을 이연시키는 정리분개를 하게 된다.

(차) 임대료 등	XXX	(대) 선수수익	XXX

(3) 미수수익

결산 시 실제 수익(이자수익 등)은 당기에 기간이 경과되어 발생되었으나 현금 등으로 수령하지 않은 경우에 경과된 수익을 당기수익으로 처리하고 차후에 수령할 자산으로 인식하는 정리분개를 한다.

(차) 미수수익	XXX	(대) 이자수익 등	XXX

(4) 미지급비용

결산 시 실제 비용(이자비용 등)은 당기에 기간이 경과되어 발생되었으나 현금 등으로 지급하지 않은 경우에 경과된 비용을 당기비용으로 처리하고 차후에 지급할 부채로 인식하는 정리분개를 한다.

(차) 이자비용 등	XXX	(대) 미지급비용	XXX

(5) 소모품과 소모품비 대체

결산일 현재 소모품에 대한 정리분개는 2가지 방법이 존재한다. 기중 소모품 구입 시 비용(소모품비)으로 처리하였을 때와 자산(소모품)으로 처리하였을 경우로 구분된다.

• 기중에 비용(소모품비)으로 처리했다면, 기말현재 자산(소모품)의 재고를 파악한 후 정리분개를 한다.

(차) 소모품	XXX	(대) 소모품비	XXX

• 기중에 자산(소모품)으로 처리했다면, 기말현재 비용(소모품비)을 파악한 후 정리분개를 한다.

(차) 소모품비	XXX	(대) 소모품	XXX

(6) 유가증권(당기손익-공정가치측정금융자산 등) 공정가치 평가

당기손익-공정가치측정금융자산은 기말 장부가액을 공정가치로 평가하며 이를 당기손익에 반영한다.

장부가액 < 공정가치	(차) 당기손익-공정가치측정 금융자산	XXX	(대) 당기손익-공정가치측정 금융자산평가이익	XXX
장부가액 > 공정가치	(차) 당기손익-공정가치측정 금융자산평가손실	XXX	(대) 당기손익-공정가치측정 금융자산	XXX

(7) 가지급금과 가수금 정리

기말 시점에 미결산계정(가지급금, 가수금)의 원인을 파악하여 정리한다.

가지급금	(차) 원인파악계정	XXX	(대) 가지급금	XXX
가수금	(차) 가수금	XXX	(대) 원인파악계정	XXX

(8) 현금과부족 정리

현금과부족 임시계정이 존재할 경우 결산일 현재 원인을 파악하여 이에 대한 정리분개를 하여야 한다. 다만, 결산일 현재 현금이 과부족한 경우에는 즉시 잡이익(잡손실)로 처리한다.

현금과부족 잔액이 차변에 있는 경우	(차) 잡손실	XXX	(대) 현금과부족	XXX
현금과부족 잔액이 대변에 있는 경우	(차) 현금과부족	XXX	(대) 잡이익	XXX
결산일 현재 현금이 부족한 경우	(차) 잡손실	XXX	(대) 현 금	XXX
결산일 현재 현금이 과잉인 경우	(차) 현 금	XXX	(대) 잡이익	XXX

03 고정자산등록

고정자산이라 함은 유형자산과 무형자산을 의미하며 토지와 건설중인자산을 제외한 자산은 가치의 감소분을 비용으로 인식하고 있다. 감가상각비의 계산은 실무에서는 고정자산등록 메뉴에 자산을 등록하고 감가상각 요소(취득원가, 내용연수 등)를 입력하면 감가상각비가 자동으로 계산되며 이를 결산에 반영할 수 있다.

(1) 고정자산등록 메뉴

1. 기초가액	전기말 현재의 취득가액을 입력한다. 단, 무형자산의 경우에는 전기말 장부가액을 입력한다.
2. 전기말 상각누계액	전기말 감가상각누계액을 입력한다.
3. 전기말 장부가액	입력된 기초가액-전기말 상각누계액이 자동으로 계산된다.
4. 신규취득및증가	당기 중에 취득한 유·무형자산의 취득원가(부대비용 포함)를 입력한다.
9. 상각방법	0.정률법, 1.정액법 중에서 선택한다(단, 건물, 구축물의 경우에는 1.정액법으로 고정되어 있음).
10. 내용연수(상각률)	해당 자산의 내용연수를 입력하면 상각률은 자동계산되어 표시된다.
19. 당기상각범위액	당기분 감가상각비로 자동계산된다.
20. 회사계상상각비	당기분 감가상각비로 자동계산된다. 단, '사용자수정'을 클릭하여 당해연도 감가상각비를 직접 입력(수정)할 수 있다.
23. 당기말 상각누계액	전기말 상각누계액과 당기상각비의 합계액이 자동 표시된다.
24. 당기말 장부가액	기초가액에서 당기말 상각누계액을 차감한 금액이 자동 표시된다.
하단2. 경비구분	고정자산의 용도에 따른 감가상각비 해당 경비의 구분을 위한 선택이며, 선택번호 0.800번대 (판매비와일반관리비), 1.500번대(제조경비), 2.600번대(도급경비), 3.700번대(분양경비) 중 해당 번호를 입력한다.
하단3. 전체양도일자	고정자산을 양도한 경우 당해 일자를 입력한다.

(2) 고정자산등록방법

> **우주가구(주) (회사코드 : 1000)** ▶ 회사변경 후 실무수행 연습하기

① 기중에 취득하는 경우

> **입력예제** 고정자산 기중 취득

상품운반용 트럭을 다음과 같이 현금으로 구입하다.

자산코드	계정과목 (자산계정)	자산명	수 량	취득일	취득가액	내용연수	상각방법
1200	차량운반구	운반트럭	1대	2025.09.10.	₩12,000,000	5년	정액법

> **입력결과** 고정자산 기중 취득

[일반전표입력]
9월 10일 일반전표입력

구분	코드	계정과목	코드	거래처	적요	차변	대변
차변	208	차량운반구				12,000,000	
대변	101	현금					12,000,000

[고정자산등록]
'차량운반구'로 선택하여 감가상각요소를 입력한다. 단, 당기 중 취득한 자산이므로 취득원가 12,000,000원은 [4.신규취득및증가]란에 입력한다.

• 차량운반구의 당기분 감가상각비 : 800,000원

② 전기 이전에 취득한 경우

입력예제	고정자산 전기 이전 취득						
계정과목	코 드	자산명	취득일자	취득원가	전기말 감가누계액	상각방법	내용연수
건 물	100	사 옥	2024.01.10.	₩68,000,000	₩6,800,000	정액법	10년
비 품	300	난방기	2023.01.05.	₩16,000,000	₩6,845,000	정률법	5년

입력결과	고정자산 전기 이전 취득

[고정자산등록]
'건물'과 '비품'으로 각각 선택하여 감가상각요소를 입력한다. 전기 이전에 취득한 자산의 취득원가는 [1.기초가액]에 입력하고, 전기말 상각누계액을 입력한다.

• 건물의 당기분 감가상각비 : 6,800,000원
• 비품의 당기분 감가상각비 : 4,128,905원

고정자산등록 [사전검토 불러오기] [기능모음(F11)

고정자산계정과목 [202] [?] 건물   자산구분 [0.전체 ▼]   상각방법구분 [0.전체 ▼]

	코드	자산	취득일	방법
1	000100	사옥	2024-01-10	정액법
2				

주요사항 | 추가사항 | 자산변동

1. 기 초 가 액   68,000,000   15. 전기 말 부 인 누 계   0
2. 전기말상각누계액   6,800,000   16. 전기말자본지출계   0
3. 전 기 말 장 부 가 액   61,200,000   17. 자본지출즉시상각   0
4. 신 규 취 득 및 증 가   0   18. 전기 말 의 제 누 계   0
5. 부 분 매 각 및 폐 기   0   19. 당 기 상 각 범 위 액   6,800,000
6. 성 실 기 초 가 액   20. 회 사 계 상 상 각 비   6,800,000
7. 성 실 상 각 누 계 액   [사용자수정]
8. 상 각 기 초 가 액   61,200,000   21. 특 별 상 각 률
9. 상 각 방 법 [1] 정액법   22. 특 별 상 각 비   0
10. 내용연수(상각률) [10] [?] 0.100   23. 당기말상각누계액   13,600,000
11. 내 용 연 수 월 수 미경과 [12]   24. 당기 말 장 부 가 액 54,400,000

(3) 감가상각비 조회

고정자산등록 메뉴인 [원가경비별 감가상각명세서]를 조회하면 유형자산과 무형자산의 감가상각내역을 확인할 수 있다. 해당 메뉴는 결산 시 당기분 감가상각비를 조회하여 결산작업을 수행할 때 조회하는 메뉴이다.

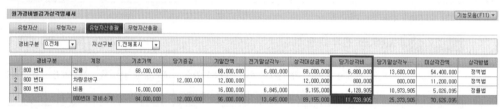

04 자동결산

---

55 페이지 ~ 62 페이지에 해당하는 실기 백데이터는 없습니다.

• 자동결산의 과정을 눈으로 익히는 과정입니다.

• 62 페이지 [입력예제] 전까지는 눈으로 학습하여 주시기 바랍니다.

자동결산은 [결산자료입력] 메뉴에 결산에 반영할 금액을 입력하여 자동으로 결산정리분개전표를 발생시키는 방법이다. 일반전표에 수동으로 직접 분개하는 방법이 아니므로 수동결산에 비해 수월하게 결산작업을 수행할 수 있다.

(1) 결산자료입력 메뉴 실행

[결산자료입력] 메뉴를 실행하고 결산일자(1월 ~ 12월)를 입력하면 다음 화면의 박스가 나타난다. '매출원가 및 경비선택'은 회사의 업종에 따라 선택이 달라지게 된다. 상기업의 경우에는 아래 그림과 같이 451.상품매출원가만 입력한다(451 코드의 경우 입력을 생략해도 해당 금액이 있으면 자동반영되며, 원가경비는 입력하지 않는다).

(2) 자동결산자료 입력사항

① 기말재고자산 금액 입력

〈순서 1〉

[물류관리] - [재고관리] - [재고자산수불부] 메뉴에서 12월 31일 현재 재고자산을 마감한다.

재고자산평가방법은 선입선출법을 적용하며, 마감(F3)은 일괄마감을 선택한다.

(재고자산평가방법은 상단 우측 기능모음(F11)▼ 의 평가방법 [   ] F7 을 클릭하여 확인할 수 있음)

〈순서 2〉

[물류관리] – [재고관리] – [재고자산명세서] 메뉴에서 12월 조회하여 재고금액을 확인한다.

〈순서 3〉

[결산자료입력] 메뉴 2.매출원가의 (10)기말상품재고액란에 금액을 입력하고 상단 우측의 전표추가(F3) 를 한 뒤, 12월 31일 일반전표를 확인하면 상품매출원가 대체 분개가 자동으로 생성된다.

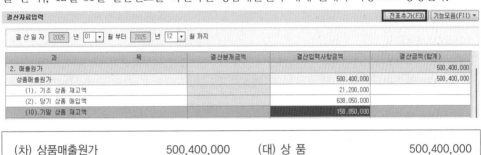

(차) 상품매출원가	500,400,000	(대) 상 품	500,400,000

② 매출채권 대손충당금(보충법) 설정금액 입력

〈순서 1〉

합계잔액시산표를 조회하여 매출채권 잔액과 매출채권별 대손충당금 잔액을 조회하여 대손충당금 보충액을 직접 계산한다(단, 대손율은 기말 매출채권 잔액의 1%로 가정).

- 외상매출금 보충설정액 : (200,700,000원 × 1%) − 700,000원 = 1,307,000원
- 받을어음 보충설정액 : (76,450,000원 × 1%) − 80,000원 = 684,500원

<순서 2>

[결산자료입력] 메뉴 5)대손상각란에 외상매출금과 받을어음란에 대손충당금 보충설정액을 각각 입력하고, 상단 우측의 전표추가(F3) 를 한다. 일반전표를 확인하면 다음과 같은 분개가 자동으로 생성된다.

결산자료입력 전표추가(F3) 기능모음(F11) ▼

결 산 일 자 2025 년 01 ▼ 월 부터 2025 년 12 ▼ 월 까지

과	목	결산분개금액	결산입력사항금액	결산금액(합계)
5). 대손상각			1,991,500	1,991,500
	외상매출금		1,307,000	
	받을어음		684,500	

(차) 대손상각비	1,991,500	(대) 대손충당금(외)	1,307,000
		대손충당금(받)	684,500

③ 유형자산 감가상각비 입력

<순서 1>

[고정자산등록] - [원가경비별감가상각명세서] 메뉴에서 유형자산의 당기분 상각비를 조회한다.

원가경비별감가상각명세서 기능모음(F11) ▼

유형자산 무형자산 **유형자산총괄** 무형자산총괄

경비구분 0.전체 ▼ 자산구분 1.전체표시 ▼

	경비구분	계정	기초가액	당기증감	기말잔액	전기말상각누	상각대상금액	당기상각비	당기말상각누…
1	800 번대	건물	150,000,000		150,000,000	20,000,000	150,000,000	3,750,000	23,750,000
2	800 번대	차량운반구	35,000,000		35,000,000	16,980,000	18,020,000	4,667,180	21,647,180
3	800 번대	비품	4,890,000		4,890,000	2,255,000	2,635,000	1,188,385	3,443,385
4		800번대 경비소계	189,890,000		189,890,000	39,235,000	170,655,000	9,605,565	48,840,565
5		합계	189,890,000		189,890,000	39,235,000	170,655,000	9,605,565	48,840,565

<순서 2>

[결산자료입력] 메뉴 4)감가상각비란에 각각 입력한다. 상단 우측의 전표추가(F3) 를 한 뒤 일반전표를 확인하면 다음과 같은 분개가 자동으로 생성된다.

결산자료입력 전표추가(F3) 기능모음(F11) ▼

결 산 일 자 2025 년 01 ▼ 월 부터 2025 년 12 ▼ 월 까지

과	목	결산분개금액	결산입력사항금액	결산금액(합계)
4). 감가상각비			9,605,565	9,605,565
	건물		3,750,000	
	차량운반구		4,667,180	
	비품		1,188,385	

(차) 감가상각비	9,605,565	(대) 감가상각누계액(건물)	3,750,000
		감가상각누계액(차량)	4,667,180
		감가상각누계액(비품)	1,188,385

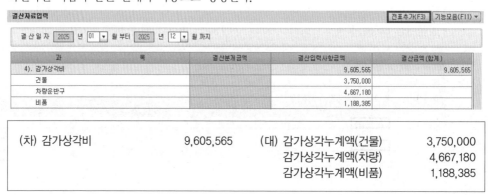

④ 무형자산 상각비 입력

〈순서 1〉

[고정자산등록] – [원가경비별감가상각명세서] 메뉴에서 무형자산의 당기분 상각비를 조회한다.

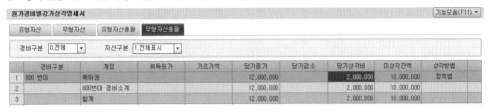

〈순서 2〉

[결산자료입력] 메뉴 6)무형고정자산상각란에 직접 입력한다. 상단 우측의 전표추가(F3) 를 한 뒤 일반 전표를 확인하면 다음과 같은 분개가 자동으로 생성된다.

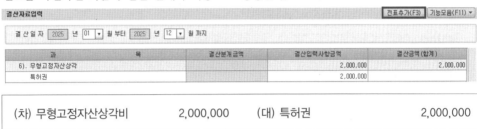

(차) 무형고정자산상각비	2,000,000	(대) 특허권	2,000,000

⑤ 법인세 입력

[결산자료입력] 메뉴 9.법인세등 2)법인세 계상란에 직접 입력한다. 상단 우측의 전표추가(F3) 를 한 뒤 일반전표를 확인하면 다음과 같은 분개가 자동으로 생성된다(단, 당기 법인세는 500,000원으로 가정).

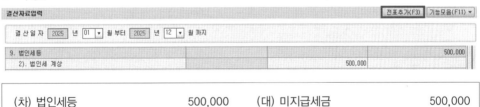

(차) 법인세등	500,000	(대) 미지급세금	500,000

〈주 의〉

전표추가(F3) 는 결산반영할 금액을 모두 마친 뒤 마지막에 한 번만 수행하도록 한다.

결산자료입력(자동결산)이 끝난 후 장부마감을 통해 결산 재무제표를 작성한다.
재무제표의 마감 순서는 다음과 같다.

> 손익계산서 → 이익잉여금처분계산서 → 재무상태표

(1) 손익계산서 조회

12월 말 손익계산서를 조회하여 당기순이익을 확인한 뒤, 당기순이익을 자동으로 이익잉여금처분계산서로 입력하기 위해 순서대로 작성해야 한다.

예 당기순이익 145,758,965원을 확인한다.

손익계산서				기능모음(F11)

기 간 2025 년 12 ▼ 월

과목별 | 제출용 | 표준(법인)용 | 포괄손익

과목	제 5(당)기 [2025/01/01 ~ 2025/12/31]		제 4(전)기 [2024/01/01 ~ 2024/12/31]	
	금액		금액	
Ⅰ. 매 출 액		830,835,000		780,000,000
상 품 매 출	830,835,000		780,000,000	
Ⅱ. 매 출 원 가		500,400,000		482,400,000
상 품 매 출 원 가		500,400,000		482,400,000
기 초 상 품 재 고 액	21,200,000		18,000,000	
당 기 상 품 매 입 액	638,050,000		485,600,000	
기 말 상 품 재 고 액	158,850,000		21,200,000	
Ⅲ. 매 출 총 이 익		330,435,000		297,600,000
Ⅳ. 판 매 비 와 관 리 비		185,376,035		170,515,720
종 업 원 급 여	110,000,000		105,450,000	
복 리 후 생 비	5,135,170		4,500,250	
무 형 자 산 상 각 비	2,000,000		0	
Ⅴ. 영 업 이 익		145,058,965		127,084,280
Ⅵ. 영 업 외 수 익		1,210,000		20,000
이 자 수 익	250,000		0	
배 당 금 수 익	800,000		0	
수 수 료 수 익	150,000		0	
잡 이 익	10,000		20,000	
Ⅶ. 영 업 외 비 용		10,000		0
수 수 료 비 용	10,000		0	
Ⅷ. 법 인 세 차 감 전 이 익		146,258,965		127,104,280
Ⅸ. 법 인 세 등		500,000		0
법 인 세 등	500,000		0	
Ⅹ. 당 기 순 이 익		145,758,965		127,104,280

(2) 이익잉여금처분계산서 조회

손익계산서의 조회가 끝난 후 잉여금처분계산서를 작성한다. 잉여금처분계산서 작성 시 주의할 사항은 '전에 입력된 데이터가 있습니다. 불러오시겠습니까?'라는 질문에 결산이 끝난 후가 아닌 경우에는 '예'를 누르지 말고 '아니오'를 선택하여 열어야 업데이트가 된 내용을 볼 수 있으며, 전표추가(F3) 클릭하면 잉여금처분 회계처리가 일반전표에 추가된다.

예 당기순이익 145,758,965원이 반영되었는지 확인한 뒤에 전표추가(F3) 를 한다. 미처분이익잉여금 601,282,985원이 재무상태표에 반영된다.

[일반전표입력] 12월 31일 전표자동생성

차변	400	손익		당기순익 잉여금에 대체	145,758,965	
대변	377	미처분이익잉여금		당기순익 대체		145,758,965
차변	375	이월이익잉여금		미처분 이익잉여금에서 대체	455,524,020	
대변	377	미처분이익잉여금		이월이익잉여금에 대체		455,524,020
차변	377	미처분이익잉여금		이월이익잉여금에서 대체	601,282,985	
대변	375	이월이익잉여금		차기이월이익잉여금		601,282,985

(3) 재무상태표 조회

잉여금처분계산서에서 전표추가(F3) 를 끝낸 후 결산 재무상태표를 조회하면 대차가 일치되어 오류없이 조회할 수 있다.

예 미처분이익잉여금 601,282,985원이 재무상태표에 반영된다.

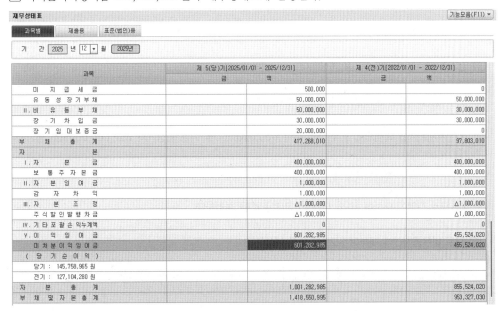

화성전자(주) (회사코드 : 1200) ▶ 회사변경 후 실무수행 연습하기

입력예제 결산정리사항

기말(12월 31일) 결산정리사항을 회계처리하고 마감하시오.

(1) 기말까지 현금과부족 ₩10,000의 원인이 파악되지 않아 적절한 과목으로 처리하다.

(2) 가수금 ₩500,000은 매출처 하나가전(주)의 상품 주문 계약금으로 밝혀지다.

(3) 보험료 선급분을 계상하다. 단, 월할계산에 의한다.

(4) 정기예금(산업은행)에 대한 이자 미수분 ₩250,000을 계상하다.

(5) 임대료 선수분 ₩400,000을 계상하다.

(6) 장기차입금에 대한 당기분 이자 미지급액 ₩1,600,000을 계상하다.

(7) 단기 시세차익을 목적으로 보유 중인 주식 ₩30,000,000을 기말 공정가치 ₩28,000,000으로 평가하다.

(8) 소모품 미사용액 ₩250,000을 계상하다.

(9) 매출채권 잔액에 대하여 1%의 대손충당금(보충법)을 설정하다.

(10) 모든 비유동자산에 대하여 감가상각비를 계상하다.

(11) 기말상품재고액을 입력하고 결산 처리하다. 단, 재고평가는 선입선출법으로 한다.

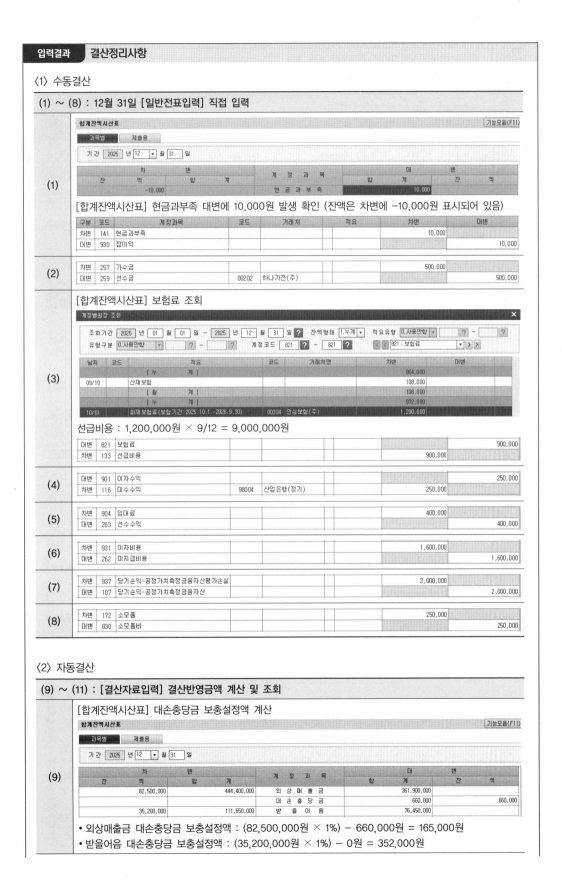

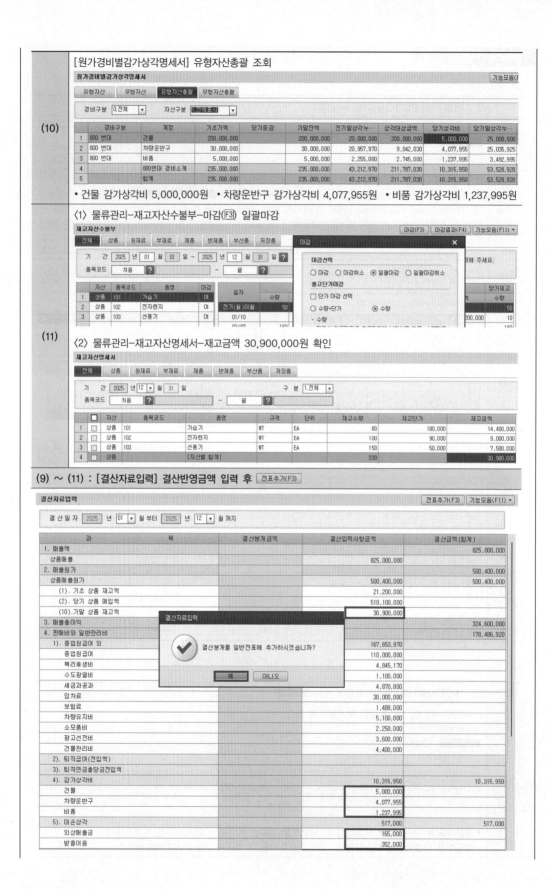

[원가경비별감가상각명세서] 유형자산총괄 조회

(10)

• 건물 감가상각비 5,000,000원 • 차량운반구 감가상각비 4,077,955원 • 비품 감가상각비 1,237,995원

⟨1⟩ 물류관리–재고자산수불부–마감(F3) 일괄마감

(11)

⟨2⟩ 물류관리–재고자산명세서–재고금액 30,900,000원 확인

(9) ~ (11) : [결산자료입력] 결산반영금액 입력 후 전표추가(F3)

12월 31일 [일반전표입력] 자동생성

결차	451	상품매출원가			01	상품매출원가 대	500,400,000	
결대	146	상품			04	상품매출원가 대		500,400,000
결차	818	감가상각비			01	당기말 감가상각	10,315,950	
결대	203	감가상각누계액			04	당기감가충당금		5,000,000
결대	209	감가상각누계액			04	당기감가충당금		4,077,955
결대	213	감가상각누계액			04	당기감가충당금		1,237,995
결차	835	대손상각비			01	외상매출금의 대	517,000	
결대	109	대손충당금			04	대손충당금 설정		165,000
결대	111	대손충당금			04	대손충당금 설정		352,000

〈3〉 재무제표 마감(실제 시험에서는 재무제표 마감 실무수행은 생략해도 무방하다)

(1) 손익계산서 조회 (당기순이익 143,583,080원 확인)

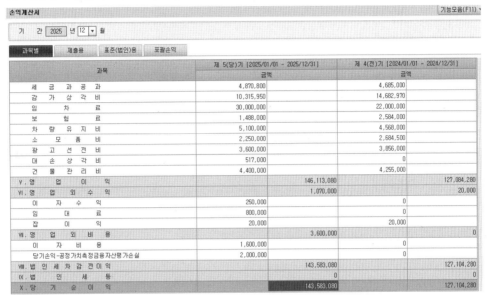

(2) 이익잉여금처분계산서 조회 (당기순이익 143,583,080원 반영 확인한 뒤 전표추가(F3))

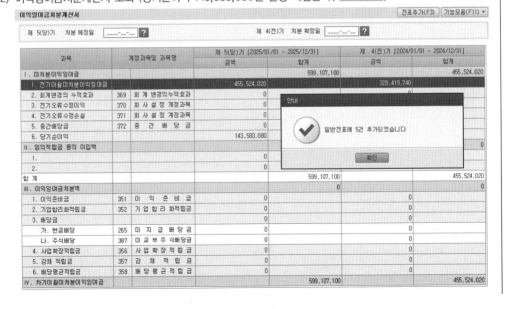

[일반전표 자동생성]

차변	400	손익			당기순손익 잉여	143,583,080	
대변	377	미처분이익잉여금			당기순손익 대체		143,583,080
차변	375	이월이익잉여금			미처분 이익잉여	455,524,020	
대변	377	미처분이익잉여금			이월이익잉여금이		455,524,020
차변	377	미처분이익잉여금			이월이익잉여금이	599,107,100	
대변	375	이월이익잉여금			차기이월이익잉C		599,107,100

(3) 재무상태표 조회 (대차일치 확인, 미처분이익잉여금 599,107,100원 확인)

재무상태표   기능모음(F11) ▼

[과목별] [제출용] [표준(법인)용]

기 간 2025 년 12 ▼ 월 2025년

과목	제 5(당)기[2025/01/01 ~ 2025/12/31]		제 4(전)기[2024/01/01 ~ 2024/12/31]	
	금	액	금	액
미 지 급 비 용		1,600,000		0
선 수 수 익		400,000		0
II. 비 유 동 부 채		30,000,000		30,000,000
장 기 차 입 금		30,000,000		30,000,000
부 채 총 계		104,303,010		47,803,010
자 본				
I. 자 본 금		500,000,000		500,000,000
보 통 주 자 본 금		500,000,000		500,000,000
II. 자 본 잉 여 금		1,000,000		1,000,000
감 자 차 익		1,000,000		1,000,000
III. 자 본 조 정		△1,000,000		△1,000,000
주 식 할 인 발 행 차 금		△1,000,000		△1,000,000
IV. 기 타 포 괄 손 익 누 계 액		0		0
V. 이 익 잉 여 금		599,107,100		455,524,020
미 처 분 이 익 잉 여 금		599,107,100		455,524,020
(당 기 순 이 익)				
당기 : 143,583,080 원				
전기 : 127,104,280 원				
자 본 총 계		1,099,107,100		955,524,020
부 채 및 자 본 총 계		1,203,410,110		1,003,327,030

장부조회

장부조회는 회계프로그램 운용에 필요한 기초정보를 처리할 수 있도록 하는 데 도움을 주며, 정보 산출에 필요한 자료를 처리할 수 있고 기간별·시점별로 작성한 각종 장부를 검색할 수 있도록 하는 데 목적이 있다. 회계정보는 결산 작업 후 재무제표를 검색하며 회계 관련 규정에 따라 회계정보를 활용하여 재무 안정성, 수익성 등을 판단할 수 있는 자료를 산출한다.

〈장부조회 답안작성 방법〉

① 시험 메인화면의 [단답형답안] 메뉴를 클릭하여 조회한 답안(숫자만 입력)을 입력합니다.

   : 단답형답안 버튼을 클릭하면 아래와 같은 입력창이 뜹니다.

② 입력창 시험문제에 제시한 내용을 숙지하고 순서대로 답안을 등록한 후 하단의 답안저장 버튼을 누릅니다.

> 답안입력은 '숫자(소숫점 입력은 가능)'만 입력한다.
>
> 숫자는 ₩, 원, 월, 단위구분자(,) 등을 생략하고 **숫자만 입력**한다.
> 소수점이 포함되어 있는 숫자의 경우에는 소수점을 입력한다.

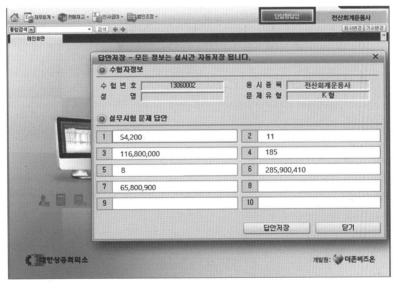

※ 단위구분자(,)는 자동입력되며, 첨부된 그림과 실제 시험장 답안은 다를 수 있습니다.

01　합계잔액시산표

합계잔액시산표는 입력된 전표(자료)의 오류를 검증하는 기능이 있다. 따라서 결산 전 또는 결산 후 시산표를 작성하여 정확성을 확인할 수 있다. 이 메뉴는 '과목별'과 '제출용'으로 구성되어 있다. 차이점은 외상매출금과 받을어음이 매출채권 계정으로 외상매입금과 지급어음이 매입채무 계정으로 통합되는가 등의 여부에 따른다.

(1) 6월 말 현재 외상매출금 잔액은 얼마인가?

⇨ 62,900,000원 (합계잔액시산표 '과목별' 6월 30일 조회)

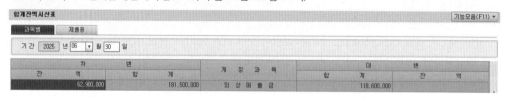

(2) 8월 말 현재 매출채권 잔액은 얼마인가?

⇨ 189,150,000원 (합계잔액시산표 '제출용' 8월 31일 조회)

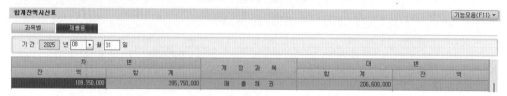

(3) 3월 27일 현재 당좌예금 잔액은 얼마인가?

⇨ 98,750,000원 (합계잔액시산표 '과목별' 3월 27일 조회)

02 일/월계표

특정기간의 현금 및 기타 거래에 대한 변동을 조회할 수 있다. 합계잔액시산표의 경우에는 월말을 기준으로 누적된 정보를 조회할 수 있으나 일/월계표의 경우에는 일정기간의 구간을 정해 해당 정보를 조회할 수 있다. 예를 들어 전기이월자료를 제외한 1월에서 6월까지의 외상매입금 발생액을 조회하고자 할 경우 계정별원장에서 조회할 수도 있지만 일/월계표에서 보다 더 쉽게 조회할 수 있다.

(1) 2월부터 6월까지 판매관리비의 합계는 얼마인가?

⇨ 76,106,350원 (월계표 2월 ~ 6월 조회)

(2) 3월부터 5월까지 판매관리비의 지출이 현금으로 지출된 금액은 얼마인가?

⇨ 96,970원 (월계표 3월 ~ 5월 판매관리비의 '현금'란 조회)

(3) 5월부터 7월까지 판매관리비가 가장 큰 달은 몇 월인가?

⇨ 6월 (월계표를 월별로 조회하여 금액을 비교)

5월 ~ 5월 : 12,991,270원

일계표	월계표							
조회기간	2025 년	05 ▼ 월 ~	2025 년	05 ▼ 월				

차 변			계 정 과 목	대 변		
계	대 체	현 금		현 금	대 체	계
12,991,270	12,991,270		[판 매 관 리 비]			

6월 ~ 6월 : 18,341,270원

차 변			계 정 과 목	대 변		
계	대 체	현 금		현 금	대 체	계
18,341,270	17,745,270	596,000	[판 매 관 리 비]			

7월 ~ 7월 : 13,010,270원

일계표	월계표					
조회기간 2025 년 07 ▼ 월 ~ 2025 년 07 ▼ 월						
차 변			계 정 과 목	대 변		
계	대 체	현 금		현 금	대 체	계
13,010,270	12,991,270	19,000	[판 매 관 리 비]			

03 현금출납장

현금의 수입 및 지출과 관련된 전표를 기록, 계산하는 보조기입장으로 입출금의 거래내역이 날짜순으로 기록된 장부이다. 계정별원장 중에서 현금과 관련된 부분만을 조회할 수 있는 장부이며, 합계잔액시산표상의 현금 계정을 더블클릭하여도 조회할 수 있다.

(1) 1월 16일 현재 현금 잔액은 얼마인가?

⇨ 77,500,000원 (현금출납장 1월 1일 ~ 1월 16일 조회 또는 일반전표입력, 합계잔액시산표 조회가능)

현금출납장							기능모음(F11) ▼
전체							
기간 2025 년 01 월 01 일 ~ 2025 년 01 월 16 일 ?							
전표일자	코드	적요명	코드	거래처명	입금	출금	잔액
		[전 기 이 월]			15,000,000		15,000,000
2025-01-02		외상매출금 보통예금입금	98001	국민은행(보통)	66,000,000		
2025-01-02		외상매입금반제		국민은행(보통)		3,500,000	77,500,000

매입채무, 매출채권 등과 같은 채권·채무관리를 위하여 작성하는 거래처장부가 거래처원장이다. 거래처원장은 잔액, 내용, 총괄로 구성되어 있다.

(1) 10월 31일 현재 (주)해솔가전에 대한 외상매출금 잔액은 얼마인가?

⇨ 62,600,000원 (거래처원장 1월 1일 ~ 10월 31일, 외상매출금, (주)해솔가전의 잔액란 조회)

(2) 9월 30일 현재 외상매출금 잔액이 가장 큰 거래처의 잔액은 얼마인가?

⇨ 93,400,000원 (거래처원장 1월 1일 ~ 9월 30일, 외상매출금, 거래처는 처음부터 끝까지 조회)

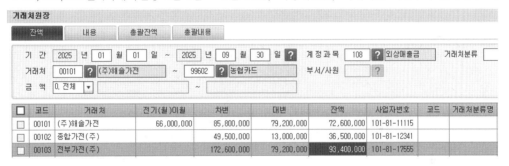

(3) 3월 1일부터 11월 30일까지 외상매출금이 가장 많이 회수된 거래처의 회수금액은 얼마인가?

⇨ 52,800,000원 (거래처원장 3월 1일 ~ 11월 30일, 외상매출금, 거래처를 처음부터 끝까지 조회하여 '대변' 금액이 가장 큰 거래의 금액을 확인)

기업의 모든 계정에 대한 증감변화가 기록되는 중요장부로써 자세한 내역은 각 계정별원장에 표기된다. 본프로그램은 각 계정의 증감변동을 일별, 월별로 표시하고 있다. 총계정원장에서 조회하는 계정과목은 매출의 월별 변동이나 현금수지의 월별 변동 같은 자료를 확인할 수 있다. 계정별원장은 각 계정의 거래내역을 일자별로 기록한 장부로 총계정원장의 보조부라고 할 수 있으며 총계정원장은 계정별원장의 집약체라고 할 수 있다.

(1) 1년 중 보통예금의 잔액이 가장 큰 달의 금액은 얼마인가?

⇨ 153,964,450원 (총계정원장(월별) 1월 1일 ~ 12월 31일, 보통예금 잔액 조회 2월 잔액)

총계정원장 　　　　　　　　　　　　　　　　　　　　　　　　　　　　　　　기능모음(F11) ▾

[월별] [일별]

조회기간 2025 년 01 월 01 일 ~ 2025 년 12 월 31 일 ? 계정과목 103 ? 보통예금 ~ 103 ? 보통예금

코드	계정과목	날짜	차변	대변	잔액
103	보통예금	[전기이월]	150,000,000		
		2025년 01월	37,950,000	47,591,270	140,358,730
		2025년 02월	75,900,000	62,294,280	153,964,450
		2025년 03월	33,000,000	86,291,270	100,673,180
		2025년 04월		18,594,300	82,078,880
		2025년 05월	114,200,000	82,441,270	113,837,610
		2025년 06월		36,995,270	76,842,340
		2025년 07월	85,800,000	38,371,270	124,271,070
		2025년 08월	93,500,000	96,991,270	120,779,800
		2025년 09월	82,500,000	82,511,270	120,768,530
		2025년 10월	10,000,000	88,051,270	42,717,260
		2025년 11월	15,000,000	15,041,270	42,675,990
		2025년 12월			42,675,990
		[합 계]	697,850,000	655,174,010	

(2) 상반기(1월 ~ 6월) 상품매출이 가장 많이 발생된 달은 몇 월인가?

⇨ 5월 (총계정원장(월별) 1월 1일 ~ 12월 31일, 상품매출, 상반기(1월 ~ 6월)만 '대변' 금액 비교)

총계정원장 　　　　　　　　　　　　　　　　　　　　　　　　　　　　　　　기능모음(F11) ▾

[월별] [일별]

조회기간 2025 년 01 월 01 일 ~ 2025 년 12 월 31 일 ? 계정과목 401 ? 상품매출 ~ 401 ? 상품매출

코드	계정과목	날짜	차변	대변	잔액
401	상품매출	[전기이월]			
		2025년 01월		34,500,000	34,500,000
		2025년 02월		69,000,000	103,500,000
		2025년 03월		62,000,000	165,500,000
		2025년 04월		45,000,000	210,500,000
		2025년 05월		92,000,000	302,500,000
		2025년 06월		61,500,000	364,000,000

(3) 1년 중 현금지출이 가장 많은 월의 현금지출금액은 얼마인가?

⇨ 20,085,600원 (총계정원장(월별) 1월 1일 ~ 12월 31일, 현금 계정과목의 '대변' 금액 비교)

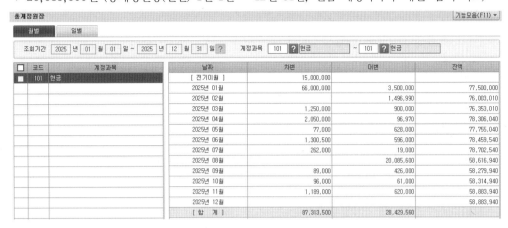

06 재고자산수불부(재고자산명세서)

(1) 8월 31일 현재 압력밥솥의 재고수량은 몇 개인가?

⇨ 290개 (재고자산수불부 1월 1일 ~ 8월 31일 조회, 압력밥솥의 재고수량 조회)

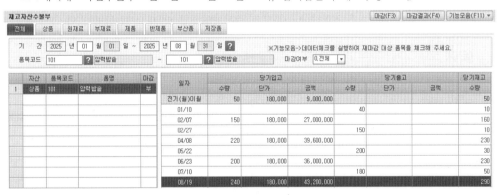

(2) 1월부터 12월까지 분쇄기를 가장 많이 판매한 거래처의 판매수량은 몇 개인가?

⇨ 950개 (거래처별 판매현황 1월 1일 ~ 12월 31일, 분쇄기, 거래처코드는 처음부터 끝까지 조회)

(3) 5월 31일 현재 쥬서기의 재고금액은 얼마인가?

⇨ 7,500,000원 (12월 마감을 취소하고 5월 말 마감을 재실행해야 하므로 아래 순서대로 실행)

〈순서 1〉

[재고자산수불부] 1월 ~ 12월 조회하여 마감(F3) → 쥬서기만 마감취소

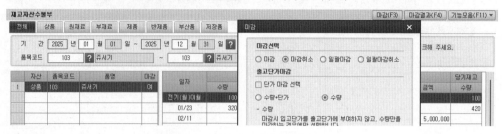

〈순서 2〉

[재고자산수불부] 1월 ~ 5월 조회하여 쥬서기만 마감(F3) → 마감

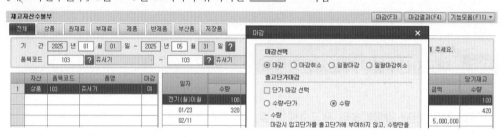

〈순서 3〉

[재고자산명세서] 5월까지 조회하여 품목코드 쥬서기의 5월 말 재고자산금액 조회

		자산	품목코드	품명	규격	단위	재고수량	재고단가	재고금액
1		상품	103	쥬서기	B1	EA	150	50,000	7,500,000
2		상품		[자산별 합계]			150		7,500,000

K-IFRS 손익계산서는 수익과 비용의 입력된 자료를 조회하고, K-IFRS 재무상태표는 자산, 부채, 자본을 조회한다. 재무제표는 전기분과 당기분이 비교형식으로 작성되므로 전기말 잔액 및 전년도 당기순이익과 당기분 자료를 비교하는데도 활용도가 높다. 국제회계기준에 의한 양식은 K-IFRS 재무제표를 조회하여 관련 회계정보를 산출한다.

(1) 1월 1일부터 12월 31일까지 한국채택국제회계기준(K-IFRS)에 의한 포괄손익계산서에 표시되는 기타수익은 얼마인가?

⇨ 176,000원 (K-IFRS 포괄손익계산서 12월 조회)

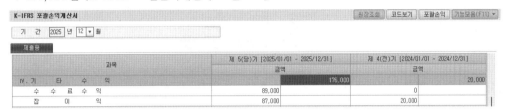

(2) 1월 1일부터 12월 31일까지 한국채택국제회계기준(K-IFRS)에 의한 포괄손익계산서에 표시되는 당기순이익은 얼마인가?

⇨ 238,068,885원 (K-IFRS 포괄손익계산서 12월 조회)

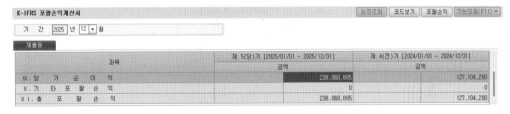

PART 1

(3) 12월 31일 현재 한국채택국제회계기준(K-IFRS)에 의한 재무상태표에 표시되는 유동자산의 금액은 얼마인가?

⇨ 695,408,530원 (K-IFRS 재무상태표 12월 조회)

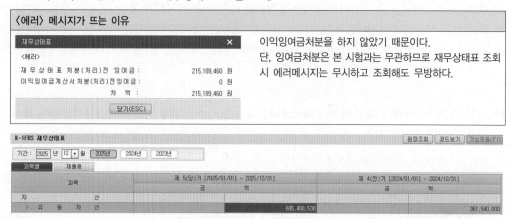

〈에러〉 메시지가 뜨는 이유	
재무상태표 × 〈에러〉 재무상태표처분(처리)전 잉여금 : 215,189,460 원 이익잉여금계산서처분(처리)전잉여금 : 0 원 차 액 : 215,189,460 원 닫기(ESC)	이익잉여금처분을 하지 않았기 때문이다. 단, 잉여금처분은 본 시험과는 무관하므로 재무상태표 조회 시 에러메시지는 무시하고 조회해도 무방하다.

K-IFRS 재무상태표   원장조회 코드보기 가능모음(F11)

기간: 2025 년 12 월 2025년 2024년 2023년

과목별 제출용

과목	제 5(당)기 [2025/01/01 ~ 2025/12/31] 금 액	제 4(전)기 [2024/01/01 ~ 2024/12/31] 금 액
자 산		
Ⅰ. 유 동 자 산	695,408,530	361,540,000

(4) 12월 31일 현재 한국채택국제회계기준(K-IFRS)에 의한 재무상태표에 표시되는 유형자산은 얼마인가?

⇨ 384,777,385원 (K-IFRS 재무상태표 12월 조회)

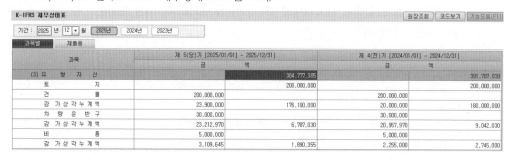

K-IFRS 재무상태표   원장조회 코드보기 가능모음(F11)

기간: 2025 년 12 월 2025년 2024년 2023년

과목별 제출용

과목	제 5(당)기 [2025/01/01 ~ 2025/12/31]	금 액	제 4(전)기 [2024/01/01 ~ 2024/12/31]	금 액
(3) 유 형 자 산		384,777,385		391,787,030
토 지		200,000,000		200,000,000
건 물	200,000,000		200,000,000	
감 가 상 각 누 계 액	23,900,000	176,100,000	20,000,000	180,000,000
차 량 운 반 구	30,000,000		30,000,000	
감 가 상 각 누 계 액	23,212,970	6,787,030	20,957,970	9,042,030
비 품	5,000,000		5,000,000	
감 가 상 각 누 계 액	3,109,645	1,890,355	2,255,000	2,745,000

(5) 3월 31일 현재 한국채택국제회계기준(K-IFRS)에 의한 재무상태표에 표시되는 현금및현금성자산은 얼마인가?

⇨ 275,776,190원 (K-IFRS 재무상태표(합계잔액시산표에서도 가능) 3월 조회)

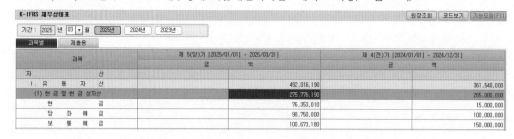

K-IFRS 재무상태표   원장조회 코드보기 가능모음(F11)

기간: 2025 년 03 월 2025년 2024년 2023년

과목별 제출용

과목	제 5(당)기 [2025/01/01 ~ 2025/03/31] 금 액	제 4(전)기 [2024/01/01 ~ 2024/12/31] 금 액
자 산		
Ⅰ. 유 동 자 산	492,016,190	361,540,000
(1) 현 금 및 현 금 성 자 산	275,776,190	265,000,000
현 금	76,353,010	15,000,000
당 좌 예 금	98,750,000	100,000,000
보 통 예 금	100,673,180	150,000,000

입력예제　**장부조회**

(1) 5월 1일부터 9월 30일까지 현금의 지출 총액은 얼마인가?

(2) 10월 31일 현재 하나가전(주)의 외상매입금 잔액은 얼마인가?

(3) 4월부터 6월까지 중 판매비와관리비가 가장 많이 발생한 월의 금액은 얼마인가?

(4) 9월 30일 현재 미림전자(주)의 지급어음 잔액은 얼마인가?

(5) 11월 30일 현재 보통예금의 잔액은 얼마인가?

(6) 9월 30일 현재 모두상사(주)의 외상매출금 미회수액은 얼마인가?

(7) 1월 1일부터 3월 31일까지 당좌예금(국민은행)의 인출 총액은 얼마인가?

(8) 3월 15일 현재 B상품의 출고수량은 몇 EA인가?

(9) 7월 20일 현재 A상품의 재고와 C상품의 재고 합계는 몇 개(EA)인가?

(10) 10월의 판매비와관리비 중 가장 많이 지출한 계정과목의 금액은 얼마인가?

(11) 7월 1일부터 9월 30일까지 복리후생비 현금 지출액은 얼마인가?

(12) 당기 중에 상품매출의 발생 총액이 가장 큰 달의 금액은 얼마인가?

(13) 11월 30일 현재 매입채무 잔액은 얼마인가?

(14) 1월 1일부터 12월 31일까지 한국채택국제회계기준(K-IFRS)에 의한 포괄손익계산서에 표시되는 매출총이익은 얼마인가?

(15) 1월 1일부터 12월 31일까지 한국채택국제회계기준(K-IFRS)에 의한 포괄손익계산서에 표시되는 금융수익 금액은 얼마인가?

(16) 12월 31일 현재 한국채택국제회계기준(K-IFRS)에 의한 재무상태표에 표시되는 비유동부채의 금액은 얼마인가?

(17) 12월 31일 현재 한국채택국제회계기준(K-IFRS)에 의한 재무상태표에 표시되는 기타유동금융자산의 금액은 얼마인가?

PART 1

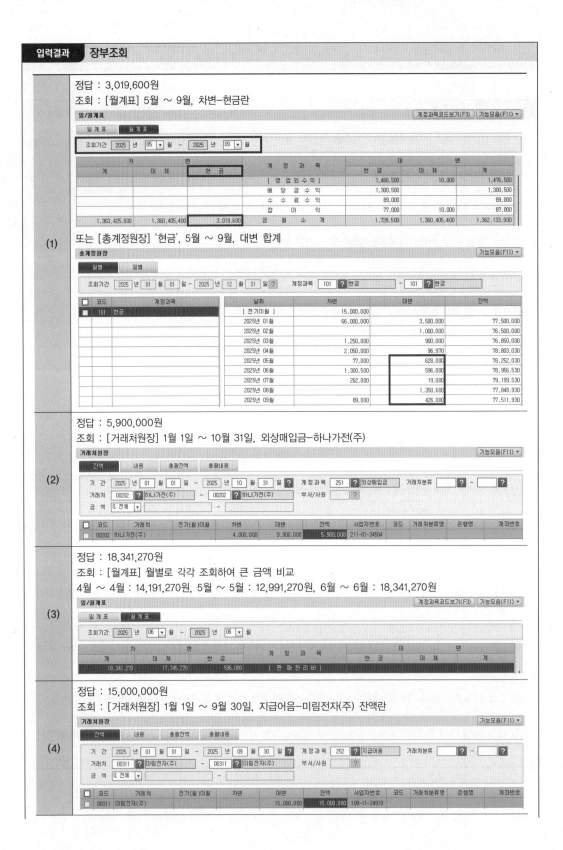

(1)

정답 : 3,019,600원

조회 : [월계표] 5월 ~ 9월, 차변-현금란

또는 [총계정원장] '현금', 5월 ~ 9월, 대변 합계

(2)

정답 : 5,900,000원

조회 : [거래처원장] 1월 1일 ~ 10월 31일, 외상매입금-하나가전(주)

(3)

정답 : 18,341,270원

조회 : [월계표] 월별로 각각 조회하여 큰 금액 비교

4월 ~ 4월 : 14,191,270원, 5월 ~ 5월 : 12,991,270원, 6월 ~ 6월 : 18,341,270원

(4)

정답 : 15,000,000원

조회 : [거래처원장] 1월 1일 ~ 9월 30일, 지급어음-미림전자(주) 잔액란

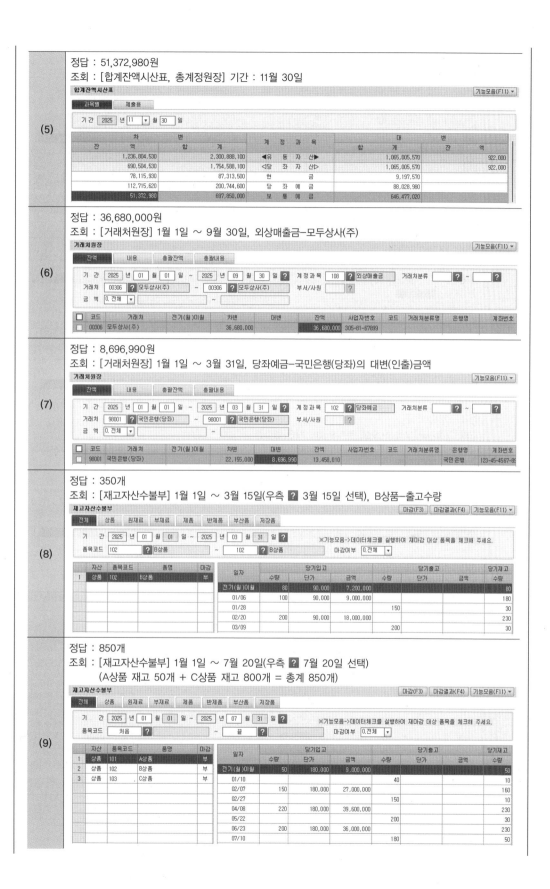

(5)

정답 : 51,372,980원
조회 : [합계잔액시산표, 총계정원장] 기간 : 11월 30일

합계잔액시산표   기능모음(F11) ▼

과목별   제출용

기 간 2025 년 11 ▼ 월 30 일

차 변		계 정 과 목	대 변	
잔 액	합 계		합 계	잔 액
1,236,804,530	2,300,888,100	◀유 동 자 산▶	1,065,005,570	922,000
690,504,530	1,754,588,100	◁당 좌 자 산▷	1,065,005,570	922,000
78,115,930	87,313,500	현 금	9,197,570	
112,715,620	200,744,600	당 좌 예 금	88,028,980	
51,372,980	697,850,000	보 통 예 금	646,477,020	

(6)

정답 : 36,680,000원
조회 : [거래처원장] 1월 1일 ~ 9월 30일, 외상매출금-모두상사(주)

거래처원장   기능모음(F11) ▼

잔액   내용   총괄잔액   총괄내용

기 간 2025 년 01 월 01 일 ~ 2025 년 09 월 30 일 [?] 계 정 과 목 108 [?] 외상매출금   거래처분류 [ ] [?] ~ [ ] [?]
거래처 00306 [?] 모두상사(주) ~ 00306 [?] 모두상사(주)   부서/사원 [ ] [?]
금 액 0.전체 ▼ ~

□	코드	거래처	전기(월)이월	차변	대변	잔액	사업자번호	코드	거래처분류명	은행명	계좌번호
□	00306	모두상사(주)		36,680,000		36,680,000	305-81-67899				

(7)

정답 : 8,696,990원
조회 : [거래처원장] 1월 1일 ~ 3월 31일, 당좌예금-국민은행(당좌)의 대변(인출)금액

거래처원장   기능모음(F11) ▼

잔액   내용   총괄잔액   총괄내용

기 간 2025 년 01 월 01 일 ~ 2025 년 03 월 31 일 [?] 계 정 과 목 102 [?] 당좌예금   거래처분류 [ ] [?] ~ [ ] [?]
거래처 98001 [?] 국민은행(당좌) ~ 98001 [?] 국민은행(당좌)   부서/사원 [ ] [?]
금 액 0.전체 ▼ ~

□	코드	거래처	전기(월)이월	차변	대변	잔액	사업자번호	코드	거래처분류명	은행명	계좌번호
□	98001	국민은행(당좌)		22,155,000	8,696,990	13,458,010				국민은행	123-45-4567-89

(8)

정답 : 350개
조회 : [재고자산수불부] 1월 1일 ~ 3월 15일(우측 [?] 3월 15일 선택), B상품-출고수량

재고자산수불부   마감(F3)   마감결과(F4)   기능모음(F11) ▼

전체   상품   원재료   부재료   제품   반제품   부산품   저장품

기 간 2025 년 01 월 01 일 ~ 2025 년 03 월 31 일 [?]   ※기능모음->데이터체크를 실행하여 재마감 대상 품목을 체크해 주세요.
품목코드 102 [?] B상품 ~ 102 [?] B상품   마감여부 0.전체 ▼

	자산	품목코드	품명	마감	일자	당기입고			당기출고			당기재고
						수량	단가	금액	수량	단가	금액	수량
1	상품	102	B상품	부	전기(월)이월	80	90,000	7,200,000				80
					01/06	100	90,000	9,000,000				180
					01/28				150			30
					02/20	200	90,000	18,000,000				230
					03/09				200			30

(9)

정답 : 850개
조회 : [재고자산수불부] 1월 1일 ~ 7월 20일(우측 [?] 7월 20일 선택)
      (A상품 재고 50개 + C상품 재고 800개 = 총계 850개)

재고자산수불부   마감(F3)   마감결과(F4)   기능모음(F11) ▼

전체   상품   원재료   부재료   제품   반제품   부산품   저장품

기 간 2025 년 01 월 01 일 ~ 2025 년 07 월 31 일 [?]   ※기능모음->데이터체크를 실행하여 재마감 대상 품목을 체크해 주세요.
품목코드 처음 [?] ~ 끝 [?]   마감여부 0.전체 ▼

	자산	품목코드	품명	마감	일자	당기입고			당기출고			당기재고
						수량	단가	금액	수량	단가	금액	수량
1	상품	101	A상품	부								
2	상품	102	B상품	부	전기(월)이월	50	180,000	9,000,000				50
3	상품	103	C상품	부	01/10				40			10
					02/07	150	180,000	27,000,000				160
					02/27				150			10
					04/08	220	180,000	39,600,000				230
					05/22				200			30
					06/23	200	180,000	36,000,000				230
					07/10				180			50

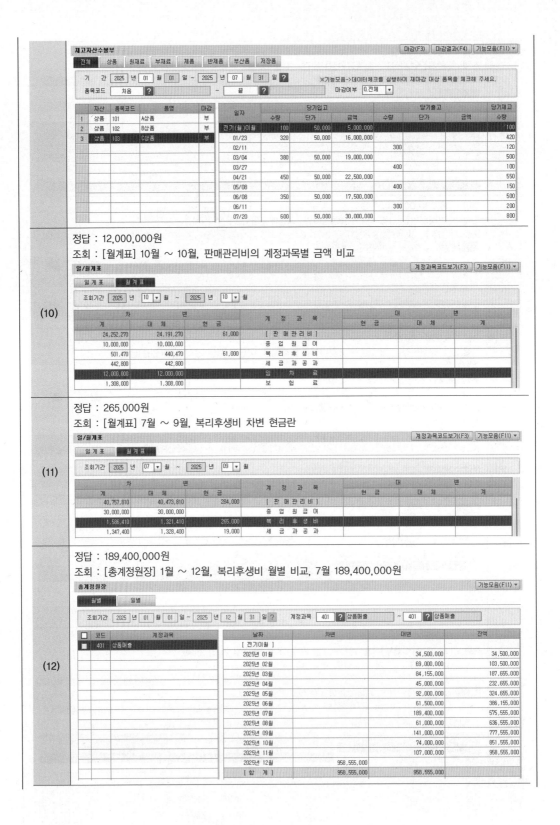

재고자산수불부

마감(F3) 마감결과(F4) 기능모음(F11) ▼

| 전체 | 상품 | 원재료 | 부재료 | 제품 | 반제품 | 부산품 | 저장품 |

기 간 2025 년 01 월 01 일 ~ 2025 년 07 월 31 일 ?   ※기능모음→데이터체크를 실행하여 재마감 대상 품목을 체크해 주세요.

품목코드 처음 ? ~ 끝 ?   마감여부 0.전체 ▼

	자산	품목코드	품명	마감	일자	당기입고			당기출고			당기재고
						수량	단가	금액	수량	단가	금액	수량
1	상품	101	A상품	부	전기(월)이월	100	50,000	5,000,000				100
2	상품	102	B상품	부	01/23	320	50,000	16,000,000				420
3	상품	103	C상품	부	02/11				300			120
					03/04	380	50,000	19,000,000				500
					03/27				400			100
					04/21	450	50,000	22,500,000				550
					05/08				400			150
					06/08	350	50,000	17,500,000				500
					06/11				300			200
					07/20	600	50,000	30,000,000				800

(10)

정답 : 12,000,000원

조회 : [월계표] 10월 ~ 10월, 판매관리비의 계정과목별 금액 비교

일/월계표

계정과목코드보기(F3) 기능모음(F11) ▼

| 일계표 | 월계표 |

조회기간 2025 년 10 ▼ 월 ~ 2025 년 10 ▼ 월

차	변		계 정 과 목	대	변	
계	대 체	현 금		현 금	대 체	계
24,252,270	24,191,270	61,000	[판 매 관 리 비]			
10,000,000	10,000,000		종 업 원 급 여			
501,470	440,470	61,000	복 리 후 생 비			
442,800	442,800		세 금 과 공 과			
12,000,000	12,000,000		임 차 료			
1,308,000	1,308,000		보 험 료			

(11)

정답 : 265,000원

조회 : [월계표] 7월 ~ 9월, 복리후생비 차변 현금란

일/월계표

계정과목코드보기(F3) 기능모음(F11) ▼

| 일계표 | 월계표 |

조회기간 2025 년 07 ▼ 월 ~ 2025 년 09 ▼ 월

차	변		계 정 과 목	대	변	
계	대 체	현 금		현 금	대 체	계
40,757,810	40,473,810	284,000	[판 매 관 리 비]			
30,000,000	30,000,000		종 업 원 급 여			
1,586,410	1,321,410	265,000	복 리 후 생 비			
1,347,400	1,328,400	19,000	세 금 과 공 과			

(12)

정답 : 189,400,000원

조회 : [총계정원장] 1월 ~ 12월, 복리후생비 월별 비교, 7월 189,400,000원

총계정원장

기능모음(F11) ▼

| 월별 | 일별 |

조회기간 2025 년 01 월 01 일 ~ 2025 년 12 월 31 일 ?   계정과목 401 ? 상품매출 ~ 401 ? 상품매출

□	코드	계정과목	날짜	차변	대변	잔액
□	401	상품매출	[전기이월]			
			2025년 01월		34,500,000	34,500,000
			2025년 02월		69,000,000	103,500,000
			2025년 03월		84,155,000	187,655,000
			2025년 04월		45,000,000	232,655,000
			2025년 05월		92,000,000	324,655,000
			2025년 06월		61,500,000	386,155,000
			2025년 07월		189,400,000	575,555,000
			2025년 08월		61,000,000	636,555,000
			2025년 09월		141,000,000	777,555,000
			2025년 10월		74,000,000	851,555,000
			2025년 11월		107,000,000	958,555,000
			2025년 12월	958,555,000		
			[합 계]	958,555,000	958,555,000	

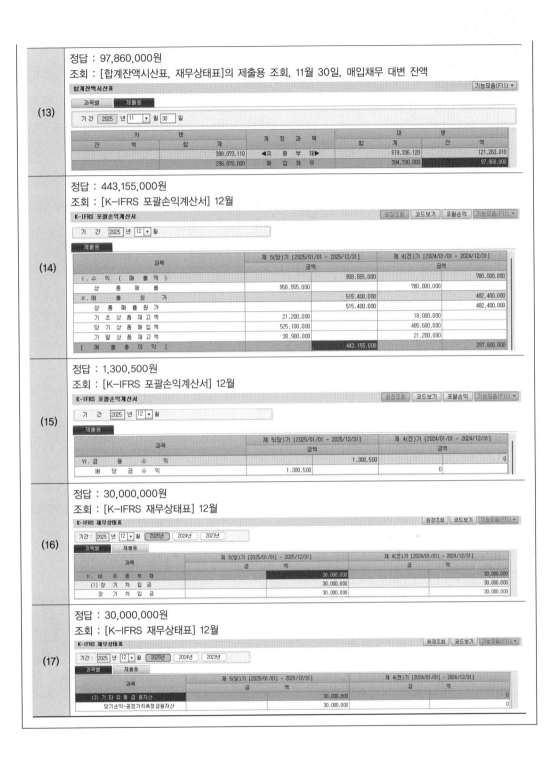

(13)
정답 : 97,860,000원
조회 : [합계잔액시산표, 재무상태표]의 제출용 조회, 11월 30일, 매입채무 대변 잔액

합계잔액시산표   기능모음(F11) ▼

| 과목별 | 제출용 |

기 간 2025 년 11 ▼ 월 30 일

| 차 변 | | 계 정 과 목 | 대 변 | |
잔 액	합 계		합 계	잔 액
398,073,110		◀유 동 부 채▶	519,336,120	121,263,010
296,870,000		매 입 채 무	394,730,000	97,860,000

(14)
정답 : 443,155,000원
조회 : [K-IFRS 포괄손익계산서] 12월

K-IFRS 포괄손익계산서   원장조회   코드보기   포괄손익   기능모음(F11) ▼

기 간 2025 년 12 ▼ 월

제출용

과목	제 5(당)기 [2025/01/01 ~ 2025/12/31] 금액		제 4(전)기 [2024/01/01 ~ 2024/12/31] 금액	
I . 수 익 (매 출 액)		958,555,000		780,000,000
상 품 매 출	958,555,000		780,000,000	
II . 매 출 원 가		515,400,000		482,400,000
상 품 매 출 원 가		515,400,000		482,400,000
기 초 상 품 재 고 액	21,200,000		18,000,000	
당 기 상 품 매 입 액	525,100,000		485,600,000	
기 말 상 품 재 고 액	30,900,000		21,200,000	
[매 출 총 이 익]		443,155,000		297,600,000

(15)
정답 : 1,300,500원
조회 : [K-IFRS 포괄손익계산서] 12월

K-IFRS 포괄손익계산서   원장조회   코드보기   포괄손익   기능모음(F11) ▼

기 간 2025 년 12 ▼ 월

제출용

과목	제 5(당)기 [2025/01/01 ~ 2025/12/31] 금액		제 4(전)기 [2024/01/01 ~ 2024/12/31] 금액	
VI . 금 융 수 익		1,300,500		0
배 당 금 수 익	1,300,500		0	

(16)
정답 : 30,000,000원
조회 : [K-IFRS 재무상태표] 12월

K-IFRS 재무상태표   원장조회   코드보기   기능모음(F11) ▼

기간 2025 년 12 ▼ 월 2025년 2024년 2023년

| 과목별 | 제출용 |

과목	제 5(당)기 [2025/01/01] ~ 2025/12/31] 금 액		제 4(전)기 [2024/01/01] ~ 2024/12/31] 금 액	
II . 비 유 동 부 채		30,000,000		30,000,000
(1) 장 기 차 입 금		30,000,000		30,000,000
장 기 차 입 금		30,000,000		30,000,000

(17)
정답 : 30,000,000원
조회 : [K-IFRS 재무상태표] 12월

K-IFRS 재무상태표   원장조회   코드보기   기능모음(F11) ▼

기간 2025 년 12 ▼ 월 2025년 2024년 2023년

| 과목별 | 제출용 |

과목	제 5(당)기 [2025/01/01] ~ 2025/12/31] 금 액		제 4(전)기 [2024/01/01] ~ 2024/12/31] 금 액	
(3) 기 타 유 동 금 융자산		30,000,000		0
당기손익-공정가치측정금융자산		30,000,000		0

PART 1

배우기만 하고 생각하지 않으면 얻는 것이 없고,
생각만 하고 배우지 않으면 위태롭다.

- 공자 -

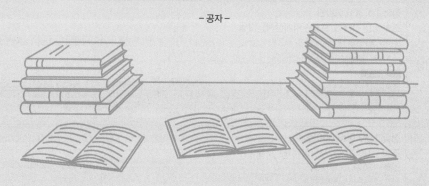

PART 2

모의고사

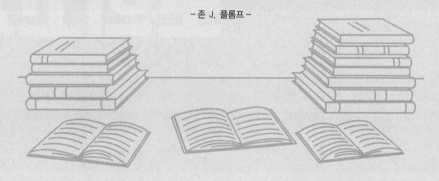

아이들이 답이 있는 질문을 하기 시작하면
그들이 성장하고 있음을 알 수 있다.

- 존 J. 플롬프 -

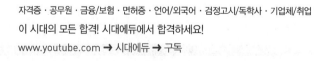

제1회 모의고사

- 회사명 : 영우전자(주) [회사코드 2001]
- 회계연도 : 2025.1.1. ~ 12.31.

01 다음에 제시되는 기준정보를 입력하시오. 〈16점/각 4점〉

(1) 다음의 신규 거래처를 등록하시오. (각 2점)

거래처(명)	거래처분류(구분)	거래처코드	대표자(명)	사업자등록번호	업태/종목
우리전자(주)	매출처(일반)	00104	신종한	101-81-22214	도소매/가전제품
삼화테크(주)	매입처(일반)	00204	홍유전	211-81-94844	도소매/가전제품

(2) 다음의 유형자산을 등록하시오.

계정과목(과목명)	자산(코드)	자산(명)	취득수량	취득일	취득금액	내용연수	상각방법
비 품	302	회의테이블	1대	2025.12.06.	₩1,800,000	5년	정률법

(3) 다음의 신규 부서를 등록하시오. (각 2점)

(부서)코드	부서명	제조/판관	비 고
40	자금부	판 관	
50	광고부	판 관	

(4) 다음의 신규 상품(품목)을 등록하시오.

품목코드	품목(품명)	(상세)규격	품목종류(자산)	기본단위(단위명)
104	공기청정기	WA	상 품	EA

02 다음 거래를 입력하시오(단, 채권·채무 및 금융 거래는 거래처코드를 입력하고 각 문항별 한 개의 전표번호로 입력한다). 〈36점/각 4점〉

(1) 12월 3일 다음 비용을 국민은행(보통) 계좌에서 이체하여 지급하다.

> • 인터넷 이용요금 : ₩100,000
> • 자동차세 : ₩380,000

(2) 12월 6일 기준정보에서 등록한 회의테이블을 한국가구(주)로부터 ₩1,800,000에 구입하고 대금은 보통예금(국민은행) 계좌에서 이체하여 지급하다.

(3) 12월 8일 신한은행에 대한 장기차입금 ₩30,000,000과 그에 대한 이자 ₩900,000을 보통예금 (국민은행) 계좌에서 이체하여 조기상환하다.

(4) 12월 11일 대한기업(주)에 본사건물의 엘리베이터 설치를 의뢰하고 계약금 ₩1,200,000을 보통예금(국민은행) 계좌에서 이체하여 지급하다.

(5) 12월 16일 상품을 매입하고 전자세금계산서를 발급받다.

전자세금계산서(공급받는자 보관용)					승인번호		20251216-XXXX0011	
공급자	등록번호	211-81-34564			공급받는자	등록번호	105-81-11422	
	상호(법인명)	하나가전(주)	성명(대표자)	박하나		상호(법인명)	영우전자(주)	성명(대표자) 김이지
	사업장주소	서울특별시 노원구 광운로 57				사업장주소	경기도 용인시 기흥구 흥덕중앙로 120	
	업태	도소매업	종사업장번호			업태	도소매업	종사업장번호
	종목	가전제품				종목	가전제품	
	E-Mail	efgf@sanggong.com				E-Mail	abce@kcci.com	

작성일자	2025.12.16.	공급가액	21,200,000	세액	2,120,000
비고					

월	일	품목명	규격	수량	단가	공급가액	세액	비고
12	16	전자렌지	WT	180	90,000	16,200,000	1,620,000	
12	16	선풍기	WT	100	50,000	5,000,000	500,000	

합계금액	현금	수표	어음	외상미수금	이 금액을	
23,320,000	6,320,000			17,000,000	○ 영수 ● 청구	함

(6) 12월 21일 상품을 매출하고 전자세금계산서를 발급하다. 대금은 11월 25일에 받은 계약금 ₩4,000,000을 제외하고 잔액은 현금으로 받다.

전자세금계산서(공급자 보관용)						승인번호		20251221-XXXX0125		
공급자	등록번호	105-81-11422			공급받는자	등록번호		101-81-12341		
	상호(법인명)	영우전자(주)	성명(대표자)	김이지		상호(법인명)	종합가전(주)		성명(대표자)	박종합
	사업장주소	경기도 용인시 기흥구 흥덕중앙로 120				사업장주소	서울특별시 종로구 동호로 398			
	업태	도소매업	종사업장번호			업태	도소매업		종사업장번호	
	종목	가전제품				종목	가전제품			
	E-Mail	abce@kcci.com				E-Mail	qwas@sanggong.com			

작성일자	2025.12.21.	공급가액	22,500,000	세액	2,250,000
비고					

월	일	품목명	규격	수량	단가	공급가액	세액	비고
12	21	전자렌지	WT	150	150,000	22,500,000	2,250,000	

합계금액	현금	수표	어음	외상미수금	이 금액을	● 영수 ○ 청구	함
24,750,000	24,750,000						

(7) 12월 24일 사무실 소모품 ₩140,000을 구입하고 대금을 현금으로 지급하다. 단, 비용으로 처리하시오.

(8) 12월 26일 다음의 비용을 보통예금(국민은행) 계좌에서 이체하여 지급하다.

- 불우이웃돕기 성금 : ₩500,000
- 거래처 직원 회식비 : ₩300,000

(9) 12월 28일 단기 투자 목적으로 대한기업(주)의 주식 1,000주(액면금액 @₩10,000)를 1주당 ₩18,000에 구입하고, 대금은 수수료 ₩25,000과 함께 보통예금(국민은행) 계좌에서 이체하다.

03 다음 기말(12월 31일) 결산 정리 사항을 회계 처리하고 마감하시오. 〈20점/각 4점〉

(1) 화재보험료 선급분 ₩900,000을 계상하다.

(2) 단기대여금에 대한 이자 미수분 ₩250,000을 계상하다.

(3) 모든 비유동자산에 대하여 감가상각비를 계상하다.

(4) 매출채권 잔액에 대하여 1%의 대손충당금(보충법)을 설정하다.

(5) 기말상품재고액을 입력하고 결산 처리하다. 단, 재고평가는 선입선출법으로 한다.

04 다음 사항을 조회하여 번호 순서대로 단답형 답안을 등록하시오. 〈28점/각 4점〉

(1) 1월 1일부터 1월 20일까지 발생한 판매비와관리비의 금액은 얼마인가?

(2) 2월 1일부터 4월 30일까지 구입한 전자렌지의 수량은 몇 개인가?

(3) 3월 1일부터 8월 31일까지 보통예금 출금액이 가장 큰 달은 몇 월인가?

(4) 6월 1일부터 9월 30일까지 회수한 받을어음의 금액은 얼마인가?

(5) 7월 1일부터 11월 30일까지 으뜸가전(주)의 외상매입금 발생 총액은 얼마인가?

(6) 12월 31일 현재 한국채택국제회계기준(K-IFRS)에 의한 재무상태표에 표시되는 유동부채는 얼마인가?

(7) 1월 1일부터 12월 31일까지 한국채택국제회계기준(K-IFRS)에 의한 포괄손익계산서(기능별)에 표시되는 금융수익은 얼마인가?

제2회 모의고사

- 회사명 : 한국가전(주) [회사코드 2002]
- 회계연도 : 2025.1.1. ~ 12.31.

01 다음 제시되는 기준정보를 입력하시오. 〈16점/각 4점〉

(1) 다음의 신규 거래처를 등록하시오. (각 2점)

거래처(명)	거래처분류(구분)	거래처코드	대표자(명)	사업자등록번호	업태/종목
한동산업(주)	매출처(일반)	00104	정영희	214-81-12555	도소매/가전제품
알파가전(주)	매입처(일반)	00204	김철수	215-81-23910	도소매/가전제품

(2) 다음의 카드 거래처를 등록하시오.

거래처명 (카드(사)명)	거래처코드	신용카드(가맹점)번호	카드분류(구분)	결제계좌
BC카드	99603	2222-3333-4444-5555	매입카드(사업용)	국민은행(보통)123-45-4567-890

(3) 다음의 신규 부서를 등록하시오. (각 2점)

(부서)코드	부서명	제조/판관	비 고
40	구매부	판 관	
50	재경부	판 관	

(4) 다음의 신규 상품(품목)을 등록하시오.

품목코드	품목(품명)	(상세)규격	품목종류(자산)	기본단위(단위명)
104	에어컨	WB	상 품	EA

02 다음 거래를 입력하시오(단, 채권·채무 및 금융 거래는 거래처코드를 입력하고 각 문항별 한 개의 전표번호로 입력한다). 〈36점/각 4점〉

(1) 12월 3일   장기투자 목적으로 대한기업(주)의 주식 1,000주(액면가 @₩10,000)를 1주당 ₩15,000에 구입하고, 대금은 보통예금(국민은행) 계좌에서 이체하다. 단, 공정가치 변동은 기타포괄손익으로 표시한다.

(2) 12월 6일   종합가전(주)에 상품을 매출하기로 계약을 체결하고 계약금 ₩3,000,000을 보통예금(국민은행) 계좌로 이체받다.

(3) 12월 8일   매출처 만물가전(주)의 외상대금 중 ₩25,000,000이 보통예금(국민은행) 계좌로 입금되다.

(4) 12월 11일   출장에서 돌아온 직원(홍준영)으로부터 11월 30일에 지급한 여비 개산액에 대하여 다음과 같이 정산하고 차액은 현금으로 받다.

- KTX비용 : ₩80,000
- 숙식비 : ₩310,000
- 거래처 직원과의 식대 : ₩100,000

---

(5) 12월 16일   상품을 매입하고 전자세금계산서를 발급받다. 대금은 약속어음(어음번호 : 가나11110004, 만기일 : 2026년 3월 16일, 지급은행 : 하나은행)을 발행하여 지급하다.

전자세금계산서(공급받는자 보관용)					승인번호	20251216-xxxx0001		
공급자	등록번호	211-81-87421			등록번호	105-81-11422		
	상호	제일가전(주)	성명(대표자)	김제일	상호	한국가전(주)	성명(대표자)	안수호
	사업장주소	서울특별시 종로구 청계천로 307			사업장주소	경기도 용인시 기흥구 흥덕중앙로 120		
	업태	도소매업	종사업장번호		업태	도소매업	종사업장번호	
	종목	가전제품			종목	가전제품		
	E-Mail	efgf@sanggong.com			E-Mail	abce@kcci.com		
작성일자		2025.12.16.	공급가액		39,600,000	세액		3,960,000
비고								

월	일	품목명	규격	수량	단가	공급가액	세액	비고
12	16	가습기	WT	220	180,000	39,600,000	3,960,000	

합계금액	현금	수표	어음	외상미수금	이 금액을	● 영수 ○ 청구	함
43,560,000			43,560,000				

(6) 12월 17일 다음 비용을 법인신용카드(하나카드)로 결제하다.

- 도서구입비 : ₩150,000
- 직원 회식비 : ₩350,000

(7) 12월 18일 보통예금(국민은행) 계좌에 이자 ₩200,000이 금일 입금되었음을 확인하다.

(8) 12월 21일 상품을 매출하고 전자세금계산서를 발급하다. 대금 중 현금으로 받은 부분은 즉시 보통예금(국민은행) 계좌에 입금하고 잔액은 외상으로 하다.

전자세금계산서(공급자 보관용)						승인번호	20251221-xxxx0001		
공급자	등록번호	105-81-11422			공급받는자	등록번호	101-81-11115		
	상 호 (법인명)	한국가전(주)	성 명 (대표자)	안수호		상 호 (법인명)	만물가전(주)	성 명 (대표자)	김만물
	사업장 주 소	경기도 용인시 기흥구 흥덕중앙로 120				사업장 주 소	서울특별시 종로구 대학로1길 3		
	업태	도소매업	종사업장번호			업태	도소매	종사업장번호	
	종목	가전제품				종목	가전제품		
	E-Mail	abce@kcci.com				E-Mail	qwas@sanggong.com		

작성일자	2025.12.21.	공급가액	63,400,000	세 액	6,340,000
비고					

월	일	품목명	규격	수량	단가	공급가액	세액	비고
12	21	가습기	WT	190	300,000	57,000,000	5,700,000	
12	21	선풍기	WT	80	80,000	6,400,000	640,000	

합계금액	현금	수표	어음	외상미수금	이 금액을	○ 영수 ● 청구	함
69,740,000	10,740,000			59,000,000			

(9) 12월 28일 연말 불우이웃돕기 성금 ₩600,000을 방송사에 현금으로 기탁하다.

03 다음 기말(12월 31일) 결산 정리 사항을 회계 처리하고 마감하시오. 〈20점/각 4점〉

(1) 임차료 선급분 ₩6,000,000을 계상하다.

(2) 당기분 소모품사용액은 ₩2,300,000이다.

(3) 모든 비유동자산에 대하여 감가상각비를 계상하다.

(4) 매출채권 잔액에 대하여 1%의 대손충당금(보충법)을 설정하다.

(5) 기말상품재고액을 입력하고 결산 처리하다. 단, 재고평가는 선입선출법으로 한다.

04 다음 사항을 조회하여 번호 순서대로 단답형 답안에 등록하시오. 〈28점/각 4점〉

(1) 1월 1일부터 4월 30일까지 상품매출액이 가장 큰 달은 몇 월인가?

(2) 2월 1일부터 5월 31일까지 구매한 선풍기의 수량은 몇 개인가?

(3) 4월 1일부터 6월 30일까지 발생한 차량유지비는 얼마인가?

(4) 10월 31일 현재 종합가전(주)의 외상매출금 잔액은 얼마인가?

(5) 11월 30일 현재 만기가 도래하지 않은 받을어음의 잔액은 얼마인가?

(6) 12월 31일 현재 한국채택국제회계기준(K-IFRS)에 의한 재무상태표에 표시되는 유형자산은 얼마인가?

(7) 1월 1일부터 12월 31일까지 한국채택국제회계기준(K-IFRS)에 의한 포괄손익계산서(기능별)에 표시되는 판매비와관리비는 얼마인가?

- 회사명 : 수영전자(주) [회사코드 2003]
- 회계연도 : 2025.1.1. ~ 12.31.

01 다음 제시되는 기준정보를 입력하시오. 〈16점/각 4점〉

(1) 다음의 신규 거래처를 등록하시오. (각 2점)

거래처(명)	거래처분류(구분)	거래처코드	대표자(명)	사업자등록번호	업태/종목
금성가전(주)	매출처(일반)	00104	최양민	402-81-00786	도소매/가전제품
월드전자(주)	매입처(일반)	00204	민나영	402-81-00812	도소매/가전제품

(2) 다음의 고정자산을 등록하시오.

계정과목(과목명)	자산(코드)	자산(명)	취득수량	취득일	취득금액	내용연수	상각방법
차량운반구	202	배송트럭	1개	2025.12.05.	₩24,000,000	5년	정률법

(3) 다음의 신규 부서를 등록하시오. (각 2점)

(부서)코드	부서명	제조/판관	비 고
40	관리부	판 관	
50	회계부	판 관	

(4) 다음의 신규 상품(품목)을 등록하시오.

품목코드	품목(품명)	(상세)규격	품목종류(자산)	기본단위(단위명)
104	통돌이세탁기	WT	상 품	EA

PART 2

02 다음 거래를 입력하시오(단, 채권 · 채무 및 금융 거래는 거래처코드를 입력하고 각 문항별 한 개의 전표번호로 입력한다). 〈36점/각 4점〉

(1) 12월 3일　이사회의 결의에 의하여 증자하기로 하고 보통주 1,000주(액면금액 @₩10,000)를 액면 발행하고 납입금은 당좌예금(하나은행) 계좌로 입금받다.

(2) 12월 5일　기준정보에서 등록한 배송트럭을 대한기업(주)로부터 ₩24,000,000에 구입하고 대금은 3개월 후에 지급하기로 하다.

(3) 12월 8일　제일가전(주)에서 다음 상품을 매입하기로 하고 계약금 ₩1,800,000을 보통예금(국민은행) 계좌에서 이체하여 지급하다.

전자렌지	200개	@₩90,000	₩18,000,000(부가세 별도)

(4) 12월 11일　으뜸가전(주)의 외상매입금 ₩10,500,000에 대하여 하나은행의 당좌수표를 발행하여 지급하다.

(5) 12월 16일　상품을 매입하고 전자세금계산서를 발급받다. 대금은 전액 하나은행의 당좌수표를 발행하여 지급하다.

전자세금계산서(공급받는자 보관용)					승인번호	20251216-XXXX0011	

공급자	등록번호	211-81-44363			공급받는자	등록번호	105-81-11422	
	상호(법인명)	으뜸가전(주)	성명(대표자)	이으뜸		상호	수영전자(주)	성명(대표자)	최일준
	사업장주소	서울특별시 성북구 대사관로 35				사업장주소	경기도 용인시 기흥구 흥덕중앙로 120	
	업태	도소매업	종사업장번호			업태	도소매업	종사업장번호
	종목	가전제품				종목	가전제품	
	E-Mail	efgf@sanggong.com				E-Mail	abce@kcci.com	

작성일자	2025.12.16.	공급가액	21,500,000	세 액	2,150,000
비고					

월	일	품목명	규격	수량	단가	공급가액	세액	비고
12	16	전자렌지	WT	100	90,000	9,000,000	900,000	
12	16	선풍기	WT	250	50,000	12,500,000	1,250,000	

합계금액	현금	수표	어음	외상미수금	이 금액을	● 영수 ○ 청구	함
23,650,000		23,650,000					

(6) 12월 17일　다음의 비용을 법인카드(하나카드)로 결제하다.

- 회사차량 자동차세 : ₩250,000
- 회사차량 유류대금 : ₩500,000

(7) 12월 21일 상품을 매출하고 전자세금계산서를 발급하다. 대금은 동점 발행의 약속어음(어음번호 : 다라22220003, 만기일 : 2026년 3월 21일, 지급은행 : 하나은행)으로 받다.

전자세금계산서(공급자 보관용)						승인번호		20251221-XXXX0125	
공급자	등록번호	105-81-11422			공급받는자	등록번호	101-81-17555		
	상호 (법인명)	수영전자(주)	성명 (대표자)	최일준		상호 (법인명)	전부가전(주)	성명 (대표자)	이전부
	사업장 주소	경기도 용인시 기흥구 흥덕중앙로 120				사업장 주소	서울특별시 종로구 종로 328		
	업태	도소매업	종사업장번호			업태	도소매업	종사업장번호	
	종목	가전제품				종목	가전제품		
	E-Mail	abce@kcci.com				E-Mail	qwas@sanggong.com		
작성일자		2025.12.21.	공급가액		36,000,000		세액		3,600,000
비고									

월	일	품목명	규격	수량	단가	공급가액	세액	비고
12	21	가습기	WT	80	300,000	24,000,000	2,400,000	
12	21	선풍기	WT	150	80,000	12,000,000	1,200,000	

합계금액	현금	수표	어음	외상미수금	이 금액을	● 영수 ○ 청구	함
39,600,000			39,600,000				

(8) 12월 22일 대한기업(주)와 본사 건물 1개층에 대해 임대 계약(2025년 12월 22일 ~ 2027년 12월 21일)을 체결하고 보증금 ₩20,000,000을 보통예금(국민은행) 계좌로 이체받다.

(9) 12월 28일 종업원급여 ₩10,000,000 중 소득세 등 ₩1,303,010을 차감하고 잔액은 보통예금(국민은행)계좌에서 이체하다.

03 다음 기말(12월 31일) 결산 정리 사항을 회계 처리하고 마감하시오. 〈20점/각 4점〉

(1) 기말 현재 소모품 미사용액은 ₩350,000이다.

(2) 장기투자를 목적으로 보유 중인 주식의 공정가치는 ₩22,000,000이다.

(3) 모든 비유동자산에 대하여 감가상각비를 계상하다.

(4) 매출채권 잔액에 대하여 1%의 대손충당금(보충법)을 설정하다.

(5) 기말상품재고액을 입력하고 결산 처리하다. 단, 재고평가는 선입선출법으로 한다.

04 다음 사항을 조회하여 번호 순서대로 단답형 답안을 등록하시오. 〈28점/각 4점〉

(1) 1월 1일부터 3월 31일까지 발생한 외상매출금의 금액은 얼마인가?

(2) 2월 1일부터 4월 30일까지 제일가전(주)의 외상매입금 결제액은 얼마인가?

(3) 5월 1일부터 7월 31일까지 판매한 선풍기의 공급가액은 얼마인가?

(4) 6월 1일부터 9월 30일까지 결제한 지급어음의 금액은 얼마인가?

(5) 7월 1일부터 11월 30일까지 상품매입액이 가장 적은 달은 몇 월인가?

(6) 12월 31일 현재 한국채택국제회계기준(K-IFRS)에 의한 재무상태표에 표시되는 장기매출채권 및 (기타) 비유동채권은 얼마인가?

(7) 1월 1일부터 12월 31일까지 한국채택국제회계기준(K-IFRS)에 의한 포괄손익계산서(기능별)에 표시되는 매출원가는 얼마인가?

제4회 모의고사

- 회사명 : 현대몰(주) [회사코드 2004]
- 회계연도 : 2025.1.1. ~ 12.31.

01 다음에 제시되는 기준정보를 입력하시오. 〈16점/각 4점〉

(1) 다음의 신규 거래처를 등록하시오. (각 2점)

거래처(명)	거래처분류(구분)	거래처코드	대표자(명)	사업자등록번호	업태/종목
(주)고양정보통신	매입처(일반)	00404	정현욱	110-81-48732	도소매/컴퓨터
(주)울산정보통신	매출처(일반)	00504	배수지	608-81-12347	도소매/컴퓨터

(2) 다음의 유형자산을 등록하시오.

계정과목 (과목명)	자산(코드)	자산(명)	취득수량	취득일	취득금액	내용연수	상각방법
비 품	302	냉장고	1개	2025.12.18.	₩1,500,000	5년	정률법

(3) 다음의 신규 상품(품목)을 등록하시오.

품목코드	품목(품명)	(상세)규격	품목종류(자산)	기준단위(단위명)
104	RAM	8GB	상 품	EA

(4) 다음의 신규 부서를 등록하시오. (각 2점)

(부서)코드	부서명	제조/판관	비 고
40	회계팀	판 관	
50	해외영업팀	판 관	

02 다음 거래를 입력하시오(단, 채권·채무 및 금융 거래는 거래처코드를 입력하고 각 문항별 한 개의 전표번호로 입력한다). 〈36점/각 4점〉

(1) 12월 3일 엘지마트(주)에서 거래처 직원의 결혼선물 ₩150,000을 구입하고 현대카드로 결제하다.

(2) 12월 5일 남산개발(주)와 상품 창고를 건설하기로 하고 공사계약금 ₩5,000,000을 당좌예금(국민은행) 계좌에서 이체하여 지급하다.

(3) 12월 8일 보통예금(신한은행) 계좌에 원인 불명의 ₩3,000,000이 입금되었음을 확인하다.

(4) 12월 10일 거래처에 배부할 홍보용 탁상달력(1,000부, @₩5,000)을 제작하고 대금은 비씨카드로 결제하다.

(5) 12월 11일 상품을 매입하고 전자세금계산서를 발급받다. 대금은 약속어음(어음번호 : 가나1111004, 만기일 : 2026년 3월 11일, 지급은행 : 하나은행)을 발행하여 지급하다.

전자세금계산서		(공급받는자 보관용)				승인번호		20251211-XXXX0151	
공급자	등록번호	114-81-81238			공급받는자	등록번호	104-81-10231		
	상호	(주)대구정보유통	성명(대표자)	박강희		상호	현대몰(주)	성명(대표자)	윤시윤
	사업장주소	대구광역시 중구 경상감영1길 10				사업장주소	서울특별시 중구 퇴계로 20길 35		
	업태	도매 및 상품중개업	종사업장번호			업태	도매 및 상품중개업	종사업장번호	
	종목	컴퓨터 및 주변기기				종목	컴퓨터 및 주변장치		
	E-Mail	ae345@kcci.com				E-Mail	abcd@kcci.com		
작성일자		2025.12.11	공급가액		18,000,000		세 액		1,800,000
비고									

월	일	품목명	규격	수량	단가	공급가액	세액	비고
12	11	CD/DVD Printer	CD800	100	180,000	18,000,000	1,800,000	

합계금액	현금	수표	어음	외상미수금	이 금액을	● 영수 ○청구	함
19,800,000			19,800,000				

(6) 12월 14일 단기 시세차익을 목적으로 엘지기업(주) 주식 1,000주(액면금액 @₩5,000)를 주당 @₩6,000에 취득하고, 취득 시 수수료 ₩30,000을 포함한 대금은 보통예금(신한은행) 계좌로 이체하다.

(7) 12월 18일 대한전자유통(주)로부터 기준정보에서 등록한 냉장고를 ₩1,500,000에 구입하고, 대금은 비씨카드로 결제하다.

(8) 12월 26일 상품을 매출하고 전자세금계산서를 발급하다. 대금은 동사 발행의 약속어음(어음번호 : 라가19231256, 만기일 : 2026년 3월 26일, 지급은행 : 기업은행)으로 받다.

전자세금계산서			(공급자 보관용)		승인번호		20251226-XXXX0253	

공급자	등록번호	104-81-10231			공급받는자	등록번호	206-82-00400		
	상호	현대몰(주)	성명(대표자)	윤시윤		상호	(주)가림	성명(대표자)	오세진
	사업장주소	서울특별시 중구 퇴계로 20길 35				사업장주소	부산광역시 중구 구덕로 1		
	업태	도매 및 상품중개업	종사업장번호			업태	도매 및 상품중개업	종사업장번호	
	종목	컴퓨터 및 주변장치				종목	컴퓨터 및 주변기기		
	E-Mail	abcd@kcci.com				E-Mail	grw21@kcci.com		

작성일자	2025.12.26	공급가액	40,000,000	세 액	4,000,000
비고					

월	일	품목명	규격	수량	단가	공급가액	세액	비고
12	26	Laserjet Printer	24ppm	40	1,000,000	40,000,000	4,000,000	

합계금액	현금	수표	어음	외상미수금	이 금액을	◉ 영수 ○ 청구	함
44,000,000			44,000,000				

(9) 12월 28일 현금의 장부 잔액보다 현금 실제액이 ₩70,000 부족함을 발견하였으며 그 원인을 알 수 없다.

03 다음 기말(12월 31일) 결산 정리 사항을 회계 처리하고 마감하시오. 〈20점/각 4점〉

(1) 임대료 선수분 ₩500,000을 계상하다.

(2) 12월 8일에 보통예금(신한은행) 계좌에 입금된 ₩3,000,000은 (주)인천정보유통의 외상대금으로 판명되다.

(3) 모든 비유동자산에 대하여 감가상각비를 계상하다.

(4) 매출채권 잔액에 대하여 1%의 대손충당금(보충법)을 설정하다.

(5) 기말상품재고액을 입력하고 결산 처리하다. 단, 재고평가는 선입선출법으로 한다.

04 다음 사항을 조회하여 번호 순서대로 단답형 답안에 등록하시오. ⟨28점/각 4점⟩

(1) 1월 1일부터 3월 31일까지 구매한 Laserjet Printer의 수량은 얼마인가?

(2) 4월 1일부터 6월 30일까지 판매한 Brady Printer의 공급가액은 얼마인가?

(3) 6월 30일 현재 (주)한림정보통신의 외상매출금 잔액은 얼마인가?

(4) 7월 1일부터 9월 30일까지 (주)제일정보통신에 만기 결제한 지급어음의 금액은 얼마인가?

(5) 8월부터 11월까지 복리후생비가 가장 적게 지출된 달은 몇 월인가?

(6) 1월 1일부터 12월 31일까지 한국채택국제회계기준(K-IFRS)에 의한 포괄손익계산서에 표시되는 기타비용은 얼마인가?

(7) 12월 31일 현재 한국채택국제회계기준(K-IFRS)에 의한 재무상태표에 표시되는 기타유동부채는 얼마인가?

제5회 모의고사

• 회사명 : 기린화장품(주) [회사코드 2005]
• 회계연도 : 2025.1.1. ~ 12.31.

01 다음에 제시되는 기준정보를 입력하시오. 〈16점/각 4점〉

(1) 다음의 신규 거래처를 등록하시오. (각 2점)

거래처(명)	거래처분류(구분)	거래처코드	대표자(명)	사업자등록번호	업태/종목
(주)미백화장품	매입처(일반)	00410	김미백	220-81-28765	제조/화장품
조은화장품(주)	매출처(일반)	00510	정조은	107-81-34566	도소매/화장품

(2) 다음의 정기예금을 등록하시오.

거래처명 (금융기관명)	거래처코드	금융기관 (계좌개설점)	예금종류	계좌번호	계약기간 (가입일 ~ 만기일)	이자율
우리은행 (정기예금)	98004	우리은행	정기예금	505-02-34567	2025.12.13. ~ 2026.12.12.	3%

(3) 다음의 신규 부서를 등록하시오. (각 2점)

(부서)코드	부서명	제조/판관	비 고
40	마켓팅부	판 관	
50	연구활동부	판 관	

(4) 다음의 신규 상품(품목)을 등록하시오.

품목코드	품목(품명)	(상세)규격	품목종류(자산)	기본단위(단위명)
400	BB크림	3호	상 품	EA

02 다음 거래를 입력하시오(단, 채권·채무 및 금융 거래는 거래처코드를 입력하고 각 문항별 한 개의 전표번호로 입력한다). 〈36점/각 4점〉

(1) 12월 3일　단기 시세차익을 목적으로 (주)상공 발행 주식 400주(액면금액 @₩5,000, 취득금액 @₩25,000)를 취득하고, 대금은 현금으로 지급하다.

(2) 12월 4일　오연화장품(주)에 대여한 단기대여금에 대한 이자 ₩150,000이 보통예금(국민은행) 계좌에 입금되었음을 확인하다.

(3) 12월 8일　용산전자(주)로부터 업무용 에어컨을 구입하고 대금은 보통예금(국민은행) 계좌에서 이체하여 지급하다. 단, 유형자산을 등록하시오.

계정과목(과목명)	자산(코드)	자산(명)	취득수량	취득금액	내용연수	상각방법
비 품	7005	에어컨	1대	₩2,000,000	5년	정액법

(4) 12월 11일　상품을 매입하고 전자세금계산서를 발급받다.

전자세금계산서(공급받는자 보관용)				승인번호	20251211-XXXX0011		
공급자	등록번호	101-81-10343		공급받는자	등록번호	104-81-23454	
	상호	(주)드림화장품	성명(대표자) 신드림		상호	기린화장품(주)	성명(대표자) 이코참
	사업장주소	서울특별시 중구 세종대로 141			사업장주소	서울특별시 중구 남대문로 52-13	
	업태	제조, 도매	종사업장번호		업태	도매 및 상품중개업	종사업장번호
	종목	화장품			종목	화장품	
	E-Mail	efgf@sanggong.com			E-Mail	abce@kcci.com	

작성일자	2025.12.11.	공급가액	18,000,000	세 액	1,800,000
비고					

월	일	품목명	규격	수량	단가	공급가액	세액	비고
12	11	보습젤	100호	100	180,000	18,000,000	1,800,000	

합계금액	현금	수표	어음	외상미수금	이 금액을	○ 영수 ● 청구	함
19,800,000	4,000,000			15,800,000			

(5) 12월 13일　기준정보에서 등록한 1년 만기 정기예금(우리은행) 계좌에 현금 ₩10,000,000을 예입하다.

(6) 12월 22일 상품을 매출하고 전자세금계산서를 발급하다. 대금 중 ₩10,000,000은 한라화장품(주) 발행 약속어음(어음번호 : 다라20001245, 만기일 : 2026년 2월 22일, 지급은행 : 신한은행)으로 받고, 잔액은 외상으로 하다.

전자세금계산서(공급자 보관용)					승인번호		20251222-XXXX0125	

공급자	등록번호	104-81-23454			공급받는자	등록번호	104-81-24017	
	상호	기린화장품(주)	성명(대표자)	이코참		상호	한라화장품(주)	성명(대표자)	김한국
	사업장주소	서울특별시 중구 남대문로 52-13				사업장주소	서울특별시 송파구 도곡로 434		
	업태	도매 및 상품중개업	종사업장번호			업태	도소매	종사업장번호	
	종목	화장품				종목	화장품		
	E-Mail	abce@kcci.com				E-Mail	qwas@sanggong.com		

작성일자	2025.12.22.	공급가액	20,600,000	세 액	2,060,000
비고					

월	일	품목명	규격	수량	단가	공급가액	세액	비고
12	22	로션	1호	110	100,000	11,000,000	1,100,000	
12	22	향수	2호	120	80,000	9,600,000	960,000	

합계금액	현금	수표	어음	외상미수금	이 금액을	○ 영수 함
22,660,000			10,000,000	12,660,000		● 청구

(7) 12월 23일 매입처 (주)청주화장품의 외상매입금 ₩5,000,000에 대하여 약속어음(어음번호 : 나다33334401, 만기일 : 2026년 3월 20일, 지급은행 : 신한은행)을 발행하여 지급하다.

(8) 12월 24일 종업원급여를 다음과 같이 보통예금(국민은행) 계좌에서 이체하여 지급하다.

급여 총액	공제 내역				실지급액
	소득세	건강보험료	국민연금	계	
₩5,500,000	₩50,000	₩180,000	₩220,000	₩450,000	₩5,050,000

(9) 12월 28일 업무용 트럭과 관련하여 다음에 해당하는 비용을 현금으로 지급하다.

• 차량 유류대금 : ₩200,000	• 자동차세 : ₩250,000

03 다음 기말(12월 31일) 결산 정리 사항을 회계 처리하고 마감하시오. 〈20점/각 4점〉

(1) 이자수익 선수분 ₩400,000을 계상하다.

(2) 결산일 현재 현금의 실제 잔액이 장부 잔액을 ₩53,000 초과하나 그 원인은 알 수 없다.

(3) 모든 비유동자산에 대하여 감가상각비를 계상하다.

(4) 매출채권 잔액에 대하여 1%의 대손충당금(보충법)을 설정하다.

(5) 기말상품재고액을 입력하고 결산 처리하다. 단, 재고평가는 선입선출법으로 한다.

04 다음 사항을 조회하여 번호 순서대로 단답형 답안을 등록하시오. 〈28점/각 4점〉

(1) 1월 1일부터 3월 31일까지 현금의 출금 총액은 얼마인가?

(2) 3월 1일부터 5월 31일까지 상품(향수)의 입고수량은 몇 개인가?

(3) 6월 30일 현재 매출처 가희화장품(주)의 외상매출금 잔액은 얼마인가?

(4) 7월 1일부터 9월 30일까지 접대비(기업업무추진비)의 발생 총액은 얼마인가?

(5) 10월 31일 현재 받을어음 잔액은 얼마인가?

(6) 12월 31일 현재 한국채택국제회계기준(K-IFRS)에 의한 재무상태표에 표시되는 유동자산은 얼마인가?

(7) 1월 1일부터 12월 31일까지 한국채택국제회계기준(K-IFRS)에 의한 포괄손익계산서에 표시되는 기타 수익은 얼마인가?

제6회 모의고사

• 회사명 : 영우악기(주) [회사코드 2006]
• 회계연도 : 2025.1.1. ~ 12.31.

01 다음에 제시되는 기준정보를 입력하시오. 〈16점/각 4점〉

(1) 다음의 신규 거래처를 등록하시오. (각 2점)

거래처(상호)명	거래처분류(구분)	거래처코드	대표자	사업자번호	업태/종목
용산악기(주)	매입처(일반)	01103	박용산	106-81-01475	제조/악기
남강악기(주)	매출처(일반)	02203	유남강	148-81-12340	도소매/악기

(2) 다음 유형자산을 등록하시오.

자산코드	계정과목 (자산계정)	자산명	수 량	취득일	취득가액	내용연수	상각방법
6004	차량운반구	트 럭	1대	2025.12.10.	₩12,500,000	5년	정액법

(3) 다음의 신규 상품(품목)을 등록하시오.

품목코드	품목(품명)	(상세)규격	품목구분(종류)	기준단위
104	디지털피아노	76건반	상 품	EA

(4) 다음의 신규 부서를 등록하시오. (각 2점)

조직(부서)명	조직(부서)코드	제조/판관	비 고
경영기획부	40	판 관	
인사관리부	50	판 관	

02 다음 거래를 입력하시오(단, 채권·채무 및 금융 거래는 거래처코드를 입력하고 각 문항별 한 개의 전표번호로 입력한다). 〈36점/각 4점〉

(1) 12월 3일   마케팅부 직원에게 11월 3일에 지급한 출장비를 정산하고, 차액은 현금으로 지급하다.

〈출장비사용내역〉
• 교통비 : ₩100,000
• 숙박비 : ₩150,000
• 식비 : ₩80,000

(2) 12월 5일   현금 ₩3,000,000을 1년 만기 정기적금(외환은행)에 예입하다.

(3) 12월 8일   상품을 매입하고 전자세금계산서를 발급받다.

전자세금계산서			(공급받는자 보관용)				승인번호		20251208-XXXX0151	
공급자	등록번호	234-81-51232			공급받는자	등록번호	104-81-47228			
	상호	창조악기(주)	성명(대표자)	박창조		상호	영우악기(주)	성명(대표자)	우영우	
	사업장주소	대전광역시 중구 대전천서로 101				사업장주소	서울특별시 중구 퇴계로 20길 35			
	업태	도매 및 상품중개업	종사업장번호			업태	도매 및 상품중개업	종사업장번호		
	종목	악기				종목	악기			
	E-Mail	ae345@kcci.com				E-Mail	abcd@kcci.com			

작성일자	2025.12.08	공급가액	120,000,000	세 액	12,000,000
비고					

월	일	품목명	규격	수량	단가	공급가액	세액	비고
12	8	디지털피아노		200	600,000	120,000,000	12,000,000	

합계금액	현금	수표	어음	외상미수금	이 금액을	○ 영수	함
132,000,000				132,000,000		◉ 청구	

(4) 12월 10일 기준정보등록한 업무용 트럭을 사랑자동차(주)로부터 ₩12,000,000에 외상으로 구입하고, 취득세 ₩500,000은 현금으로 지급하다.

(5) 12월 12일 도레미악기(주)에 대한 외상매출금 중 ₩10,000,000을 현금으로 회수하여 보통예금(기업은행)에 입금하다.

(6) 12월 17일 상품을 매출하고 전자세금계산서를 발급하다.

전자세금계산서		(공급자 보관용)					승인번호		20251217-XXXX0253		

공급자	등록번호	104-81-47228				공급받는자	등록번호	658-05-00444			
	상호	영우악기(주)	성명 (대표자)	우영우			상호	서울악기(주)	성명 (대표자)	윤흥수	
	사업장 주소	서울특별시 중구 퇴계로 20길 35					사업장 주소	서울 중 남대문로 1254			
	업태	도매 및 상품중개업	종사업장번호				업태	도매 및 상품중개업	종사업장번호		
	종목	악기					종목	악기 외			
	E-Mail	abcd@kcci.com					E-Mail	11478@kcci.com			

작성일자	2025.12.17.	공급가액	132,000,000	세액	13,200,000
비고					

월	일	품목명	규격	수량	단가	공급가액	세액	비고
12	17	전자기타	71-A	30	400,000	12,000,000	1,200,000	
12	17	디지털피아노	76건반	150	800,000	120,000,000	12,000,000	

합계금액	현금	수표	어음	외상미수금	이 금액을	○ 영수 ● 청구	함
145,200,000				145,200,000			

(7) 12월 19일 12월에 청구된 신용카드(대한카드) 대금 ₩1,200,000이 보통예금(기업은행) 계좌에서 인출되다.

(8) 12월 22일 매입처 제일가전(주)에 발행한 약속어음 ₩20,000,000이 금일 만기가 되어 당점의 당좌 예금(신한은행) 계좌에서 지급되었음을 확인하다. (어음번호 : 가나20140004, 만기일 : 2025년 12월 22일, 지급은행 : 신한은행)

(9) 12월 30일 단기차입금에 대한 이자 ₩1,350,000을 현금으로 지급하다.

03 다음 기말(12월 31일) 결산 정리 사항을 회계 처리하고 마감하시오. 〈20점/각 4점〉

(1) 4월 1일 지급한 보험료 미경과분 ₩300,000을 계상하다.

(2) 현재 보유하고 있는 당기손익-공정가치측정금융자산 ₩5,000,000을 ₩5,500,000으로 평가하다.

(3) 매출채권 잔액에 대하여 1%의 대손충당금(보충법)을 설정하다.

(4) 모든 비유동자산에 대하여 감가상각비를 계상하다.

(5) 기말상품재고액을 입력하고 결산 처리하다. 단, 재고평가는 선입선출법으로 한다.

04 다음 사항을 조회하여 번호 순서대로 단답형 답안에 등록하시오. 〈28점/각 4점〉

(1) 1월 1일부터 5월 31일까지 지출된 현금 총액은 얼마인가?

(2) 1월 1일부터 6월 30일까지 전자기타 총 매입 수량은 몇 EA인가?

(3) 1월 1일부터 6월 30일까지 시소악기(주)의 외상매입금 지급 총액은 얼마인가?

(4) 7월 31일 현재 보통예금의 잔액은 얼마인가?

(5) 5월에 발생한 판매비와관리비 총액은 얼마인가?

(6) 1월 1일부터 12월 31일까지 한국채택국제회계기준(K-IFRS)에 의한 포괄손익계산서에 표시되는 금융수익 금액은 얼마인가?

(7) 12월 31일 현재 한국채택국제회계기준(K-IFRS)에 의한 재무상태표에 표시되는 기타유동금융자산의 금액은 얼마인가?

- 회사명 : 파랑문구(주) [회사코드 2007]
- 회계연도 : 2025.1.1. ~ 12.31.

01 다음에 제시되는 기준정보를 입력하시오. 〈16점/각 4점〉

(1) 다음의 신규 거래처를 등록하시오. (각 2점)

거래처(상호)명	거래처분류(구분)	거래처코드	대표자	사업자번호	업태/종목
보라문구(주)	매입처(일반)	01008	박보라	108-81-31257	제조/문구용품
행복문구(주)	매출처(일반)	02008	장행복	220-81-26544	도소매/문구용품

(2) 다음 유형자산을 등록하시오.

자산코드	계정과목(자산계정)	자산명	수량	취득일	취득가액	내용연수	상각방법
6004	차량운반구	운반트럭	1대	2025.12.08	₩12,000,000	5년	정액법

(3) 다음의 신규 상품(품목)을 등록하시오.

품목코드	품목(품명)	(상세)규격	품목 구분	기준단위
105	E상품	50호	상 품	EA

(4) 다음의 신규 부서를 등록하시오. (각 2점)

조직(부서)명	조직(부서)코드	제조/판관	비 고
경영지원부	50	판 관	
전략기획부	60	판 관	

02 다음 거래를 입력하시오(단, 채권·채무 및 금융 거래는 거래처코드를 입력하고 각 문항별 한 개의 전표번호로 입력한다). 〈36점/각 4점〉

(1) 12월 5일　매입처 신역문구(주)에 발행한 약속어음 ₩34,100,000이 금일 만기가 되어 당좌예금(기업은행) 계좌에서 지급되었음을 확인하다.

> • 어음번호 : 가라55551114　　• 만기일 : 2025년 12월 5일　　• 지급은행 : 기업은행

(2) 12월 8일　상품 운반용 트럭 (기준정보등록자산) 1대를 대한자동차(주)로부터 ₩12,000,000에 구입하고 대금은 보통예금(국민은행) 계좌에서 이체하다.

(3) 12월 11일　상품을 매입하고 전자세금계산서를 발급받다. 부가가치세(10%)를 포함한 대금은 약속어음을 발행하여 지급하다. 단, 어음등록도 할 것(수령일 : 당일, 1매)

> • 어음번호 : 가라12589645　　• 만기일 : 2026년 1월 20일　　• 지급은행 : 기업은행

전자세금계산서		(공급받는자 보관용)			승인번호	20251211-XXXX0151	

	등록번호	108-81-31257				등록번호	123-81-54680		
공급자	상호	보라문구(주)	성명(대표자)	박보라	공급받는자	상호	파랑문구(주)	성명(대표자)	오파랑
	사업장주소	대전광역시 중구 대전천서로 101				사업장주소	경기도 안양시 동안구 갈산로 10		
	업태	도매 및 상품중개업	종사업장번호			업태	도매 및 상품중개업	종사업장번호	
	종목	문구 외				종목	문구 외		
	E-Mail	ae345@kcci.com				E-Mail	abcd@kcci.com		

작성일자	2025.12.11.	공급가액	18,000,000	세 액	1,800,000
비고					

월	일	품목명	규격	수량	단가	공급가액	세액	비고
12	11	E상품	50호	600	30,000	18,000,000	1,800,000	

합계금액	현금	수표	어음	외상미수금	이 금액을	○ 영수 ● 청구	함
19,800,000			19,800,000				

(4) 12월 12일　출장 중인 종업원으로부터 원인을 알 수 없는 ₩300,000이 보통예금(국민은행) 계좌에 입금되다.

(5) 12월 17일 당기 2월 3일에 구입한 주식 500주를 1주당 @₩6,000에 처분하고 대금은 수수료 ₩50,000을 차감한 실수금이 보통예금(국민은행) 계좌에 입금되다.

(6) 12월 19일 상품을 매출하고 전자세금계산서를 발급하다.

전자세금계산서			(공급자 보관용)				승인번호		20251219-XXXX0253	
공급자	등록번호	123-81-54680				공급받는자	등록번호	220-81-26544		
	상호	파랑문구(주)	성명(대표자)	오파랑			상호	행복문구(주)	성명(대표자)	장행복
	사업장주소	경기도 안양시 동안구 갈산로 10					사업장주소	광주광역시 동구 무등로 295		
	업태	도매 및 상품중개업	종사업장번호				업태	도매 및 상품중개업	종사업장번호	
	종목	문구 외					종목	문구도서외		
	E-Mail	abcd@kcci.com					E-Mail	grw21@kcci.com		

작성일자	2025.12.19	공급가액	38,000,000	세 액	3,800,000
비고					

월	일	품목명	규격	수량	단가	공급가액	세액	비고
12	19	A상품	10호	300	100,000	30,000,000	3,000,000	
12	19	B상품	20호	100	80,000	8,000,000	800,00	

합계금액	현금	수표	어음	외상미수금	이 금액을	● 영수	함
41,800,000				41,800,000		○ 청구	

(7) 12월 22일 우성문구(주)에 대한 외상매출금 중 ₩15,000,000을 하나은행 발행의 자기앞수표로 받다.

(8) 12월 23일 하나은행으로부터 현금 ₩30,000,000(차입기간 2025.12.23. ~ 2027.12.23.)을 차입하다.

(9) 12월 30일 다음의 경비를 현금으로 지급하다.

• 직원의 결혼 축의금 : ₩500,000	• 불우이웃 성금 : ₩200,000

03 다음 기말(12월 31일) 결산 정리 사항을 회계 처리하고 마감하시오. 〈20점/각 4점〉

(1) 임차료 미경과액 ₩6,000,000을 계상하다.

(2) 정기예금에 대한 이자 미수액 ₩1,200,000을 계상하다.

(3) 매출채권 잔액에 대하여 1%의 대손충당금(보충법)을 설정하다.

(4) 모든 비유동자산에 대하여 감가상각비를 계상하다.

(5) 기말상품재고액을 입력하고 결산 처리하다. 단, 재고평가는 선입선출법으로 한다.

04 다음 사항을 조회하여 번호 순서대로 단답형 답안에 등록하시오. 〈28점/각 4점〉

(1) 1월 1일부터 4월 30일까지 현금의 지출액은 얼마인가?

(2) 1월 1일부터 6월 30일까지 B상품의 출고 수량은 몇 EA인가?

(3) 1월부터 6월까지 중 판매비와관리비가 가장 많이 발생한 월의 금액은 얼마인가?

(4) 9월 30일 현재 재일문구(주)의 지급어음 잔액은 얼마인가?

(5) 11월 30일 현재 보통예금의 잔액은 얼마인가?

(6) 1월 1일부터 12월 31일까지 한국채택국제회계기준(K-IFRS)에 의한 포괄손익계산서에 표시되는 매출총이익은 얼마인가?

(7) 12월 31일 현재 한국채택국제회계기준(K-IFRS)에 의한 재무상태표에 표시되는 비유동부채의 금액은 얼마인가?

제8회 모의고사

- 회사명 : 우리컴(주) [회사코드 2008]
- 회계연도 : 2025.1.1. ~ 12.31.

01 다음에 제시되는 기준정보를 입력하시오. 〈16점/각 4점〉

(1) 다음의 신규 거래처를 등록하시오. (각 2점)

거래처(명)	거래처분류(구분)	거래처코드	대표자(명)	사업자등록번호	업태/종목
(주)성남정보유통	매입처(일반)	02004	조상범	110-81-55795	도소매/컴퓨터
(주)수원정보유통	매출처(일반)	03004	윤미라	409-81-14753	도소매/컴퓨터

(2) 다음의 유형자산을 등록하시오.

계정과목(과목명)	자산(코드)	자산(명)	취득수량	취득일	취득금액	내용연수	상각방법
비 품	302	공기청정기	1개	2025.12.4.	₩1,700,000	5년	정액법

(3) 다음의 신규 상품(품목)을 등록하시오.

품목코드	품목(품명)	(상세)규격	품목종류(자산)	기본단위(단위명)
500	CD/DVD RW	RW-32X	상 품	EA

(4) 다음의 신규 부서를 등록하시오. (각 2점)

(부서)코드	부서명	제조/판관	비 고
50	무역팀	판 관	
60	고객지원팀	판 관	

02 다음 거래를 입력하시오(단, 채권·채무 및 금융 거래는 거래처코드를 입력하고 각 문항별 한 개의 전표번호로 입력한다). 〈36점/각 4점〉

(1) 12월 4일   대한전자유통(주)로부터 기준정보에서 등록한 공기청정기를 ₩1,700,000에 구입하고, 대금은 국민은행 발행 자기앞수표로 지급하다.

(2) 12월 6일   영업직원의 업무능력 향상을 위해 외부전문가를 초빙하여 교육을 실시하고, 강사료 ₩1,000,000 중 원천징수분 ₩88,000을 차감한 금액은 현금으로 지급하다.

(3) 12월 8일   산업은행의 유동성장기부채 ₩50,000,000과 그에 대한 이자 ₩250,000을 보통예금(신한은행) 계좌에서 지급하다.

(4) 12월 10일 대한적십자사에 연말 불우이웃돕기 성금 ₩850,000을 현금으로 납부하다.

(5) 12월 11일 (주)광주정보통신과 상품의 판매계약을 체결하고, 계약금 ₩5,000,000은 보통예금(신한은행) 계좌로 입금받다.

(6) 12월 13일 상품을 매입하고 전자세금계산서를 발급받다.

전자세금계산서			(공급받는자 보관용)				승인번호		20251213-XXXX0151	
공급자	등록번호		106-86-43373			공급받는자	등록번호		133-81-26371	
	상호	(주)대전정보유통	성명(대표자)	황소라			상호	우리컴(주)	성명(대표자)	정선달
	사업장주소	대전광역시 중구 대전천서로 101					사업장주소	서울특별시 중구 퇴계로 20길 35		
	업태	도매 및 상품중개업	종사업장번호				업태	도매 및 상품중개업	종사업장번호	
	종목	컴퓨터 및 주변기기					종목	컴퓨터 및 주변장치		
	E-Mail	ae345@kcci.com					E-Mail	abcd@kcci.com		
작성일자		2025.12.13	공급가액		21,000,000		세액		2,100,000	
비고										

월	일	품목명	규격	수량	단가	공급가액	세액	비고
12	13	Inkjet Printer	20ppm	40	150,000	6,000,000	600,000	
12	13	Photo Printer	16ppm	50	300,000	15,000,000	1,500,000	

합계금액	현금	수표	어음	외상미수금	이 금액을		함
23,100,000				23,100,000	○ 영수 ● 청구		

(7) 12월 17일 상품을 매출하고 전자세금계산서를 발급하다. 대금은 동점 발행의 약속어음(어음번호 : 사아70213878, 만기일 : 2026년 3월 17일, 지급은행 : 국민은행)으로 받다.

전자세금계산서		(공급자 보관용)				승인번호		20251217-XXXX0253	
공급자	등록번호	133-81-26371			공급받는자	등록번호	217-81-15304		
	상호	우리컴(주)	성명(대표자)	정선달		상호	(주)광주정보통신	성명(대표자)	오대림
	사업장주소	서울특별시 중구 퇴계로 20길 35				사업장주소	광주광역시 동구 무등로 295		
	업태	도매 및 상품중개업	종사업장번호			업태	도매 및 상품중개업	종사업장번호	
	종목	컴퓨터 및 주변장치				종목	컴퓨터 및 주변기기		
	E-Mail	abcd@kcci.com				E-Mail	grw21@kcci.com		
작성일자		2025.12.17	공급가액		20,000,000		세액		2,000,000
비고									

월	일	품목명	규격	수량	단가	공급가액	세액	비고
12	17	Inkjet Printer	20ppm	40	500,000	20,000,000	2,000,000	

합계금액	현금	수표	어음	외상미수금	이 금액을	● 영수 ○ 청구	함
22,000,000			22,000,000				

(8) 12월 20일 장기 투자 목적으로 (주)삼일전자 주식 1,200주(액면금액 @₩5,000)를 1주당 ₩15,000에 구입하고, 주식대금은 보통예금(신한은행) 계좌에서 이체하다. 단, 구입자산의 공정가치 변동은 기타포괄손익으로 표시한다.

(9) 12월 26일 매출처 (주)하늘유통 발행 당점 수취 약속어음(어음번호 : 바사92657166, 만기일 : 2025년 12월 26일, 지급은행 : 하나은행) ₩20,000,000이 만기가 되어 당좌예금(국민은행) 계좌로 입금받다.

03 다음 기말(12월 31일) 결산 정리 사항을 회계 처리하고 마감하시오. 〈20점/각 4점〉

(1) 장기차입금에 대한 당기분 이자 미지급액 ₩1,600,000을 계상하다.

(2) 단기 투자 목적으로 보유 중인 주식 전부를 ₩12,000,000으로 평가하다.

(3) 모든 비유동자산에 대하여 감가상각비를 계상하다.

(4) 매출채권 잔액에 대하여 1%의 대손충당금(보충법)을 설정하다.

(5) 기말상품재고액을 입력하고 결산 처리하다. 단, 재고평가는 선입선출법으로 한다.

04 다음 사항을 조회하여 번호 순서대로 단답형 답안에 등록하시오. 〈28점/각 4점〉

(1) 1월 1일부터 9월 30일까지 예일통신(주)으로부터 구매한 3D Printer의 공급가액은 얼마인가?

(2) 1월 1일부터 6월 30일까지 대한전자유통(주)에 판매한 Photo Printer의 수량은 얼마인가?

(3) 4월 1일부터 6월 30일까지 보통예금에 예입된 금액은 얼마인가?

(4) 7월부터 10월까지 판매비와관리비의 현금 지출이 가장 많은 달은 몇 월인가?

(5) 11월 30일 현재 외상매입금 잔액은 얼마인가?

(6) 1월 1일부터 12월 31일까지 한국채택국제회계기준(K-IFRS)에 의한 포괄손익계산서에 표시되는 금융원가는 얼마인가?

(7) 12월 31일 현재 한국채택국제회계기준(K-IFRS)에 의한 재무상태표에 표시되는 유동자산은 얼마인가?

제9회 모의고사

- 회사명 : 을지유통(주) [회사코드 2009]
- 회계연도 : 2025.1.1. ~ 12.31.

01 다음 제시되는 기준정보를 입력하시오. 〈16점〉

(1) 다음의 신규 거래처를 등록하시오.

거래처(상호)명	거래처분류(구분)	거래처코드	대표자	사업자번호	업태/종목
드림유통(주)	매입처(일반)	02009	박드림	120-81-54231	도매 및 소매업/생활용품
경인유통(주)	매출처(일반)	03009	한경인	201-81-77358	도매 및 소매업/생활용품

(2) 다음의 정기예금을 등록하시오.

거래처(금융기관명)	거래처코드	금융기관(계좌개설점)	예금종류	계좌번호	계약기간(가입일 ~ 만기일)
하나은행(정기예금)	98007	하나은행	정기예금	1345-7946-1	2025.12.12. ~ 2026.12.12.

(3) 다음의 신규 부서를 등록하시오.

조직(부서)명	조직(부서)코드	제조/판관	비 고
자원개발부	50	판 관	
고객지원부	60	판 관	

(4) 다음의 신규 상품(품목)을 등록하시오.

품목코드	품목(품명)	(상세)규격	품목 구분(종류)	기준 단위
500	병상품	3호	상 품	EA

02 다음 거래를 입력하시오(단, 채권·채무 및 금융 거래는 거래처코드를 입력하고 각 문항별 한 개의 전표번호로 입력한다). 〈36점/각 4점〉

(1) 12월 3일   가수금(10월 15일) ₩1,500,000은 매출처 가온유통(주)로부터 외상매출금이 회수된 것으로 확인되다.

(2) 12월 7일   현대유통으로부터 상품을 매입하고, 전자세금계산서를 발급받다.

전자세금계산서				(공급받는자 보관용)			승인번호		20251207-XXXX0151	
공급자	등록번호	305-81-67899			공급받는자	등록번호	140-81-12346			
	상호	현대유통	성명(대표자)	이종욱		상호	을지유통(주)	성명(대표자)	박기술	
	사업장주소	대전광역시 중구 대전천서로 101				사업장주소	경기 시흥 경기과기대로 219			
	업태	도매 및 상품중개업	종사업장번호			업태	도매 및 상품중개업	종사업장번호		
	종목	컴퓨터 및 주변기기				종목	컴퓨터 및 주변장치			
	E-Mail	ae345@kcci.com				E-Mail	abcd@kcci.com			

작성일자	2025.12.7	공급가액	2,200,000	세 액	220,000
비고					

월	일	품목명	규격	수량	단가	공급가액	세액	비고
12	7	병상품	3호	200	11,000	2,200,000	220,000	

합계금액	현금	수표	어음	외상미수금	이 금액을	○ 영수	함
2,420,000				2,420,000		● 청구	

(3) 12월 10일   친절컴마트에서 회의실용 프로젝트 1대를 ₩3,600,000에 구입하고 대금은 보통예금(국민은행) 계좌에서 이체하다. 단, 유형자산을 등록하시오

자산코드	계정과목(자산계정)	자산명	내용연수	상각방법
06003	비 품	프로젝트	5년	정액법

(4) 12월 12일   보통예금(국민은행)에서 ₩6,000,000을 자기앞수표로 인출하여 하나은행에 정기예금 (1년 만기)으로 예입하다.

(5) 12월 17일   강남웰빙유통(주)의 외상매출금 중 ₩15,000,000을 약속어음(어음번호 : 아차40103333, 만기일 : 2026년 3월 10일, 발행인 : 강남웰빙유통(주), 지급은행 : 국민은행)으로 받다.

(6) 12월 19일   보통예금(국민은행) 통장을 정리한 결과, 이자 ₩32,000이 입금되어 있음을 확인하다.

(7) 12월 20일 상품을 매출하고, 전자세금계산서를 발급하다.

전자세금계산서					(공급자 보관용)				승인번호		20251220-XXXX0253	
공급자	등록번호		140-81-12346			공급받는자	등록번호		408-81-34566			
	상호	을지유통(주)	성명 (대표자)	박기술			상호	(주)대림유통	성명 (대표자)	지의준		
	사업장 주소	경기 시흥 경기과기대로 219					사업장 주소	광주광역시 동구 무등로 295				
	업태	도매 및 상품중개업	종사업장번호				업태	도매 및 상품중개업	종사업장번호			
	종목	컴퓨터 및 주변장치					종목	컴퓨터 및 주변기기				
	E-Mail	abcd@kcci.com					E-Mail	grw21@kcci.com				

작성일자	2025.12.20	공급가액	4,600,000	세 액	460,000
비고					

월	일	품목명	규격	수량	단가	공급가액	세액	비고
12	20	을상품	2호	60	60,000	3,600,000	360,000	
12	20	병상품	3호	40	25,000	1,000,000	100,000	

합계금액	현금	수표	어음	외상미수금	이 금액을	● 영수 ○ 청구	함
5,060,000				5,060,000			

(8) 12월 24일 종업원급여 ₩2,000,000 중 소득세 ₩165,000을 차감한 잔액은 보통예금(국민은행)에서 종업원 급여 계좌로 이체하다.

(9) 12월 28일 (주)부산정보유통에 대한 외상매입금 ₩1,000,000을 당좌수표(국민은행, 수표번호 : 가라32144328)를 발행하여 지급하다.

03 다음 기말(12월 31일) 결산 정리 사항을 회계 처리하고 마감하시오. 〈20점〉

(1) 화재보험료 미경과분 ₩150,000을 계상하다.

(2) 현금과부족계정 차변 잔액(₩200,000)에 대한 원인은 거래처 창립기념일 축하 화환 대금 지급에 대한 입력 누락으로 확인된다.

(3) 매출채권 잔액에 대하여 1%의 대손충당금(보충법)을 설정하다.

(4) 모든 비유동자산에 대하여 감가상각비를 계상하다.

(5) 기말상품재고액을 조회하여 입력하고 결산을 하다. (단, 재고평가는 선입선출법)

04 다음 사항을 조회하여 번호 순서대로 단답형 답안에 등록하시오. 〈28점/각 4점〉

(1) 2월 1일부터 4월 30일까지 보통예금(국민은행)의 예입 총액은 얼마인가?

(2) 3월 1일부터 6월 30일까지 을상품의 총매입액(공급가액)은 얼마인가?

(3) 8월 31일 현재 갑상품의 재고수량은 몇 개인가?

(4) 9월 30일 현재 가온유통(주)의 외상매출금 잔액은 얼마인가?

(5) 10월 20일 현재 외상매입금 잔액이 가장 큰 거래처의 금액은 얼마인가?

(6) 12월 31일 현재 한국채택국제회계기준(K-IFRS)에 의한 재무상태표에 표시되는 비유동자산의 합계액은 얼마인가?

(7) 1월 1일부터 12월 31일까지 한국채택국제회계기준(K-IFRS)에 의한 포괄손익계산서에 표시되는 당기순이익은 얼마인가?

제10회 모의고사

- 회사명 : 구리자전거(주) [회사코드 2010]
- 회계연도 : 2025.1.1. ~ 12.31.

01 다음에 제시되는 기준정보를 입력하시오. 〈16점/각 4점〉

(1) 다음의 신규 거래처를 등록하시오. (각 2점)

거래처코드	거래처(상호)명	거래처분류(구분)	대표자	사업자번호	업태/종목
02005	서서자전거(주)	매입처(일반)	조상용	110-81-55795	제조업/자전거및이륜차
03005	광주자전거(주)	매출처(일반)	장명순	409-81-14753	도소매업/자전거및자전거부품

(2) 다음의 유형자산을 등록하시오.

자산코드	계정과목(자산계정)	자산명	수 량	취득일	취득가액	내용연수	상각방법
302	비 품	책 장	1개	2025.12.4.	₩1,200,000	5년	정액법

(3) 다음의 신규 상품(품목)을 등록하시오.

품목코드	품목(품명)	(상세)규격	품목구분(종류)	기준단위
500	외발자전거	TT	상 품	EA

(4) 다음의 신규 부서를 등록하시오. (각 2점)

조직(부서)명	조직(부서)코드	제조/판관	비 고
재무팀	40	판 관	
고객지원팀	50	판 관	

02 다음 거래를 입력하시오(단, 채권·채무 및 금융 거래는 거래처코드를 입력하고 각 문항별 한 개의 전표번호로 입력한다). 〈36점/각 4점〉

(1) 12월 4일   기준정보에서 등록한 책장 1대를 ₩1,200,000에 고성가구로부터 구입하고, 대금은 보통 예금(기업은행) 계좌에서 이체하여 지급하다.

(2) 12월 6일   영업직원의 업무능력 향상을 위해 외부전문가를 초빙하여 교육을 실시하다. 강사료는 ₩1,000,000이며, 원천징수세액 ₩44,000을 차감한 금액을 현금으로 지급하다.

(3) 12월 8일   상품을 매입하고 전자세금계산서를 발급받다.

전자세금계산서				(공급받는자 보관용)		승인번호	20251208-XXXX0151	

공급자	등록번호	116-90-52390			공급받는자	등록번호	124-31-12349	
	상호	이륜공업(주)	성명 (대표자)	신동운		상호	구리자전거(주)	성명 (대표자)	한자전
	사업장 주소	대전광역시 중구 대전천서로 101				사업장 주소	서울특별시 서대문구 독립문로 11	
	업태	도매 및 상품중개업	종사업장번호			업태	도매 및 상품중개업	종사업장번호
	종목	자전거				종목	자전거	
	E-Mail	ae345@kcci.com				E-Mail	abcd@kcci.com	

작성일자	2025.12.8	공급가액	20,000,000	세 액	2,000,000
비고					

월	일	품목명	규격	수량	단가	공급가액	세액	비고
12	8	시티자전거	RT	40	500,000	20,000,000	2,000,000	

합계금액	현금	수표	어음	외상미수금	이 금액을	○ 영수	함
22,000,000				22,000,000		● 청구	

(4) 12월 11일   오천자전거(주)와 2인승자전거 50개(EA)에 대한 판매 계약을 체결하고, 계약금 ₩5,000,000을 보통예금(기업은행) 계좌로 수취하다.

(5) 12월 13일   매출처 대한자전거(주)에서 수취한 약속어음 ₩13,200,000(어음번호 : 가타22220025, 만기일 : 2025년 12월 13일, 지급은행 : 신한은행)이 금일 만기가 되어 당점의 당좌예금 (신한은행) 계좌에 입금되다.

(6) 12월 15일 상품을 매출하고 전자세금계산서를 발급하다. 부가가치세(10%)를 포함한 대금은 약속어음
(어음번호 : 가타20360067, 만기일 : 2026년 3월 8일, 지급은행 : 신한은행)으로 받다.

전자세금계산서					(공급자 보관용)			승인번호		20251215-XXXX0253	
공급자	등록번호		124-31-12349			공급받는자	등록번호		107-81-31220		
	상호	구리자전거(주)	성명(대표자)	한자전			상호	(주)고려자전거	성명(대표자)	김동인	
	사업장주소	서울특별시 서대문구 독립문로 11					사업장주소	광주광역시 동구 무등로300			
	업태	도매 및 상품중개업	종사업장번호				업태	도매 및 상품중개업	종사업장번호		
	종목	자전거					종목	자전거			
	E-Mail	abcd@kcci.com					E-Mail	12547@kcci.com			
작성일자		2025.12.15		공급가액		30,000,000		세 액		3,000,000	
비고											
월	일	품목명	규격	수량	단가		공급가액		세액		비고
12	15	산악용자전거	VE	30	1,000,000		30,000,000		3,000,000		
합계금액		현금	수표		어음		외상미수금		이 금액을	◉ 영수 ○ 청구	함
33,000,000					33,000,000						

(7) 12월 18일 장기 투자 목적으로 기흥정밀(주) 주식 1,200주(액면금액 @₩5,000)를 주당 ₩15,000에
매입하고 취득 시 수수료 100,000원을 포함하여, 대금은 보통예금(기업은행) 계좌에서
지급하다. 단, 구입자산의 공정가치 변동은 기타포괄손익으로 표시한다.

(8) 12월 22일 상환기일이 도래한 신한캐피탈(주)의 유동성장기부채 ₩30,000,000에 대해 계약기간을
2년 연장하고, 이자 ₩150,000은 현금으로 지급하다.

(9) 12월 26일 거래처 송년회에 참석하여 회식비 ₩850,000을 KB카드로 결제하다.

03 다음 기말(12월 31일) 결산 정리 사항을 회계 처리하고 마감하시오. 〈20점/각 4점〉

(1) 차입금의 이자 미지급분 ₩480,000을 계상하다.

(2) 단기 시세차익을 목적으로 보유 중인 대호전자(주) 주식 2,500주(액면금액 @₩5,000, 취득금액
@₩12,000)를 1주당 ₩15,000으로 평가하다.

(3) 매출채권 잔액에 대하여 1%의 대손충당금(보충법)을 설정하다.

PART 2

(4) 모든 비유동자산에 대하여 감가상각비를 계상하다.

(5) 기말상품재고액을 입력하고 결산 처리하다. 단, 재고평가는 선입선출법으로 한다.

04 다음 사항을 조회하여 번호 순서대로 단답형 답안에 등록하시오. 〈28점/각 4점〉

(1) 1월부터 5월까지 보통예금 입금액은 얼마인가?

(2) 1월부터 6월까지 상품매출액이 가장 많은 달은 몇 월인가?

(3) 5월의 판매비와관리비 중 가장 많이 지출한 항목(계정과목)의 금액은 얼마인가?

(4) 7월 20일 현재 2인승자전거의 재고와 산악용자전거의 재고 합계는 몇 개(EA)인가?

(5) 9월 30일 현재 외상매입금이 가장 큰 거래처의 잔액은 얼마인가?

(6) 1월 1일부터 12월 31일까지 한국채택국제회계기준(K-IFRS)에 의한 포괄손익계산서에 표시되는 기타수익은 얼마인가?

(7) 12월 31일 현재 한국채택국제회계기준(K-IFRS)에 의한 재무상태표에 표시되는 유동자산에서 유동부채를 차감한 금액은 얼마인가?

제11회 모의고사

- 회사명 : 소망화장품(주) [회사코드 2011]
- 회계연도 : 2025.1.1. ~ 12.31.

01 다음에 제시되는 기준정보를 입력하시오. 〈16점/각 4점〉

(1) 다음의 신규 거래처를 등록하시오. (각 2점)

거래처(명)	거래처분류(구분)	거래처코드	대표자(명)	사업자등록번호	업태/종목
(주)창조화장품	매입처(일반)	02006	정창조	129-81-54320	제조/화장품
그린화장품(주)	매출처(일반)	03006	김그린	314-81-44885	도소매/화장품

(2) 다음의 보통예금을 등록하시오.

거래처명(금융기관명)	거래처코드	금융기관(계좌개설점)	계좌번호	예금종류
농협(보통)	98006	농 협	111-02-56789-1	보통예금

(3) 다음의 신규 부서를 등록하시오. (각 2점)

(부서)코드	부서명	제조/판관	비 고
50	인사관리부	판 관	
60	고객상담부	판 관	

(4) 다음의 신규 상품(품목)을 등록하시오.

품목코드	품목(품명)	(상세)규격	품목종류(자산)	기본단위(단위명)
400	미백크림	3호	상 품	EA

02 다음 거래를 입력하시오(단, 채권·채무 및 금융 거래는 거래처코드를 입력하고 각 문항별 한 개의 전표번호로 입력한다). 〈36점/각 4점〉

(1) 12월 3일   가희화장품(주)에 대한 외상매출금 중 ₩3,000,000이 당좌예금(신한은행) 계좌에 입금되었음을 확인하다.

(2) 12월 4일   단기 시세차익을 목적으로 취득한 (주)대한 발행 주식(액면금액 @₩5,000, 취득금액 @₩10,000) 중 300주를 1주당 ₩8,000에 처분하고, 거래수수료 등 ₩15,000을 차감한 금액은 보통예금(국민은행) 계좌로 입금받다.

(3) 12월 5일   청계천전자(주)에서 온풍기를 구입하고 대금은 보통예금(국민은행) 계좌에서 이체하다. 단, 유형자산을 등록하시오.

계정과목(과목명)	자산(코드)	자산(명)	취득수량	취득금액	내용연수	상각방법
비 품	7005	온풍기	1대	₩3,000,000	5년	정액법

(4) 12월 11일   상품을 매입하고 전자세금계산서를 발급받다.

전자세금계산서(공급받는자 보관용)				승인번호		20251211-XXXX0011	
	등록번호	101-81-10343			등록번호	185-81-41581	
공급자	상호	(주)드림화장품	성명(대표자) 박보검	공급받는자	상호	소망화장품(주)	성명(대표자) 이케어
	사업장주소	서울특별시 중구 세종대로 141			사업장주소	서울특별시 중구 남대문로 52-13	
	업태	제조, 도매	종사업장번호		업태	도매 및 상품중개업	종사업장번호
	종목	화장품			종목	화장품	
	E-Mail	efgf@sanggong.com			E-Mail	abce@kcci.com	

작성일자	2025.12.11.	공급가액	24,500,000	세 액	2,450,000
비고					

월	일	품목명	규격	수량	단가	공급가액	세액	비고
12	11	로션	1호	250	50,000	12,500,000	1,250,000	
12	11	향수	2호	300	40,000	12,000,000	1,200,000	

합계금액	현금	수표	어음	외상미수금	이 금액을	○ 영수	함
26,950,000	5,000,000			21,950,000		● 청구	

(5) 12월 15일 상품을 매출하고 전자세금계산서를 발급하다.

전자세금계산서(공급자 보관용)						승인번호		20251215-XXXX0125	

<table>
<tr><td rowspan="6">공급자</td><td colspan="2">등록번호</td><td colspan="3">185-81-41581</td><td rowspan="6">공급받는자</td><td>등록번호</td><td colspan="2">104-81-24017</td></tr>
<tr><td colspan="2">상호</td><td>소망화장품(주)</td><td>성명
(대표자)</td><td>이케어</td><td>상호</td><td>한라화장품(주) 성명
(대표자)</td><td>장한나</td></tr>
<tr><td colspan="2">사업장
주소</td><td colspan="3">서울특별시 중구 남대문로 52-13</td><td>사업장
주소</td><td colspan="2">서울특별시 송파구 도곡로 434</td></tr>
<tr><td colspan="2">업태</td><td>도매 및 상품중개업</td><td colspan="2">종사업장번호</td><td>업태</td><td>도소매</td><td>종사업장번호</td></tr>
<tr><td colspan="2">종목</td><td colspan="3">화장품</td><td>종목</td><td colspan="2">화장품</td></tr>
<tr><td colspan="2">E-Mail</td><td colspan="3">abce@kcci.com</td><td>E-Mail</td><td colspan="2">qwas@sanggong.com</td></tr>
</table>

작성일자	2025.12.15.	공급가액	28,000,000	세 액	2,800,000

비고				

월	일	품목명	규격	수량	단가	공급가액	세액	비고
12	15	로션	1호	220	100,000	22,000,000	2,200,000	
12	15	보습젤	100호	100	60,000	6,000,000	600,000	

합계금액	현금	수표	어음	외상미수금	이 금액을	○ 영수 ● 청구	함
30,800,000	10,000,000			20,800,000			

(6) 12월 17일 매입처 (주)아리화장품에 발행한 약속어음(어음번호 : 다라30004444, 만기일 : 2025년 12월 17일, 지급은행 : 신한은행) ₩20,000,000이 금일 만기가 되어 당좌예금(신한은행) 계좌에서 결제되다.

(7) 12월 21일 본사 이전용 토지를 ₩20,000,000에 취득하고, 대금은 취득세 등 제비용 ₩500,000과 함께 보통예금(국민은행) 계좌에서 인출하여 지급하다.

(8) 12월 24일 (주)드림화장품의 외상매입금 중 ₩1,000,000에 대하여 약속어음(어음번호 : 나다 33334499, 만기일 : 2026년 3월 20일, 지급은행 : 신한은행)을 발행하여 지급하다.

(9) 12월 30일 다음의 경비를 현금으로 지급하다.

- 영업부 직원 회식비 : ₩300,000
- 거래처 직원 결혼 축의금 : ₩200,000

03 다음 기말(12월 31일) 결산 정리 사항을 회계 처리하고 마감하시오. 〈20점/각 4점〉

(1) 결산일 현재 현금 실제 잔액이 장부 잔액보다 ₩60,000 부족하여 원인을 조사한 결과, ₩40,000은 시내교통비로 지출하였음이 밝혀지고 나머지는 원인을 파악하지 못하다.

(2) 보험료 선급분 ₩240,000을 계상하다.

(3) 모든 비유동자산에 대하여 감가상각비를 계상하다.

(4) 매출채권 잔액에 대하여 1%의 대손충당금(보충법)을 설정하다.

(5) 기말상품재고액을 입력하고 결산 처리하다. 단, 재고평가는 선입선출법으로 한다.

04 다음 사항을 조회하여 번호 순서대로 단답형 답안에 등록하시오. 〈28점/각 4점〉

(1) 1월 1일부터 3월 31일까지 당좌예금(신한은행)의 인출 총액은 얼마인가?

(2) 2월 1일부터 6월 30일까지 외상매출금의 회수액은 얼마인가?

(3) 7월 31일 현재 보습젤의 재고수량은 몇 개인가?

(4) 9월 30일 현재 (주)청주화장품의 외상매입금 잔액은 얼마인가?

(5) 1월 1일부터 9월 30일까지 복리후생비 발생액이 가장 큰 월은 몇 월인가?

(6) 12월 31일 현재 한국채택국제회계기준(K-IFRS)에 의한 재무상태표에 표시되는 비유동자산은 얼마인가?

(7) 1월 1일부터 12월 31일까지 한국채택국제회계기준(K-IFRS)에 의한 포괄손익계산서에 표시되는 기타비용은 얼마인가?

제12회 모의고사

- 회사명 : 대한가전(주) [회사코드 2012]
- 회계연도 : 2025.1.1. ~ 12.31.

01 다음에 제시되는 기준정보를 입력하시오. 〈16점/각 4점〉

(1) 다음의 유형자산을 등록하시오.

자산코드	계정과목 (자산계정)	자산명	수 량	취득일	취득가액	내용연수	상각방법
4004	비 품	노트북	1대	2025.12.1.	₩4,000,000	5년	정액법

(2) 다음의 신규 거래처를 등록하시오. (각 2점)

거래처(상호)명	거래처분류(구분)	거래처코드	대표자	사업자번호	업태/종목
(주)목련	매입처(일반)	00504	한목련	218-81-19448	제조업/주방가전
부산(주)	매출처(일반)	00604	김부산	305-81-67899	도소매업/생활가전

(3) 다음의 신규 부서를 등록하시오. (각 2점)

조직(부서)명	조직(부서)코드	제조/판관	비 고
인사부	40	판 관	
홍보부	50	판 관	

(4) 다음의 신규 상품(품목)을 등록하시오.

품목코드	품목(품명)	(상세)규격	품목구분(종류)	기준단위
104	커피메이커	C1	상 품	EA

02 다음 거래를 입력하시오(단, 채권·채무 및 금융 거래는 거래처코드를 입력하고 각 문항별 한 개의 전표번호로 입력한다). 〈36점/각 4점〉

(1) 12월 1일   기준정보에서 등록한 노트북 1대를 ₩4,000,000에 이롬전자(주)로부터 구입하고 대금 중 ₩1,000,000은 보통예금(신한은행) 계좌에서 이체하고, 잔액은 법인신용카드(농협카드)로 결제하다.

(2) 12월 4일   현금부족액 ₩120,000은 직원 교육훈련 강사비 ₩100,000과 경리부 전문서적 구입비 ₩20,000을 지급하고 기장 누락한 것으로 밝혀지다.

(3) 12월 5일   상품을 매입하고 전자세금계산서를 발급받다. 부가가치세(10%)를 포함한 대금 중 ₩10,000,000은 약속어음(어음번호 : 가나11111114, 만기일 : 2026년 2월 5일, 지급은행 : 신한은행)을 발행하여 지급하고, 잔액은 외상으로 하다.

전자세금계산서				(공급받는자 보관용)		승인번호		20251205-XXXX0151	

공급자	등록번호	658-05-00444			공급받는자	등록번호	104-25-41233		
	상호	(주)수국	성명(대표자)	윤흥수		상호	대한가전(주)	성명(대표자)	정선미
	사업장주소	대전광역시 중구 대전천서로 101				사업장주소	서울특별시 강남구 개포로 204		
	업태	도매 및 상품중개업	종사업장번호			업태	도매 및 상품중개업	종사업장번호	
	종목	가전제품				종목	가전제품		
	E-Mail	ae345@kcci.com				E-Mail	abcd@kcci.com		

작성일자	2025.12.5	공급가액	18,000,000	세 액	1,800,000
비고					

월	일	품목명	규격	수량	단가	공급가액	세액	비고
12	5	압력밥솥	A2	60	200,000	12,000,000	1,200,000	
12	5	분쇄기	G6	60	100,000	6,000,000	600,000	

합계금액	현금	수표	어음	외상미수금	이 금액을	○ 영수	함
19,800,000			10,000,000	9,800,000		◉ 청구	

(4) 12월 7일   11월 급여 지급 시 원천징수한 소득세 등 ₩600,000원을 현금으로 납부하다.

- 소득세(지방소득세 포함) : ₩300,000
- 건강보험료(근로자부담분 ₩150,000, 회사부담분 ₩150,000)
---

(5) 12월 13일 상품을 매출하고 전자세금계산서를 발급하다. 대금 중 1,000,000원은 보통예금(신한은행)으로 입금되고, 잔액은 외상으로 하다.

전자세금계산서				(공급자 보관용)			승인번호		20251213-XXXX0253	
공급자	등록번호	104-25-41233			공급받는자	등록번호	211-81-44363			
	상호	대한가전(주)	성명(대표자)	정선미		상호	대림가전(주)	성명(대표자)	이으뜸	
	사업장주소	서울특별시 강남구 개포로 204				사업장주소	서울 서대문구 충정로 314			
	업태	도매 및 상품중개업	종사업장번호			업태	도매 및 상품중개업	종사업장번호		
	종목	가전제품				종목	가전제품			
	E-Mail	abcd@kcci.com				E-Mail	grw21@kcci.com			

작성일자	2025.12.13	공급가액	8,400,000	세 액	840,000
비고					

월	일	품목명	규격	수량	단가	공급가액	세액	비고
12	13	쥬서기	G1	70	120,000	8,400,000	840,000	

합계금액	현금	수표	어음	외상미수금	이 금액을	◉ 영수 / ○ 청구	함
9,240,000	1,000,000			8,240,000			

(6) 12월 15일 단기 시세차익을 목적으로 한일식품(주) 발행의 주식 200주(액면금액 @₩5,000)를 주당 ₩8,000에 구입하고 수수료 ₩20,000을 포함한 대금은 당좌예금(국민은행) 계좌에서 이체하여 지급하다.

(7) 12월 20일 업무용 화물차의 타이어를 ₩200,000에 교체하고 대금은 자기앞수표로 지급하다.

(8) 12월 22일 매입처 제일가전(주)에 발행한 약속어음 ₩12,000,000(어음번호 : 가나11111112, 만기일 : 2025년 12월 22일, 지급은행 : 신한은행)이 금일 만기가 되어 보통예금(신한은행) 계좌에서 인출되었음을 통지받다.

(9) 12월 26일 연말연시를 맞아 직원 선물 ₩500,000과 거래처 선물 ₩300,000을 구입하고 대금은 법인신용카드(농협카드)로 결제하다.

03 다음 기말(12월 31일) 결산 정리 사항을 회계 처리하고 마감하시오. 〈20점/각 4점〉

(1) 보험료 선급분(미경과분) ₩900,000을 계상하다.

(2) 소모품 미사용액 ₩70,000을 계상하다.

(3) 매출채권 잔액에 대하여 1%의 대손충당금(보충법)을 설정하다.

(4) 모든 비유동자산에 대하여 감가상각비를 계상하다.

(5) 기말상품재고액을 입력하고 결산 처리하다. 단, 재고평가는 선입선출법으로 한다.

04 다음 사항을 조회하여 번호 순서대로 단답형 답안에 등록하시오. 〈28점/각 4점〉

(1) 2월 1일부터 4월 30일까지 현금 출금 총액은 얼마인가?

(2) 1월 1일부터 5월 31일까지 보통예금 인출 총액은 얼마인가?

(3) 1월 1일부터 6월 30일까지 분쇄기의 출고 수량은 몇 개(EA)인가?

(4) 9월 30일 현재 (주)해솔가전의 외상매출금 미회수액(잔액)은 얼마인가?

(5) 11월 30일 현재 매입채무 잔액은 얼마인가?

(6) 1월 1일부터 12월 31일까지 한국채택국제회계기준(K-IFRS)에 의한 포괄손익계산서에 표시되는 판매비와관리비의 금액은 얼마인가?

(7) 12월 31일 현재 한국채택국제회계기준(K-IFRS)에 의한 재무상태표에 표시되는 현금및현금성자산의 금액은 얼마인가?

제13회 모의고사

- 회사명 : 구씨명품(주) [회사코드 2013]
- 회계연도 : 2025.1.1. ~ 12.31.

01 다음에 제시되는 기준정보를 입력하시오. 〈16점/각 4점〉

(1) 다음의 신규 거래처를 등록하시오. (각 2점)

거래처(명)	거래처분류(구분)	거래처코드	대표자(명)	사업자등록번호	업태/종목
중고가방(주)	매입처(일반)	02004	이중고	137-81-99783	제조/피혁제품
보세가방(주)	매출처(일반)	03004	김보세	211-81-36785	도소매업/가방

(2) 다음의 유형자산을 등록하시오.

계정과목 (과목명)	자산(코드)	자산(명)	취득수량	취득일	취득금액	내용연수	상각방법
구축물	8004	주차시설	1대	2025.12.3.	₩20,000,000	10년	정액법

(3) 다음의 신규 상품(품목)을 등록하시오.

품목코드	품목(품명)	(상세)규격	품목종류(자산)	기본단위(단위명)
500	등산백	PP	상 품	EA

(4) 다음의 신규 부서를 등록하시오. (각 2점)

(부서)코드	부서명	제조/판관	비 고
50	인사관리부	판 관	
60	판매마케팅부	판 관	

02 다음 거래를 입력하시오(단, 채권·채무 및 금융 거래는 거래처코드를 입력하고 각 문항별 한 개의 전표번호로 입력한다). 〈36점/각 4점〉

(1) 12월 3일   기준정보에서 등록한 주차시설을 대한전자(주)로부터 ₩20,000,000에 구입하고 대금은 외상으로 하다.

(2) 12월 4일   단기 시세차익을 목적으로 코참패션(주) 발행 주식 300주(액면금액 @₩5,000)를 1주당 ₩12,000에 취득하고, 거래수수료 ₩7,000을 포함한 대금은 현금으로 지급하다.

(3) 12월 6일   상품을 매입하고 전자세금계산서를 발급받다.

전자세금계산서(공급받는자 보관용)					승인번호	20251206-XXXX0011	

공급자	등록번호	206-82-00400			공급받는자	등록번호	104-81-12049	
	상호	로즈가방(주)	성명(대표자)	오세진		상호	구씨명품(주)	성명(대표자)	김백
	사업장주소	경기도 고양시 일산동구 중앙로 1000				사업장주소	서울특별시 구로구 개봉로 10	
	업태	제조	종사업장번호			업태	도매 및 상품중개업	종사업장번호
	종목	피혁제품				종목	가방	
	E-Mail	efgf@sanggong.com				E-Mail	abce@kcci.com	

작성일자	2025.12.06.	공급가액	15,000,000	세 액	1,500,000
비고					

월	일	품목명	규격	수량	단가	공급가액	세액	비고
12	6	토트백	FP	45	200,000	9,000,000	900,000	
12	6	보스턴백	VS	20	300,000	6,000,000	600,000	

합계금액	현금	수표	어음	외상미수금	이 금액을	○ 영수 ● 청구	함
16,500,000				16,500,000			

(4) 12월 10일 상품을 매출하고 전자세금계산서를 발급하다.

전자세금계산서(공급자 보관용)						승인번호		20251210-XXXX0125	

공급자	등록번호	104-81-12049			공급받는자	등록번호	137-16-78612		
	상호	구씨명품㈜	성명(대표자)	김백		상호	파라곤백(주)	성명(대표자)	진양수
	사업장주소	서울특별시 구로구 개봉로 10				사업장주소	서울특별시 중구 퇴계로 10		
	업태	도매 및 상품중개업	종사업장번호			업태	도소매업	종사업장번호	
	종목	가방				종목	가방		
	E-Mail	abce@kcci.com				E-Mail	qwas@sanggong.com		

작성일자	2025.12.10.	공급가액	52,500,000	세 액	5,250,000
비고					

월	일	품목명	규격	수량	단가	공급가액	세액	비고
12	10	악어백	SG	35	1,500,000	52,500,000	5,250,000	

합계금액	현금	수표	어음	외상미수금	이 금액을	○ 영수 ● 청구	함
57,750,000	20,000,000			37,750,000			

(5) 12월 12일 11월 30일자의 현금과부족 계정 잔액 ₩50,000은 거래처 직원의 부친상 조의금을 낸 것으로 밝혀지다.

(6) 12월 17일 12월분 종업원급여 ₩3,000,000 중 소득세 ₩200,000과 건강보험료 ₩100,000을 원천징수하고 잔액은 보통예금(기업은행) 계좌에서 이체하다.

(7) 12월 20일 매출처 파라곤백(주)로부터 받은 약속어음(어음번호 : 가라22364455, 만기일 : 2025년 12월 20일, 지급은행 : 국민은행) ₩22,000,000이 금일 만기가 되어 당점의 당좌예금(국민은행) 계좌에 입금받다.

(8) 12월 26일 영업사원의 유니폼 10벌(@₩100,000)을 구입하고 대금은 법인신용카드(비씨카드)로 결제하다.

(9) 12월 28일 드림가구(주)의 단기대여금에 대한 이자 ₩40,000을 보통예금(기업은행) 계좌로 입금받다.

03 다음 기말(12월 31일) 결산 정리 사항을 회계 처리하고 마감하시오. 〈20점/각 4점〉

(1) 소모품 사용액은 ₩850,000이다.

(2) 가수금 ₩1,500,000은 매출처 데이지백(주)의 상품 주문 계약금으로 밝혀지다.

(3) 매출채권 잔액에 대하여 1%의 대손충당금(보충법)을 설정하다.

(4) 모든 비유동자산에 대하여 감가상각비를 계상하다.

(5) 기말상품재고액을 입력하고 결산 처리하다. 단, 재고평가는 선입선출법으로 한다.

04 다음 사항을 조회하여 번호 순서대로 단답형 답안을 등록하시오. 〈28점/각 4점〉

(1) 1월 1일부터 5월 31일까지 외상매입금 지급액은 얼마인가?

(2) 4월 1일부터 6월 30일까지 발생한 판매비와관리비 총액은 얼마인가?

(3) 5월 31일 현재 토트백의 재고수량은 몇 개인가?

(4) 9월 30일 현재 한솔가방(주)의 외상매출금 잔액은 얼마인가?

(5) 11월 12일 현재 보통예금 잔액은 얼마인가?

(6) 1월 1일부터 12월 31일까지 한국채택국제회계기준(K-IFRS)에 의한 포괄손익계산서에 표시되는 금융수익은 얼마인가?

(7) 12월 31일 현재 한국채택국제회계기준(K-IFRS)에 의한 재무상태표에 표시되는 기타유동부채의 금액은 얼마인가?

제14회 모의고사

- 회사명 : (주)감성캠핑 [회사코드 2014]
- 회계연도 : 2025.1.1. ~ 12.31.

01 다음 제시되는 기준정보를 입력하시오. 〈16점/각 4점〉

(1) 다음의 신규 거래처를 등록하시오. (각 2점)

거래처(상호)명	거래처분류(구분)	거래처코드	대표자	사업자번호	업태/종목
흥인기업(주)	매입처(일반)	02009	박흥인	502-81-43315	도소매업/캠핑용품
동해유통(주)	매출처(일반)	03009	김동해	113-81-34668	도소매업/캠핑용품

(2) 다음의 신규 상품(품목)을 등록하시오.

품목코드	품목(품명)	(상세)규격	품목구분(종류)	기준단위
500	코펠	SC-5	상 품	EA

(3) 다음 정기예금을 등록하시오.

거래처 (금융기관명)	거래처코드	금융기관 (개좌개설점)	예금종류	계좌번호	계약기간 (가입일 ~ 만기일)
하나은행 (정기예금)	98007	하나은행	정기예금	113-54-1234	2025.12.23. ~ 2026.12.22.

(4) 다음의 신규 부서를 등록하시오. (각 2점)

부서코드	부서명	제조/판관	비 고
40	연구개발부	판 관	
50	글로벌마케팅부	판 관	

02 다음 거래를 입력하시오(단, 채권·채무 및 금융 거래는 거래처코드를 입력하고 각 문항별 한 개의 전표번호로 입력한다). 〈36점/각 4점〉

(1) 12월 2일   가수금(11월 28일)은 제일기업(주)에 대여한 단기대여금에 대한 이자가 입금된 것으로 밝혀지다.

(2) 12월 3일   상품을 매입하고 전자세금계산서를 발급받다.

전자세금계산서		(공급받는자 보관용)				승인번호		20251203-XXXX0151	
공급자	등록번호	137-16-78612			공급받는자	등록번호	133-81-12348		
	상호	신성기업(주)	성명(대표자)	진양수		상호	(주)감성캠핑	성명(대표자)	박전숙
	사업장주소	대전광역시 중구 대전구로 24				사업장주소	서울특별시 영등포구 국제금융로 10		
	업태	도매 및 상품중개업	종사업장번호			업태	도매 및 상품중개업	종사업장번호	
	종목	캠핑도구				종목	캠핑도구		
	E-Mail	wtpds@kcci.com				E-Mail	doeos@kcci.com		
작성일자		2025.12.3	공급가액		12,500,000		세 액		1,250,000
비고									

월	일	품목명	규격	수량	단가	공급가액	세액	비고
12	3	코펠	SC-5	250	50,000	12,500,000	1,250,000	

합계금액	현금	수표	어음	외상미수금	이 금액을	○ 영수 ● 청구	함
13,750,000				13,750,000			

(3) 12월 4일   성일자동차(주)에서 영업용 자동차 1대를 ₩6,000,000에 구입하고 대금은 당좌수표(수표번호 : 가라32141202, 지급은행 : 국민은행)를 발행하여 지급하다. 단, 유형자산을 등록하시오.

자산코드	계정과목(자산계정)	자산명	내용연수	상각방법
06003	차량운반구	업무용승합차	5년	정액법

(4) 12월 5일   직원 송년회 회식을 하고 식사대금 ₩500,000을 법인신용카드(비씨카드)로 결제하다.

(5) 12월 9일   장기 투자 목적으로 (주)마포 주식 200주(액면금액 @₩6,000)를 1주당 ₩10,000에 구입하고 대금은 보통예금(기업은행) 계좌에서 이체하여 지급하다. 단, 구입자산의 공정가치 변동은 기타포괄손익으로 표시한다.

(6) 12월 12일 상품을 매출하고 전자세금계산서를 발급하다.

전자세금계산서				(공급자 보관용)			승인번호		20251212-XXXX0253	
공급자	등록번호	133-81-12348				공급받는자	등록번호	106-86-43373		
	상호	(주)감성캠핑	성명(대표자)	박전숙			상호	용산기업(주)	성명(대표자)	황소라
	사업장주소	서울특별시 영등포구 국제금융로 10					사업장주소	광주광역시 동구 마린 2114		
	업태	도매 및 상품중개업	종사업장번호				업태	도매 및 상품중개업	종사업장번호	
	종목	캠핑도구					종목	잡화		
	E-Mail	doeos@kcci.com					E-Mail	grw21@kcci.com		
작성일자		2025.12.12.	공급가액		17,400,000		세 액		1,740,000	
비고										
월	일	품목명	규격	수량	단가	공급가액		세액		비고
12	12	버너	CS-1	30	180,000	5,400,000		540,000		
12	12	코펠	SC-5	100	120,000	12,000,000		1,200,000		
합계금액		현금	수표		어음	외상미수금	이 금액을	○ 영수	함	
19,140,000						19,140,000		◉ 청구		

(7) 12월 17일 라면 50박스(1박스 당 ₩20,000)를 법인신용카드(비씨카드)로 구입하여 사회복지공동모금회에 전달하다.

(8) 12월 23일 현금 ₩3,000,000을 하나은행에 정기예금(1년 만기)으로 예입하다.

(9) 12월 27일 사무실의 난방기 고장으로 인한 수리비 ₩100,000을 현금으로 지급하다. 단, 수익적지출로 처리한다.

03 다음 기말(12월 31일) 결산 정리 사항을 회계 처리하고 마감하시오. 〈20점/각 4점〉

(1) 소모품 미사용액은 ₩500,000이다.

(2) 단기 시세차익 목적으로 보유 중인 당기손익-공정가치측정금융자산을 ₩13,500,000으로 평가하다.

(3) 매출채권 잔액에 대하여 1%의 대손충당금(보충법)을 설정하다.

(4) 모든 비유동자산에 대하여 감가상각비를 계상하다.

(5) 기말상품재고액을 입력하고 결산 처리하다. 단, 재고평가는 선입선출법으로 한다.

04 다음 사항을 조회하여 번호 순서대로 단답형 답안에 등록하시오. 〈28점/각 4점〉

(1) 4월부터 6월까지 판매비와관리비가 가장 많이 발생한 달은 몇 월인가?

(2) 10월 28일 현재 당좌예금 잔액은 얼마인가?

(3) 12월 31일 현재 접이식테이블의 재고수량은 몇 개인가?

(4) 4월 1일부터 9월 30일까지 현금의 지출 총액은 얼마인가?

(5) 10월 31일 현재 일룸(주)의 외상매입금 잔액은 얼마인가?

(6) 1월 1일부터 12월 31일까지 한국채택국제회계기준(K-IFRS)에 의한 포괄손익계산서에 표시되는 영업이익은 얼마인가?

(7) 12월 31일 현재 한국채택국제회계기준(K-IFRS)에 의한 재무상태표에 표시되는 부채총계는 얼마인가?

제15회 모의고사

- 회사명 : 정영산업(주) [회사코드 2015]
- 회계연도 : 2025.1.1. ~ 12.31.

01 다음 제시되는 기준정보를 입력하시오. 〈16점/각 4점〉

(1) 다음의 신규 거래처를 등록하시오. (각 2점)

거래처(명)	거래처분류(구분)	거래처코드	대표자(명)	사업자등록번호	업태/종목
한경전자(주)	매출처(일반)	00104	한오경	402-81-00812	도소매/가전제품
진명전자산업(주)	매입처(일반)	00204	황정유	402-81-34234	도소매/가전제품

(2) 다음의 정기예금을 등록하시오.

거래처 (금융기관명)	거래처코드	금융기관 (계좌개설점)	예금종류	계좌번호	계약기간 (가입일 ~ 만기일)
농협 (정기예금)	98004	농 협	정기예금	888-99-12345	2025.12.6 ~ 2026.12.5

(3) 다음의 신규 부서를 등록하시오. (각 2점)

(부서)코드	부서명	제조/판관	비 고
40	품질관리부	판 관	
50	인사부	판 관	

(4) 다음의 신규 상품(품목)을 등록하시오.

품목코드	품목(품명)	(상세)규격	품목종류(자산)	기본단위(단위명)
104	의류건조기	WC	상 품	EA

02 다음 거래를 입력하시오(단, 채권·채무 및 금융 거래는 거래처코드를 입력하고 각 문항별 한 개의 전표번호로 입력한다). 〈36점/각 4점〉

(1) 12월 3일 장기 투자 목적으로 상장주식인 창조기업(주)의 주식 500주를 1주당 ₩10,000에 구입하고 수수료 ₩100,000을 포함한 대금은 보통예금(국민은행) 계좌에서 이체하여 지급하다. 단, 공정가치 변동은 기타포괄손익으로 표시한다.

(2) 12월 6일 보통예금(국민은행) 계좌에서 ₩20,000,000을 기준정보에서 등록한 정기예금(농협)에 이체하다.

(3) 12월 8일 으뜸가전(주)의 외상매입대금 ₩10,000,000을 당좌수표(하나은행) 발행하여 지급하다.

(4) 12월 11일 직원들의 성희롱 예방교육을 실시한 외부 강사에게 강사료 ₩700,000을 보통예금(국민은행) 계좌에서 이체하여 지급하다.

(5) 12월 16일 상품을 매입하고 전자세금계산서를 발급받다. 대금은 약속어음(어음번호 : 가나11110004, 만기일 : 2026년 3월 16일, 지급은행 : 하나은행)을 발행하여 지급하다.

전자세금계산서(공급받는자 보관용)						승인번호		20251216-XXXX0011		
공급자	등록번호	211-81-34564			공급받는자	등록번호	105-81-11422			
	상 호 (법인명)	하나가전(주)	성 명 (대표자)	박하나		상 호 (법인명)	정영산업(주)	성 명 (대표자)	박상진	
	사업장 주 소	서울특별시 노원구 광운로 57				사업장 주 소	경기도 용인시 기흥구 흥덕중앙로 120			
	업태	도소매업	종사업장번호			업태	도소매업	종사업장번호		
	종목	가전제품				종목	가전제품			
	E-Mail	efgf@sanggong.com				E-Mail	abce@kcci.com			
작성일자	2025.12.16.		공급가액	17,400,000		세 액	1,740,000			
비고										

월	일	품목명	규격	수량	단가	공급가액	세액	비고
12	16	전자렌지	WT	110	90,000	9,900,000	990,000	
12	16	선풍기	WT	150	50,000	7,500,000	750,000	

합계금액	현금	수표	어음	외상미수금	이 금액을	● 영수 ○ 청구	함
19,140,000			19,140,000				

(6) 12월 18일 상품 보관 창고를 대박빌딩(주)로부터 임차(2025년 12월 18일 ~ 2027년 12월 17일)하여 보증금 ₩15,000,000을 보통예금(국민은행) 계좌에서 이체하여 지급하다.

(7) 12월 20일 다음의 비용을 현금으로 지급하다.

- 거래처 개업축하화환 : ₩100,000
- 직원경조사비 : ₩200,000

(8) 12월 21일 상품을 매출하고 전자세금계산서를 발급하다.

전자세금계산서(공급자 보관용)						승인번호		20251221-XXXX0125	
공급자	등록번호	105-81-11422			공급받는자	등록번호	101-81-11115		
	상호 (법인명)	정영산업(주)	성명 (대표자)	박상진		상호 (법인명)	만물가전(주)	성명 (대표자)	김만물
	사업장 주소	경기도 용인시 기흥구 흥덕중앙로 120				사업장 주소	서울특별시 종로구 대학로1길 3		
	업태	도소매업	종사업장번호			업태	도소매업	종사업장번호	
	종목	가전제품				종목	가전제품		
	E-Mail	abce@kcci.com				E-Mail	qwas@sanggong.com		
작성일자		2025.12.21.	공급가액		18,000,000	세 액		1,800,000	

비고								
월	일	품목명	규격	수량	단가	공급가액	세액	비고
12	21	전자렌지	WT	120	150,000	18,000,000	1,800,000	

합계금액	현금	수표	어음	외상미수금	이 금액을	○ 영수 ● 청구	함
19,800,000	4,800,000			15,000,000			

(9) 12월 24일 경영자금조달을 위하여 사채(액면금액 : ₩20,000,000, 액면이자율 : 5%, 이자지급일
: 매년 12월 24일, 만기일 : 2028년 12월 24일)를 액면발행하고 대금은 현금으로 받아
전액 당좌예금(하나은행) 계좌로 입금하다.

03 다음 기말(12월 31일) 결산 정리 사항을 회계 처리하고 마감하시오. 〈20점/각 4점〉

(1) 장기차입금에 대한 당기분 미지급이자 ₩1,000,000을 계상하다.

(2) 단기 시세 차익을 목적으로 보유하고 있는 주식의 기말 현재 공정가치는 ₩28,000,000이다.

(3) 모든 비유동자산에 대하여 감가상각비를 계상하다.

(4) 매출채권 잔액에 대하여 1%의 대손충당금(보충법)을 설정하다.

(5) 기말상품재고액을 입력하고 결산 처리하다. 단, 재고평가는 선입선출법으로 한다.

04 다음 사항을 조회하여 번호 순서대로 단답형 답안을 등록하시오. 〈28점/각 4점〉

(1) 1월 1일부터 3월 31일까지 전자렌지의 판매금액(공급가액)은 얼마인가?

(2) 4월 1일부터 6월 30일까지 당좌예금 출금액은 얼마인가?

(3) 6월 1일부터 8월 31일까지 외상매입금 발생액이 가장 큰 달은 몇 월인가?

(4) 7월 1일부터 10월 31일까지 구매한 가습기의 수량은 몇 개인가?

(5) 11월 30일 현재 전부가전(주)의 외상매출금 미회수액은 얼마인가?

(6) 12월 31일 현재 한국채택국제회계기준(K-IFRS)에 의한 재무상태표에 표시되는 납입자본은 얼마인가?

(7) 1월 1일부터 12월 31일까지 한국채택국제회계기준(K-IFRS)에 의한 포괄손익계산서(기능별)에 표시되는 기타수익은 얼마인가?

PART 3
정답 및 해설

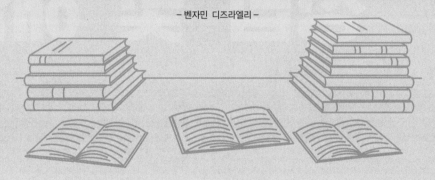

많이 보고 많이 겪고 많이
공부하는 것은 배움의 세 기둥이다.

– 벤자민 디즈라엘리 –

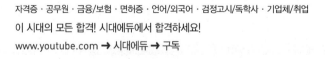

제1회 모의고사 정답 및 해설

▶ 영우전자(주) [회사코드 2001]

01 기준정보입력

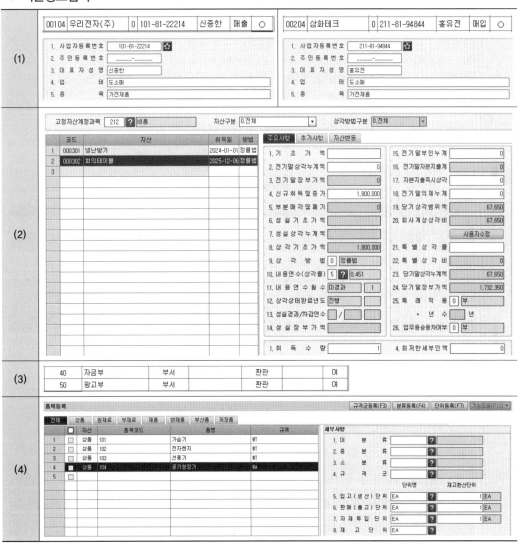

<table>
<tr><td>(1)</td><td colspan="6">
00104 우리전자(주) 0 101-81-22214 신종한 매출 ○
1. 사업자등록번호 101-81-22214
2. 주민등록번호 _____-_____
3. 대표자성명 신종한
4. 업 태 도소매
5. 종 목 가전제품
</td><td colspan="6">
00204 삼화테크 0 211-81-94844 홍유전 매입 ○
1. 사업자등록번호 211-81-94844
2. 주민등록번호 _____-_____
3. 대표자성명 홍유전
4. 업 태 도소매
5. 종 목 가전제품
</td></tr>
</table>

(2) 고정자산계정과목 212 ? 비품 자산구분 0.전체 상각방법구분 0.전체

	코드	자산	취득일	방법
1	000301	냉난방기	2024-01-01	정률법
2	000302	회의테이블	2025-12-06	정률법
3				

주요사항 / 추가사항 / 자산변동

1. 기 초 가 액
2. 전기말상각누계액 0
3. 전기말장부가액 0
4. 신규취득및증가 1,800,000
5. 부분매각및폐기 0
6. 성 실 기 초 가 액
7. 성 실 상 각 누 계 액
8. 상 각 기 초 가 액 1,800,000
9. 상 각 방 법 0 정률법
10. 내용연수(상각률) 5 ? 0.451
11. 내 용 연 수 월 수 미경과 1
12. 상각상태완료년도 진행
13. 성실경과/차감연수 /
14. 성 실 장 부 가 액

15. 전기말부인누계 0
16. 전기말자본지출계 0
17. 자본지출즉시상각 0
18. 전기말의제누계 0
19. 당기상각범위액 67,650
20. 회사계상상각비 67,650
  [사용자수정]
21. 특 별 상 각 률
22. 특 별 상 각 비 0
23. 당기말상각누계액 67,650
24. 당기말장부가액 1,732,350
25. 특 례 적 용 0 부
  · 년 수 년
26. 업무용승용차여부 0 부

1. 취 득 수 량 1   4. 최저한세부인액 0

(3)	40	자금부	부서		판관	여
	50	광고부	부서		판관	여

(4) 품목등록 [규격군등록(F3)] [분류등록(F4)] [단위등록(F7)] [기능모음(F11)▾]

전체 / 상품 / 원재료 / 부재료 / 제품 / 반제품 / 부산품 / 저장품

	□	자산	품목코드	품명	규격
1	□	상품	101	가습기	WT
2	□	상품	102	전자렌지	WT
3	□	상품	103	선풍기	WT
4	■	상품	104	공기청정기	WA
5	□				

세부사항
1. 대 분 류 ?
2. 중 분 류 ?
3. 소 분 류 ?
4. 규 격 군 ?

	단위명	재고환산단위
5. 입고(생산)단위	EA ?	1 EA
6. 판매(출고)단위	EA ?	1 EA
7. 자재투입단위	EA ?	1 EA
8. 재 고 단 위	EA ?	

PART 3

02 전표입력

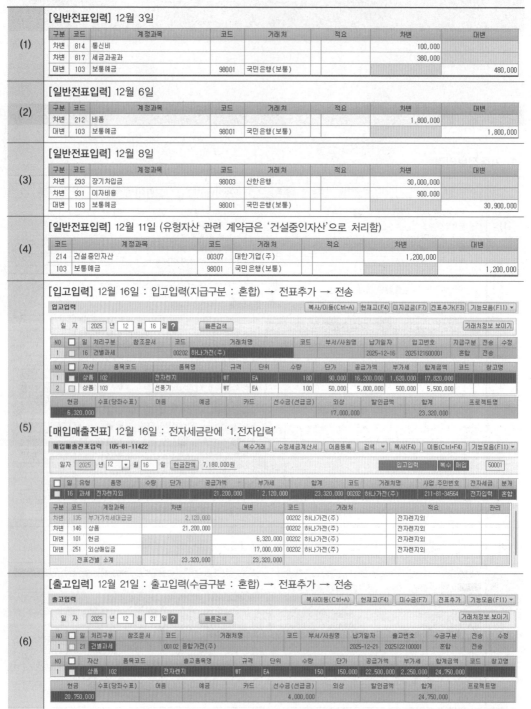

[일반전표입력] 12월 3일

구분	코드	계정과목	코드	거래처	적요	차변	대변
차변	814	통신비				100,000	
차변	817	세금과공과				380,000	
대변	103	보통예금	98001	국민은행(보통)			480,000

(1)

[일반전표입력] 12월 6일

구분	코드	계정과목	코드	거래처	적요	차변	대변
차변	212	비품				1,800,000	
대변	103	보통예금	98001	국민은행(보통)			1,800,000

(2)

[일반전표입력] 12월 8일

구분	코드	계정과목	코드	거래처	적요	차변	대변
차변	293	장기차입금	98003	신한은행		30,000,000	
차변	931	이자비용				900,000	
대변	103	보통예금	98001	국민은행(보통)			30,900,000

(3)

[일반전표입력] 12월 11일 (유형자산 관련 계약금은 '건설중인자산'으로 처리함)

코드	계정과목	코드	거래처	적요	차변	대변
214	건설중인자산	00307	대한기업(주)		1,200,000	
103	보통예금	98001	국민은행(보통)			1,200,000

(4)

[입고입력] 12월 16일 : 입고입력(지급구분 : 혼합) → 전표추가 → 전송

(5)

[매입매출전표] 12월 16일 : 전자세금란에 '1.전자입력'

[출고입력] 12월 21일 : 출고입력(수금구분 : 혼합) → 전표추가 → 전송

(6)

[매입매출전표] 12월 21일 : [1.전자입력]

매입매출전표입력 105-81-11422		복수거래	수정세금계산서	어음등록 검색 ▼ 복사(F4) 이동(Ctrl+F4) 기능모음(F11) ▼

| 일자 2025 년 12 ▼ 월 21 일 현금잔액 27,930,000원 | | | | | | | | | | 출고입력 복수 매출 | 50001 |

□	일	유형	품명	수량	단가	공급가액	부가세	합계	코드	거래처명	사업.주민번호	전자세금	분개
■	21	과세	전자렌지	150	150,000	22,500,000	2,250,000	24,750,000	00102	종합가전(주)	101-81-12341	전자입력	혼합

구분	코드	계정과목	차변	대변	코드	거래처	적요	관리
대변	255	부가가치세예수금		2,250,000	00102	종합가전(주)	전자렌지 150 X 150,000	
대변	401	상품매출		22,500,000	00102	종합가전(주)	전자렌지 150 X 150,000	
차변	101	현금	20,750,000		00102	종합가전(주)	전자렌지 150 X 150,000	
차변	259	선수금	4,000,000		00102	종합가전(주)	전자렌지 150 X 150,000	
		전표건별 소계	24,750,000	24,750,000				

---

(7)

[일반전표입력] 12월 24일

구분	코드	계정과목	코드	거래처	적요	차변	대변
대변	101	현금					140,000
차변	830	소모품비				140,000	

---

(8)

[일반전표입력] 12월 26일

구분	코드	계정과목	코드	거래처	적요	차변	대변
차변	933	기부금				500,000	
차변	813	접대비(기업업무추진비)				300,000	
대변	103	보통예금	98001	국민은행(보통)			800,000

---

(9)

[일반전표입력] 12월 28일

구분	코드	계정과목	코드	거래처	적요	차변	대변
차변	107	당기손익-공정가치측정금융자산				18,000,000	
차변	946	수수료비용				25,000	
대변	103	보통예금	98001	국민은행(보통)			18,025,000

---

03 결산

(1)

[일반전표입력] 12월 31일

구분	코드	계정과목	코드	거래처	적요	차변	대변
차변	133	선급비용				900,000	
대변	821	보험료					900,000

---

(2)

[일반전표입력] 12월 31일

구분	코드	계정과목	코드	거래처	적요	차변	대변
대변	901	이자수익					250,000
차변	116	미수수익				250,000	

---

(3)

[원가경비별감가상각명세서] 자산별 당기상각비 확인

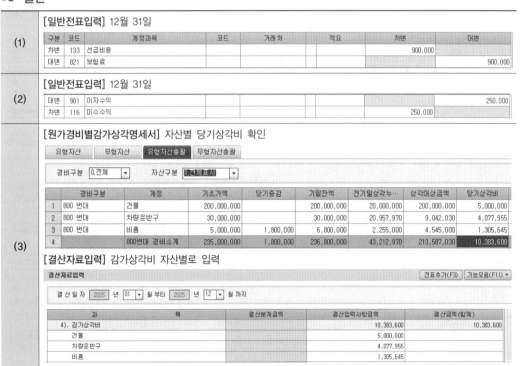

유형자산	무형자산	**유형자산총괄**	무형자산총괄

경비구분 0.전체 ▼   자산구분 1.전체표시 ▼

	경비구분	계정	기초가액	당기증감	기말잔액	전기말상각누…	상각대상금액	당기상각비
1	800 번대	건물	200,000,000		200,000,000	20,000,000		5,000,000
2	800 번대	차량운반구	30,000,000		30,000,000	20,957,970	9,042,030	4,077,955
3	800 번대	비품	5,000,000	1,800,000	6,800,000	2,255,000	4,545,000	1,305,645
4		800번대 경비소계	235,000,000	1,800,000	236,800,000	43,212,970	213,587,030	10,383,600

[결산자료입력] 감가상각비 자산별로 입력

결산자료입력			전표추가(F3) 기능모음(F11) ▼

결산일자 2025 년 01 ▼ 월 부터 2025 년 12 ▼ 월 까지

과	목	결산분개금액	결산입력사항금액	결산금액(합계)
4). 감가상각비			10,383,600	10,383,600
	건물		5,000,000	
	차량운반구		4,077,955	
	비품		1,305,645	

PART 3

[합계잔액시산표] 매출채권과 대손충당금 잔액 확인하여 1% 보충설정액 계산

차 변		계 정 과 목	대 변	
잔 액	합 계		합 계	잔 액
82,500,000	444,400,000	외 상 매 출 금	361,900,000	
		대 손 충 당 금	660,000	660,000
35,200,000	111,650,000	받 을 어 음	76,450,000	

(4)

- 외상매출금의 대손충당금 보충설정액 : (82,500,000원 × 1%) − 660,000원 = 165,000원
- 받을어음의 대손충당금 보충설정액 : (35,200,000원 × 1%) − 0원 = 352,000원

[결산자료입력] 대손상각 매출채권의 보충설정액 입력

과 목	결산분개금액	결산입력사항금액	결산금액(합계)
5). 대손상각		517,000	517,000
외 상 매 출 금		165,000	
받 을 어 음		352,000	

[재고자산수불부] 1월 ~ 12월, 일괄마감

(5)

[재고자산명세서] 12월 조회, 기말상품재고액 38,600,000원 확인

	자산	품목코드	품명	규격	단위	재고수량	재고단가	재고금액
1	상품	101	가습기	WT	EA	80	180,000	14,400,000
2	상품	102	전자렌지	WT	EA	130	90,000	11,700,000
3	상품	103	선풍기	WT	EA	250	50,000	12,500,000
4	상품		[자산별 합계]			460		38,600,000

[결산자료입력] 기말상품재고액란에 38,600,000원 입력

과 목	결산분개금액	결산입력사항금액	결산금액(합계)
상품매출원가		513,900,000	513,900,000
(1). 기초 상품 재고액		21,200,000	
(2). 당기 상품 매입액		531,300,000	
(10).기말 상품 재고액		38,600,000	

(3)
~
(5)

[결산자료입력] 결산자료 3건 입력 → 전표추가(F3)

과 목	결산분개금액	결산입력사항금액	결산금액(합계)
1. 매출액			847,500,000
상품매출		847,500,000	
2. 매출원가			513,900,000
상품매출원가		513,900,000	513,900,000
(1). 기초 상품 재고액		21,200,000	
(2). 당기 상품 매입액		531,300,000	
(10).기말 상품 재고액		38,600,000	

결산자료입력: 결산분개를 일반전표에 추가하시겠 습니까? [예] [아니오]

[일반전표입력] 12월 31일 전표 생성 확인

결차	451	상품매출원가			01	상품매출원가 대	513,900,000	
결대	146	상품			04	상품매출원가 대		513,900,000
결차	818	감가상각비			01	당기말 감가상각	10,383,600	
결대	203	감가상각누계액			04	당기감가충당금		5,000,000
결대	209	감가상각누계액			04	당기감가충당금		4,077,955
결대	213	감가상각누계액			04	당기감가충당금		1,305,645
결차	835	대손상각비			01	외상매출금의 대	517,000	
결대	109	대손충당금			04	대손충당금 설정		165,000
결대	111	대손충당금			04	대손충당금 설정		352,000

[재무제표 마감]

손익계산서 조회 → 이익잉여금처분계산서 조회 : 저장된 데이터를 불러오시겠습니까? `아니오` → `전표추가(F3)` → 마지막으로 재무상태표 조회하여 대차일치가 되는지 확인한다.

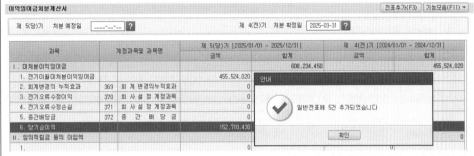

※ 재무제표를 마감하지 않으면 재무상태표 조회 시 대차차액이 일치하지 않는 '에러'가 발생한다. 그러나 결산재무
제표 마감 실무수행은 시험에서 점수와는 무관하므로 반드시 수행할 필요는 없다. 따라서 3회 모의고사부터는
본 실무수행 절차는 생략하였다.

04 장부조회

(1)	2,991,270	(2)	550
(3)	5	(4)	76,450,000
(5)	46,750,000	(6)	87,053,010
(7)	250,000		

	월계표 조회
(1)	
	품목별 구매현황 조회
(2)	

(3) 총계정원장 조회 (3월 ~ 8월까지만 비교)

코드	계정과목	날짜	차변	대변	잔액
103	보통예금	[전기이월]	150,000,000		
		2025년 01월	103,950,000	56,991,270	196,958,730
		2025년 02월	75,900,000	62,791,270	210,067,460
		2025년 03월	33,000,000	87,191,270	155,876,190
		2025년 04월		18,691,270	137,184,920
		2025년 05월	150,700,000	111,001,270	176,883,650
		2025년 06월		37,591,270	139,292,380
		2025년 07월	85,800,000	38,371,270	186,721,110
		2025년 08월	93,500,000	96,991,270	183,229,840

조회기간 2025 년 01 월 01 일 ~ 2025 년 12 월 31 일 ? 계정과목 103 ? 보통예금 ~ 103 ? 보통예금

(4) 월계표 (대변)조회

조회기간 2025 년 06 ▼ 월 ~ 2025 년 09 ▼ 월

차 변			계 정 과 목	대 변		
계	대 체	현 금		현 금	대 체	계
41,250,000	41,250,000		받 을 어 음		76,450,000	76,450,000

(5) 거래처원장 조회

기 간 2025 년 07 월 01 일 ~ 2025 년 11 월 30 일 ? 계정과목 251 ? 외상매입금 거래처분류 ? ~ ?
거래처 00203 ? 으뜸가전(주) ~ 00203 ? 으뜸가전(주) 부서/사원 ?
금 액 0. 전체 ▼ ~

코드	거래처	전기(월)이월	차변	대변	잔액	사업자번호	코드	거래처분류명	은행명	계좌번호
00203	으뜸가전(주)		33,000,000	46,750,000	13,750,000	211-81-44363				

(6) K-IFRS 재무상태표 조회

기간: 2025 년 12 ▼ 월 2025년 2024년 2023년

과목	제 5(당)기 [2025/01/01 ~ 2025/12/31]	제 4(전)기 [2024/01/01 ~ 2024/12/31]
	금 액	금 액
부 채		
Ⅰ. 유 동 부 채	87,053,010	17,803,010

(7) K-IFRS 포괄손익계산서 조회

기 간 2025 년 12 ▼ 월

과목	제 5(당)기 [2025/01/01 ~ 2025/12/31]		제 4(전)기 [2024/01/01 ~ 2024/12/31]	
	금액		금액	
Ⅵ. 금 융 수 익		250,000		0
이 자 수 익	250,000		0	

제2회 모의고사 정답 및 해설

▶ 한국가전(주) [회사코드 2002]

01 기준정보입력

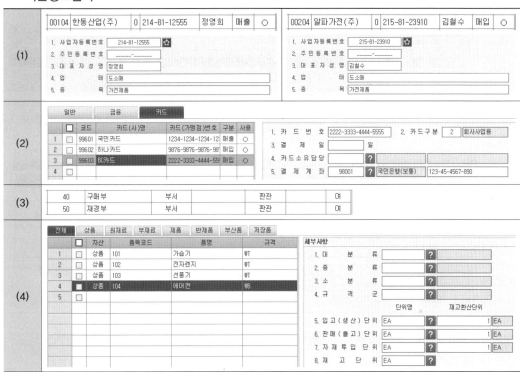

02 전표입력

(1)

[일반전표입력] 12월 3일

구분	코드	계정과목	코드	거래처	적요	차변	대변
차변	178	기타포괄손익-공정가치 측정금융자산(비유동)				15,000,000	
대변	103	보통예금	98001	국민은행(보통)			15,000,000

(2)

[일반전표입력] 12월 6일

구분	코드	계정과목	코드	거래처	적요	차변	대변
차변	103	보통예금	98001	국민은행(보통)		3,000,000	
대변	259	선수금	00102	종합가전(주)			3,000,000

PART 3

(3)

[일반전표입력] 12월 8일

구분	코드	계정과목	코드	거래처	적요	차변	대변
차변	103	보통예금	98001	국민은행(보통)		25,000,000	
대변	108	외상매출금	00101	만물가전(주)			25,000,000

(4)

[일반전표입력] 12월 11일

구분	코드	계정과목	코드	거래처	적요	차변	대변
차변	812	여비교통비				390,000	
차변	813	접대비(기업업무추진비)				100,000	
차변	101	현금				10,000	
대변	134	가지급금	00310	직원(홍준영)			500,000

(5)

[입고입력] 12월 16일 : 입고입력(지급구분 : 혼합) → 전표추가 → 전송

[매입매출전표] 12월 16일 : 전자세금란에 '1.전자입력', [자금관리 F3] 지급어음 관리내역 입력

구분	코드	계정과목	차변	대변	코드	거래처	적요	관리
차변	135	부가가치세대급금	3,960,000		00201	제일가전(주)	가습기 220 X 180,000	
차변	146	상품	39,600,000		00201	제일가전(주)	가습기 220 X 180,000	
대변	252	지급어음		43,560,000	00201	제일가전(주)	가나11110004-발행-[만기일자:202	지급어음

(6)

[일반전표입력] 12월 17일

구분	코드	계정과목	코드	거래처	적요	차변	대변
차변	826	도서인쇄비				150,000	
차변	811	복리후생비				350,000	
대변	253	미지급금	99602	하나카드			500,000

(7)

[일반전표입력] 12월 18일

구분	코드	계정과목	코드	거래처	적요	차변	대변
차변	103	보통예금	98001	국민은행(보통)		200,000	
대변	901	이자수익					200,000

(8)

[출고입력] 12월 21일 : 출고입력(수금구분 : 혼합) → 전표추가 → 전송

[매입매출전표] 12월 21일 : [1.전자입력]

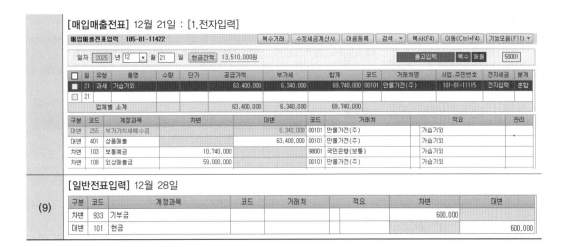

구분	코드	계정과목	차변	대변	코드	거래처	적요	관리
대변	255	부가가치세예수금		6,340,000	00101	만물가전(주)	가습기외	
대변	401	상품매출		63,400,000	00101	만물가전(주)	가습기외	
차변	103	보통예금	10,740,000		98001	국민은행(보통)	가습기외	
차변	108	외상매출금	59,000,000		00101	만물가전(주)	가습기외	

(9) **[일반전표입력]** 12월 28일

구분	코드	계정과목	코드	거래처	적요	차변	대변
차변	933	기부금				600,000	
대변	101	현금					600,000

03 결산

(1) **[일반전표입력]** 12월 31일

구분	코드	계정과목	코드	거래처	적요	차변	대변
차변	133	선급비용				6,000,000	
대변	819	임차료					6,000,000

(2) **[합계잔액시산표]** 소모품비(비용) 2,500,000원 − 사용액 2,300,000원 = 미사용액(소모품) 200,000원

[일반전표입력] 12월 31일

차변	172	소모품				200,000	
대변	830	소모품비					200,000

(3) **[원가경비별감가상각명세서]** 자산별 당기상각비 확인

	경비구분	계정	기초가액	당기증감	기말잔액	전기말상각누	상각대상금액	당기상각비	당기말상각누
1	800 번대	건물	200,000,000		200,000,000	20,000,000	200,000,000	5,000,000	25,000,000
2	800 번대	차량운반구	30,000,000		30,000,000	20,957,970	9,042,030	4,077,955	25,035,925
3	800 번대	비품	5,000,000		5,000,000	2,255,000	2,745,000	1,237,995	3,492,995
4		800번대 경비소계	235,000,000		235,000,000	43,212,970	211,787,030	10,315,950	53,528,920

[결산자료입력] 감가상각비 자산별로 입력

과	목	결산분개금액	결산입력사항금액	결산금액(합계)
4). 감가상각비			10,315,950	10,315,950
	건물		5,000,000	
	차량운반구		4,077,955	
	비품		1,237,995	

(4) **[합계잔액시산표]** 매출채권과 대손충당금 잔액 확인하여 1% 보충설정액 계산
- 외상매출금의 대손충당금 보충설정액 : (116,500,000원 × 1%) − 660,000원 = 505,000원
- 받을어음의 대손충당금 보충설정액 : (35,200,000원 × 1%) − 0원 = 352,000원

[결산자료입력] 대손상각 매출채권의 보충설정액 입력

과	목	결산분개금액	결산입력사항금액	결산금액(합계)
5). 대손상각			857,000	857,000
	외상매출금		505,000	
	받을어음		352,000	

PART 3

[재고자산수불부] 1월 ~ 12월, 일괄마감

[재고자산명세서] 12월 조회, 기말상품재고액 32,300,000원 확인

(5)

[결산자료입력] 기말상품재고액란에 32,300,000원 입력

[결산자료입력] 입력하고 전표추가(F3) → **[일반전표입력]** 12월 31일 전표 생성 확인

결차	451	상품매출원가		01	상품매출원가 대체	538,600,000	
결대	146	상품		04	상품매출원가 대체		538,600,000
결차	818	감가상각비		01	당기말 감가상각비계상	10,315,950	
결대	203	감가상각누계액		04	당기감가충당금 설정		5,000,000
결대	209	감가상각누계액		04	당기감가충당금 설정		4,077,955
결대	213	감가상각누계액		04	당기감가충당금 설정		1,237,995
결차	835	대손상각비		01	외상매출금의 대손	857,000	
결대	109	대손충당금		04	대손충당금 설정		505,000
결대	111	대손충당금		04	대손충당금 설정		352,000

[재무제표 마감]

손익계산서 조회 → 이익잉여금처분계산서 조회 : 저장된 데이터를 불러오시겠습니까? 아니오 → 전표추가(F3) → 마지막으로 재무상태표 조회하여 대차일치가 되는지 확인한다.

(3)
~
(5)

※ 재무제표를 마감하지 않으면 재무상태표 조회 시 대차차액이 일치하지 않는 '에러'가 발생한다. 그러나 결산재무제표 마감 실무수행은 시험에서 점수와는 무관하므로 반드시 수행할 필요는 없다. 따라서 3회 모의고사부터는 본 실무수행 절차는 생략하였다.

04 장부조회

(1)	2	(2)	830
(3)	3,550,000	(4)	46,200,000
(5)	35,200,000	(6)	381,471,080
(7)	174,766,920		

(1) **총계정원장 조회**

(2) **품목별 구매현황(또는 재고자산수불부) 조회**

(3) **월계표 조회**

(4) **거래처원장 조회**

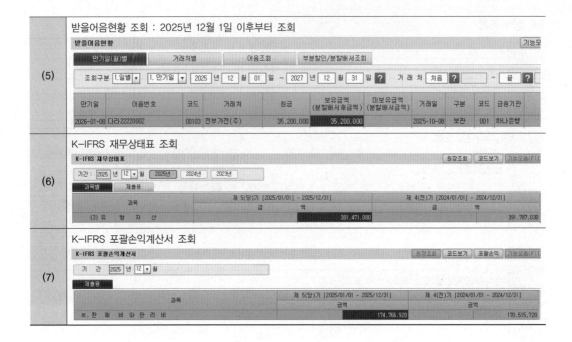

(5)	받을어음현황 조회 : 2025년 12월 1일 이후부터 조회

받을어음현황   기능모

| 만기일(월)별 | 거래처별 | 어음조회 | 부분할인/분할배서조회 |

조회구분 1.일별 ▼ 1.만기일 ▼ 2025 년 12 월 01 일 ~ 2027 년 12 월 31 일 ? 거 래 처 처음 ? ~ 끝 ?

만기일	어음번호	코드	거래처	원금	보유금액 (분할배서후금액)	미보유금액 (분할배서금액)	거래일	구분	코드	금융기관
2026-01-08	다라22220002	00103	전부가전(주)	35,200,000	35,200,000		2025-10-08	보관	001	하나은행

K-IFRS 재무상태표 조회

K-IFRS 재무상태표   원장조회   코드보기   기능모음(F11)

기간 : 2025 년 12 ▼ 월   2025년   2024년   2023년

| 과목별 | 제출용 |

과목	제 5(당)기 [2025/01/01 ~ 2025/12/31] 금 액	제 4(전)기 [2024/01/01 ~ 2024/12/31] 금 액
(3) 유 형 자 산	381,471,080	391,787,030

K-IFRS 포괄손익계산서 조회

K-IFRS 포괄손익계산서   원장조회   코드보기   포괄손익   기능모음(F11)

기 간 2025 년 12 ▼ 월

| 제출용 |

과목	제 5(당)기 [2025/01/01 ~ 2025/12/31] 금액	제 4(전)기 [2024/01/01 ~ 2024/12/31] 금액
Ⅲ. 판 매 비 와 관 리 비	174,766,920	170,515,720

제3회 모의고사 정답 및 해설

▶ 수영전자(주) [회사코드 2003]

01 기준정보입력

02 전표입력

(1) [일반전표입력] 12월 3일

구분	코드	계정과목	코드	거래처	적요	차변	대변
차변	102	당좌예금	98002	하나은행(당좌)		10,000,000	
대변	331	보통주자본금					10,000,000

(2) [일반전표입력] 12월 5일

구분	코드	계정과목	코드	거래처	적요	차변	대변
차변	208	차량운반구				24,000,000	
대변	253	미지급금	00307	대한기업(주)			24,000,000

(3) [일반전표입력] 12월 8일

구분	코드	계정과목	코드	거래처	적요	차변	대변
대변	103	보통예금	98001	국민은행(보통)			1,800,000
차변	131	선급금	00201	제일가전(주)		1,800,000	

(4) [일반전표입력] 12월 11일

구분	코드	계정과목	코드	거래처	적요	차변	대변
차변	251	외상매입금	00203	으뜸가전(주)		10,500,000	
대변	102	당좌예금	98002	하나은행(당좌)			10,500,000

(5) [입고입력] 12월 16일 : 입고입력(지급구분 : 혼합) → 전표추가 → 전송

(5) [매입매출전표] 12월 16일 : 전자세금란에 '1.전자입력' 당좌예금 하나은행(당좌)로 거래처 수정

(6) [일반전표입력] 12월 17일

구분	코드	계정과목	코드	거래처	적요	차변	대변
차변	817	세금과공과				250,000	
차변	822	차량유지비				500,000	
대변	253	미지급금	99602	하나카드			750,000

(7) [출고입력] 12월 21일 : 출고입력(수금구분 : 혼합) → 전표추가 → 전송

[매입매출전표] 12월 21일 : [1.전자입력] [자금관리 F3] 받을어음 관리내역 입력

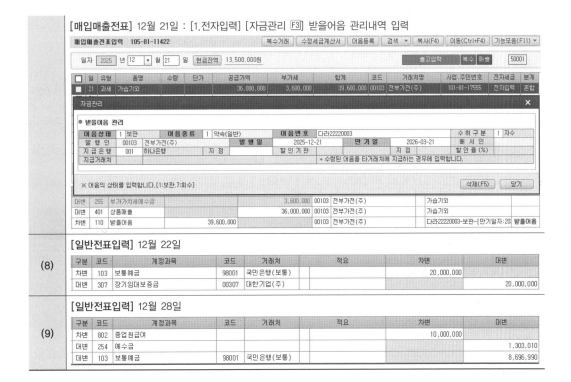

03 결산

(1)	**[합계잔액시산표]** 소모품비 2,500,000원 중 미사용액 350,000원은 소모품(자산)으로 상계처리함 **[일반전표입력]** 12월 31일

구분	코드	계정과목	코드	거래처	적요	차변	대변
차변	172	소모품				350,000	
대변	830	소모품비					350,000

(2)	**[합계잔액시산표]** 당기에 취득한 기타포괄손익-공정가치측정금융자산 20,000,000원 확인 **[일반전표입력]** 12월 31일

차변	178	기타포괄손익-공정가치 측정금융자산(비유동)				2,000,000	
대변	981	기타포괄손익-공정가치측정금융자산평가이익					2,000,000

[원가경비별감가상각명세서] 자산별 당기상각비 확인

(3)

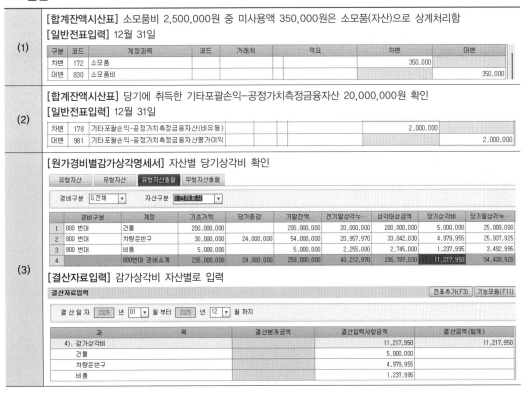

(4)	**[합계잔액시산표]** 매출채권과 대손충당금 잔액 확인하여 1% 보충설정액 계산 • 외상매출금의 대손충당금 보충설정액 : (82,500,000원 × 1%) − 660,000원 = 165,000원 • 받을어음의 대손충당금 보충설정액 : (74,800,000원 × 1%) − 0원 = 748,000원 **[결산자료입력]** 대손상각 매출채권의 보충설정액 입력

5). 대손상각			913,000	913,000
외상매출금			165,000	
받을어음			748,000	

[재고자산수불부] 1월 ~ 12월, 일괄마감

[재고자산명세서] 12월 조회, 기말상품재고액 30,500,000원 확인

[결산자료입력] 기말상품재고액란에 30,500,000원 입력

과	목	결산분개금액	결산입력사항금액	결산금액(합계)
상품매출원가			522,300,000	522,300,000
(1). 기초 상품 재고액			21,200,000	
(2). 당기 상품 매입액			531,600,000	
(10).기말 상품 재고액			30,500,000	

[결산자료입력] 입력하고 `전표추가(F3)` → **[일반전표입력]** 12월 31일 전표 생성 확인

(3) ~ (5)

결차	451	상품매출원가		01	상품매출원가 대체	522,300,000	
결대	146	상품		04	상품매출원가 대체		522,300,000
결차	818	감가상각비		01	당기말 감가상각비계상	11,217,950	
결대	203	감가상각누계액		04	당기감가충당금 설정		5,000,000
결대	209	감가상각누계액		04	당기감가충당금 설정		4,979,955
결대	213	감가상각누계액		04	당기감가충당금 설정		1,237,995
결차	835	대손상각비		01	외상매출금의 대손	913,000	
결대	109	대손충당금		04	대손충당금 설정		165,000
결대	111	대손충당금		04	대손충당금 설정		748,000

※ 결산재무제표 마감순서는 모의고사 1회, 2회 정답 및 해설을 참고 바랍니다.

04 장부조회

(1)	39,600,000	(2)	29,700,000
(3)	80,000,000	(4)	74,250,000
(5)	11	(6)	50,000,000
(7)	522,300,000		

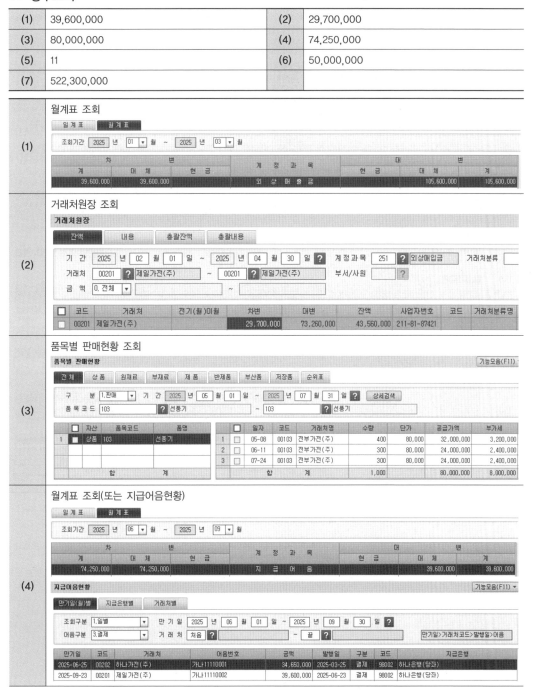

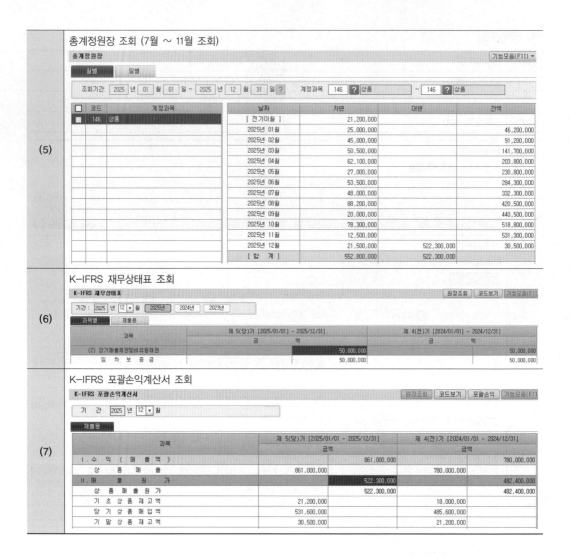

총계정원장 조회 (7월 ~ 11월 조회)

코드	계정과목	날짜	차변	대변	잔액
146	상품	[전기이월]	21,200,000		
		2025년 01월	25,000,000		46,200,000
		2025년 02월	45,000,000		91,200,000
		2025년 03월	50,500,000		141,700,000
		2025년 04월	62,100,000		203,800,000
		2025년 05월	27,000,000		230,800,000
		2025년 06월	53,500,000		284,300,000
		2025년 07월	48,000,000		332,300,000
		2025년 08월	88,200,000		420,500,000
		2025년 09월	20,000,000		440,500,000
		2025년 10월	78,300,000		518,800,000
		2025년 11월	12,500,000		531,300,000
		2025년 12월	21,500,000	522,300,000	30,500,000
		[합 계]	552,800,000	522,300,000	

(5) 조회기간 2025 년 01 월 01 일 ~ 2025 년 12 월 31 일 ? 계정과목 146 ? 상품 ~ 146 ? 상품

K-IFRS 재무상태표 조회

기간 : 2025 년 12 ▼ 월 2025년 2024년 2023년

과목	제 5(당)기 [2025/01/01 ~ 2025/12/31]		제 4(전)기 [2024/01/01 ~ 2024/12/31]	
	금	액	금	액
(2) 장기매출채권및비유동채권		50,000,000		50,000,000
임 차 보 증 금		50,000,000		50,000,000

(6)

K-IFRS 포괄손익계산서 조회

기 간 2025 년 12 ▼ 월

과목	제 5(당)기 [2025/01/01 ~ 2025/12/31]		제 4(전)기 [2024/01/01 ~ 2024/12/31]	
	금액		금액	
I . 수 익 (매 출 액)		861,000,000		780,000,000
상 품 매 출	861,000,000		780,000,000	
II . 매 출 원 가		522,300,000		482,400,000
상 품 매 출 원 가		522,300,000		482,400,000
기 초 상 품 재 고 액	21,200,000		18,000,000	
당 기 상 품 매 입 액	531,600,000		485,600,000	
기 말 상 품 재 고 액	30,500,000		21,200,000	

(7)

제4회 모의고사 정답 및 해설

▶ 현대몰(주) [회사코드 2004]

01 기준정보입력

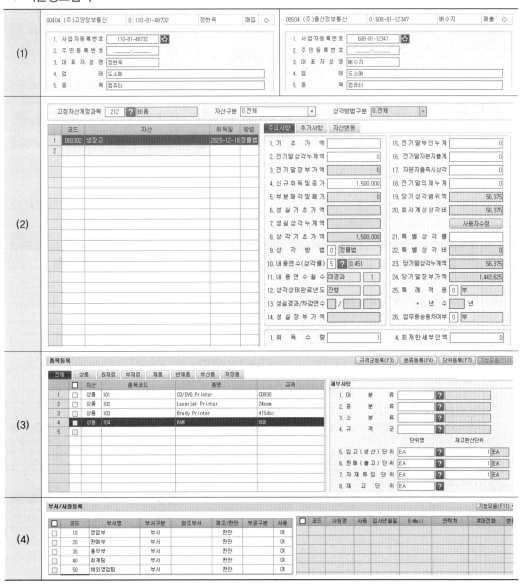

(1)

00404 (주)고양정보통신	0	110-81-48732	정현욱	매입 ○

1. 사 업 자 등 록 번 호 110-81-48732
2. 주 민 등 록 번 호 _____-_____
3. 대 표 자 성 명 정현욱
4. 업   태 도소매
5. 종   목 컴퓨터

00504 (주)울산정보통신	0	608-81-12347	배수지	매출 ○

1. 사 업 자 등 록 번 호 608-81-12347
2. 주 민 등 록 번 호 _____-_____
3. 대 표 자 성 명 배수지
4. 업   태 도소매
5. 종   목 컴퓨터

(2)

고정자산계정과목 212 ? 비품   자산구분 0.전체   상각방법구분 0.전체

	코드	자산	취득일	방법
1	000302	냉장고	2025-12-18	정률법
2				

주요사항 | 추가사항 | 자산변동

1. 기 초 가 액
2. 전기말상각누계액 0
3. 전기말장부가액 0
4. 신 규 취 득 및 증 가 1,500,000
5. 부 분 매 각 및 폐 기 0
6. 성 실 기 초 가 액
7. 성실상각누계액
8. 상 각 기 초 가 액 1,500,000
9. 상 각 방 법 0 정률법
10. 내용연수(상각률) 5 ? 0.451
11. 내 용 연 수 월 수 미경과 1
12. 상각상태완료년도 진행
13. 성실경과/차감연수 /
14. 성 실 장 부 가 액

15. 전 기 말 부 인 누 계 0
16. 전기말자본지출계 0
17. 자본지출즉시상각 0
18. 전 기 말 의 제 누 계 0
19. 당 기 상 각 범 위 액 56,375
20. 회 사 계 상 상 각 비 56,375
       사용자수정
21. 특 별 상 각 률
22. 특 별 상 각 비 0
23. 당기말상각누계액 56,375
24. 당 기 말 장 부 가 액 1,443,625
25. 특 례 적 용 0 부
       · 년 수 년
26. 업무용승용차여부 0 부

1. 취 득 수 량 1   4. 최 저 한 세 부 인 액 0

(3)

품목등록   규격군등록(F3) | 분류등록(F4) | 단위등록(F7) | 기능모음(F11)

전체 | 상품 | 원재료 | 부재료 | 제품 | 반제품 | 부산품 | 저장품

		자산	품목코드	품명	규격
1	☐	상품	101	CD/DVD Printer	CD800
2	☐	상품	102	Laserjet Printer	24ppm
3	☐	상품	103	Brady Printer	415dcc
4	■	상품	104	RAM	8GB
5	☐				

세부사항

1. 대 분 류 ?
2. 중 분 류 ?
3. 소 분 류 ?
4. 규 격 군 ?

단위명   재고환산단위

5. 입고(생산)단위 EA ? 1 EA
6. 판매(출고)단위 EA ? 1 EA
7. 자재투입단위 EA ? 1 EA
8. 재 고 단 위 EA ?

(4)

부서/사원등록   기능모음(F11)▼

☐	코드	부서명	부서구분	참조부서	제조/판관	부문구분	사용
☐	10	영업부	부서		판관		여
☐	20	판매부	부서		판관		여
☐	30	총무부	부서		판관		여
☐	40	회계팀	부서		판관		여
☐	50	해외영업팀	부서		판관		여

☐	코드	사원명	사용	입사년월일	E-Mail	연락처	휴대전화	변

PART 3

02 전표입력

(1)

[일반전표입력] 12월 3일

차변	813	접대비(기업업무추진비)				150,000	
대변	253	미지급금	99602	현대카드			150,000

(2)

[일반전표입력] 12월 5일

구분	코드	계정과목	코드	거래처	적요	차변	대변
대변	102	당좌예금	98001	국민은행(당좌)			5,000,000
차변	214	건설중인자산	00312	남산개발(주)		5,000,000	

(3)

[일반전표입력] 12월 8일

구분	코드	계정과목	코드	거래처	적요	차변	대변
차변	103	보통예금	98003	신한은행(보통)		3,000,000	
대변	257	가수금					3,000,000

(4)

[일반전표입력] 12월 10일

구분	코드	계정과목	코드	거래처	적요	차변	대변
차변	833	광고선전비				5,000,000	
대변	253	미지급금	99600	비씨카드			5,000,000

(5)

[입고입력] 12월 11일 : 입고입력(지급구분 : 혼합) → 전표추가 → 전송

[매입매출전표] 12월 11일 : [1.전자입력], [자금관리 F3] 지급어음 관리내역 입력

구분	코드	계정과목	차변	대변	코드	거래처	적요	관리
차변	135	부가가치세대급금	1,800,000		00104	(주)대구정보유통	CD/DVD Printer 100 X 180,000	
차변	146	상품	18,000,000		00104	(주)대구정보유통	CD/DVD Printer 100 X 180,000	
대변	252	지급어음		19,800,000	00104	(주)대구정보유통	가나11110004-발행-[만기일자:2026.03.1 지급어음	

(6)

[일반전표입력] 12월 14일

구분	코드	계정과목	코드	거래처	적요	차변	대변
차변	107	당기손익-공정가치측정금융자산				6,000,000	
차변	946	수수료비용				30,000	
대변	103	보통예금	98003	신한은행(보통)			6,030,000

(7)

[일반전표입력] 12월 18일

구분	코드	계정과목	코드	거래처	적요	차변	대변
차변	212	비품				1,500,000	
대변	253	미지급금	99600	비씨카드			1,500,000

[출고입력] 12월 26일 : 출고입력(수금구분 : 혼합) → 전표추가 → 전송

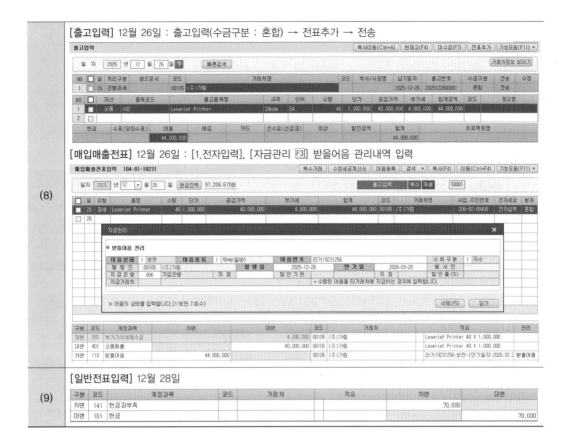

(8)

[매입매출전표] 12월 26일 : [1.전자입력], [자금관리 F3] 받을어음 관리내역 입력

구분	코드	계정과목	차변	대변	코드	거래처	적요	관리
대변	255	부가가치세예수금		4,000,000	00105	(주)가림	Laserjet Printer 40 X 1,000,000	
대변	401	상품매출		40,000,000	00105	(주)가림	Laserjet Printer 40 X 1,000,000	
차변	110	받을어음	44,000,000		00105	(주)가림	라가19231256-보관-[만기일자:2026.03.2	받을어음

(9)

[일반전표입력] 12월 28일

구분	코드	계정과목	코드	거래처	적요	차변	대변
차변	141	현금과부족				70,000	
대변	101	현금					70,000

03 결산

(1)

[일반전표입력] 12월 31일

구분	코드	계정과목	코드	거래처	적요	차변	대변
차변	904	임대료				500,000	
대변	263	선수수익					500,000

(2)

[일반전표입력] 12월 31일

	257	가수금				3,000,000	
	108	외상매출금	00103	(주)인천정보유통			3,000,000

(3)

[원가경비별감가상각명세서] 자산별 당기상각비 확인

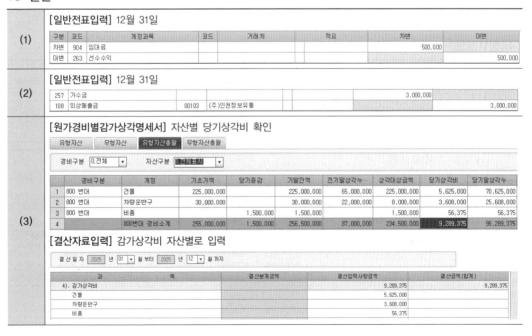

[결산자료입력] 감가상각비 자산별로 입력

과	목	결산분개금액	결산입력사항금액	결산금액(합계)
4). 감가상각비			9,289,375	9,289,375
	건물		5,625,000	
	차량운반구		3,608,000	
	비품		56,375	

(4) [합계잔액시산표] 매출채권과 대손충당금 잔액 확인하여 1% 보충설정액 계산
- 외상매출금의 대손충당금 보충설정액 : (83,300,000원 × 1%) − 660,000원 = 173,000원
- 받을어음의 대손충당금 보충설정액 : (79,200,000원 × 1%) − 30,000원 = 762,000원

[결산자료입력] 대손상각 매출채권의 보충설정액 입력

과목	결산분개금액	결산입력사항금액	결산금액(합계)
5). 대손상각		935,000	935,000
외상매출금		173,000	
받을어음		762,000	

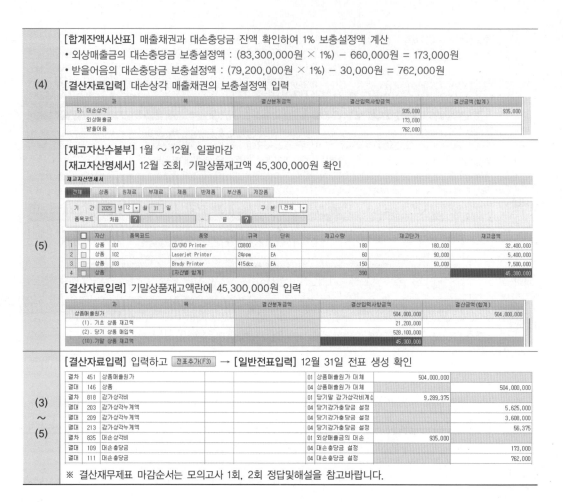

(5) [재고자산수불부] 1월 ~ 12월, 일괄마감
[재고자산명세서] 12월 조회, 기말상품재고액 45,300,000원 확인

재고자산명세서

전체 | 상품 | 원재료 | 부재료 | 제품 | 반제품 | 부산품 | 저장품

기 간 2025 년 12 월 31 일   구 분 1.전체
품목코드 처음 ~ 끝

	자산	품목코드	품명	규격	단위	재고수량	재고단가	재고금액
1	상품	101	CD/DVD Printer	CD800	EA	180	180,000	32,400,000
2	상품	102	Laserjet Printer	24ppm	EA	60	90,000	5,400,000
3	상품	103	Brady Printer	415dcc	EA	150	50,000	7,500,000
4	상품		[자산별 합계]			390		45,300,000

[결산자료입력] 기말상품재고액란에 45,300,000원 입력

과목	결산분개금액	결산입력사항금액	결산금액(합계)
상품매출원가		504,000,000	504,000,000
(1). 기초 상품 재고액		21,200,000	
(2). 당기 상품 매입액		528,100,000	
(10).기말 상품 재고액		45,300,000	

(3) ~ (5) [결산자료입력] 입력하고 [전표추가(F3)] → [일반전표입력] 12월 31일 전표 생성 확인

결차	451	상품매출원가	01	상품매출원가 대체	504,000,000	
결대	146	상품	04	상품매출원가 대체		504,000,000
결차	818	감가상각비	01	당기말 감가상각비계상	9,289,375	
결대	203	감가상각누계액	04	당기감가충당금 설정		5,625,000
결대	209	감가상각누계액	04	당기감가충당금 설정		3,608,000
결대	213	감가상각누계액	04	당기감가충당금 설정		56,375
결차	835	대손상각비	01	외상매출금의 대손	935,000	
결대	109	대손충당금	04	대손충당금 설정		173,000
결대	111	대손충당금	04	대손충당금 설정		762,000

※ 결산재무제표 마감순서는 모의고사 1회, 2회 정답및해설을 참고바랍니다.

04 장부조회

(1)	650	(2)	56,000,000
(3)	3,800,000	(4)	39,600,000
(5)	9	(6)	2,530,000
(7)	500,000		

(1) 품목별 구매현황 조회

품목별 구매현황

전체 | 상품 | 원재료 | 부재료 | 제품 | 반제품 | 부산품 | 저장품 | 순위표

구 분 1.구매   기 간 2025 년 01 월 01 일 ~ 2025 년 03 월 31 일   상세검색
품 목 코 드 102 Laserjet Printer ~ 102 Laserjet Printer

	자산	품목코드	품명
1	상품	102	Laserjet Printer
		합	계

	일자	코드	거래처명	수량	단가	공급가액	부가세	합계금액
1	01-06	00202	(주)하나정보통신	100	90,000	9,000,000	900,000	9,900,000
2	02-20	00202	(주)하나정보통신	200	90,000	18,000,000	1,800,000	19,800,000
3	03-25	00202	(주)하나정보통신	350	90,000	31,500,000	3,150,000	34,650,000
	합	계		650		58,500,000	5,850,000	64,350,000

품목별 판매현황 조회

(2)

	자산	품목코드	품명			일자	코드	거래처명	수량	단가	공급가액	부가세	합계금액
1	상품	103	Brady Printer	1		05-08	00103	(주)인천정보유통	400	80,000	32,000,000	3,200,000	35,200,000
				2		06-11	00103	(주)인천정보유통	300	80,000	24,000,000	2,400,000	26,400,000
		합	계			합	계		700		56,000,000	5,600,000	61,600,000

거래처원장 조회

(3)

	코드	거래처	전기(월)이월	차변	대변	잔액	사업자번호	코드	거래처분류명	은행명	계좌번호
	00309	(주)한림정보통신	5,000,000		1,200,000	3,800,000	402-81-00054				

지급어음현황(거래처원장) 조회

(4)

만기일	코드	거래처	어음번호	금액	발행일	구분	코드	지급은행
2025-09-23	00201	(주)제일정보통신	가나11110002	39,600,000	2025-06-23	결제	98002	하나은행(당좌)

총계정원장 조회(8월 ~ 11월만 월별 비교)

(5)

	코드	계정과목	날짜	차변	대변	잔액
	811	복리후생비	[전기이월]			
			2025년 01월	440,470		440,470
			2025년 02월	544,010		984,480
			2025년 03월	500,470		1,484,950
			2025년 04월	1,461,910		2,946,860
			2025년 05월	766,160		3,713,020
			2025년 06월	1,257,050		4,970,070
			2025년 07월	3,441,130		8,411,200
			2025년 08월	2,423,580		10,834,780
			2025년 09월	590,690		11,425,470
			2025년 10월	1,760,690		13,186,160
			2025년 11월	952,340		14,138,500

K-IFRS 포괄손익계산서 조회

(6)

과목	제 5(당)기 [2025/01/01 ~ 2025/12/31] 금액	제 4(전)기 [2024/01/01 ~ 2024/12/31] 금액
Ⅴ. 기 타 비 용	2,530,000	0
기 부 금	2,500,000	0
수 수 료 비 용	30,000	0

K-IFRS 재무상태표 조회

(7)

과목	제 5(당)기 [2025/01/01 ~ 2025/12/31] 금 액	제 4(전)기 [2024/01/01 ~ 2024/12/31] 금 액
(2) 기 타 유 동 부 채	500,000	0
선 수 수 익	500,000	0

PART 3

▶ 기린화장품(주) [회사코드 2005]

01 기준정보입력

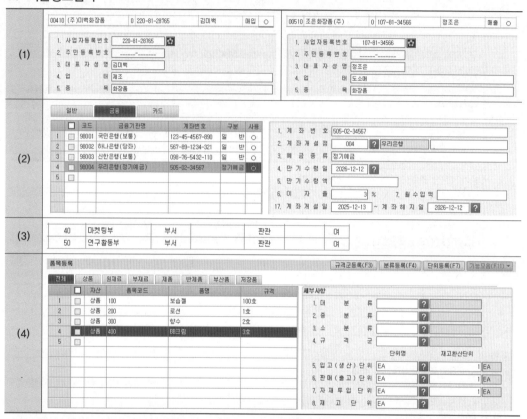

02 전표입력

(1) [일반전표입력] 12월 3일

구분	코드	계정과목	코드	거래처	적요	차변	대변
차변	107	당기손익-공정가치측정금융자산				10,000,000	
대변	101	현금					10,000,000

(2) [일반전표입력] 12월 4일

구분	코드	계정과목	코드	거래처	적요	차변	대변
차변	103	보통예금	98001	국민은행(보통)		150,000	
대변	901	이자수익					150,000

(3) [일반전표입력] 12월 8일

구분	코드	계정과목	코드	거래처	적요	차변	대변
차변	212	비품				2,000,000	
대변	103	보통예금	98001	국민은행(보통)			2,000,000

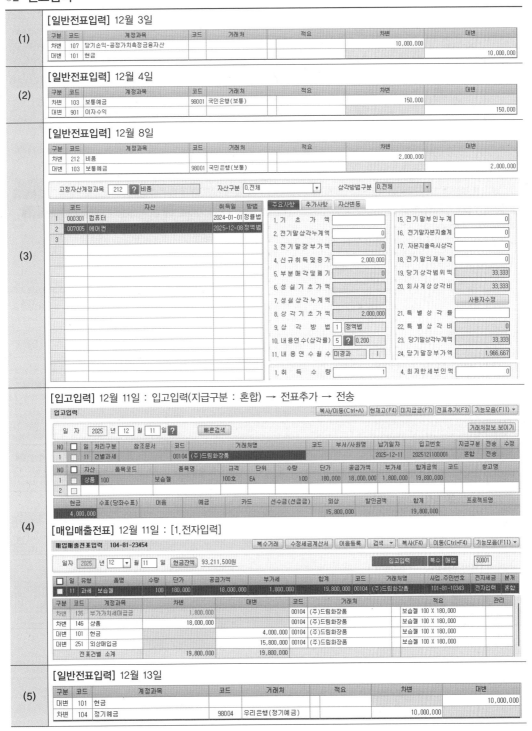

(4) [입고입력] 12월 11일 : 입고입력(지급구분 : 혼합) → 전표추가 → 전송

[매입매출전표] 12월 11일 : [1.전자입력]

구분	코드	계정과목	차변	대변	코드	거래처	적요	관리
차변	135	부가가치세대급금	1,800,000		00104	(주)드림화장품	보습젤 100 X 180,000	
차변	146	상품	18,000,000		00104	(주)드림화장품	보습젤 100 X 180,000	
대변	101	현금		4,000,000	00104	(주)드림화장품	보습젤 100 X 180,000	
대변	251	외상매입금		15,800,000	00104	(주)드림화장품	보습젤 100 X 180,000	
		전표건별 소계	19,800,000	19,800,000				

(5) [일반전표입력] 12월 13일

구분	코드	계정과목	코드	거래처	적요	차변	대변
대변	101	현금					10,000,000
차변	104	정기예금	98004	우리은행(정기예금)		10,000,000	

PART 3

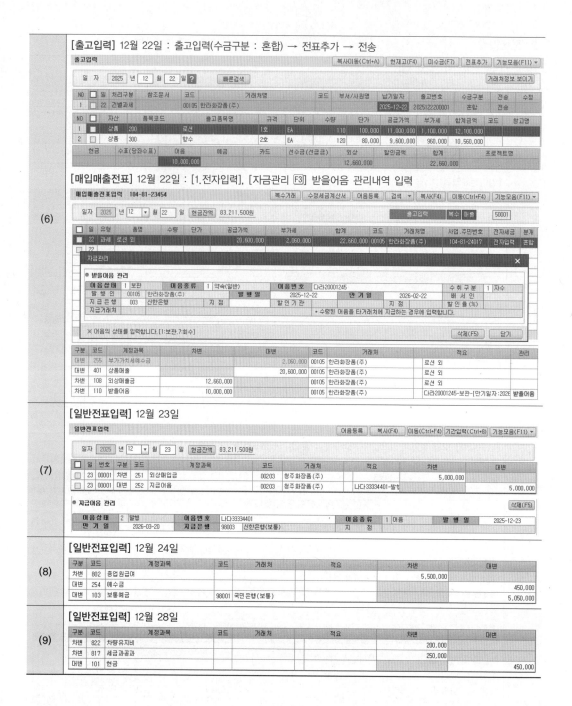

[출고입력] 12월 22일 : 출고입력(수금구분 : 혼합) → 전표추가 → 전송

NO	일	처리구분	참조문서	코드	거래처명	코드	부서/사원명	납기일자	출고번호	수금구분	전송	수정
1	22	건별과세		00105	한라화장품 (주)			2025-12-22	2025122200001	혼합	전송	

NO	자산	품목코드	출고품목명	규격	단위	수량	단가	공급가액	부가세	합계금액	코드	창고명
1	상품	200	로션	1호	EA	110	100,000	11,000,000	1,100,000	12,100,000		
2	상품	300	향수	2호	EA	120	80,000	9,600,000	960,000	10,560,000		

현금	수표(당좌수표)	어음	예금	카드	선수금(선금금)	외상	할인금액	합계	프로젝트명
		10,000,000				12,660,000		22,660,000	

[매입매출전표] 12월 22일 : [1.전자입력], [자금관리 F3] 받을어음 관리내역 입력

매입매출전표입력 104-81-23454

일	유형	품명	수량	단가	공급가액	부가세	합계	코드	거래처명	사업.주민번호	전자세금	분개
22	과세	로션 외			20,600,000	2,060,000	22,660,000	00105	한라화장품(주)	104-81-24017	전자입력	혼합
22												

자금관리

● 받을어음 관리

어음상태	1	보관	어음종류	1	약속(일반)	어음번호	다라20001245			수취구분	1	자수
발 행 인	00105	한라화장품(주)			발 행 일	2025-12-22	만 기 일	2026-02-22	배 서 인		
지급은행	003	신한은행	지 점			할 인 기 관		지 점		할 인 율 (%)	
지급거래처						* 수령된 어음을 타거래처에 지급하는 경우에 입력합니다.					

※ 어음의 상태를 입력합니다.[1:보관,7:회수] 삭제(F5) 닫기

구분	코드	계정과목	차변	대변	코드	거래처	적요	관리
대변	255	부가가치세예수금		2,060,000	00105	한라화장품(주)	로션 외	
대변	401	상품매출		20,600,000	00105	한라화장품(주)	로션 외	
차변	108	외상매출금	12,660,000		00105	한라화장품(주)	로션 외	
차변	110	받을어음	10,000,000		00105	한라화장품(주)	다라20001245-보관-[만기일자 :2026	받을어음

[일반전표입력] 12월 23일

일반전표입력

일	번호	구분	코드	계정과목	코드	거래처	적요	차변	대변
23	00001	차변	251	외상매입금	00203	청주화장품(주)		5,000,000	
23	00001	대변	252	지급어음	00203	청주화장품(주)	나다-33334401-발행		5,000,000

● 지급어음 관리

| 어음상태 | 2 | 발행 | 어음번호 | 나다33334401 | | 어음종류 | 1 | 어음 | 발 행 일 | 2025-12-23 |
| 만 기 일 | 2026-03-20 | 지급은행 | 98003 | 신한은행(보통) | 지 점 | | | | |

[일반전표입력] 12월 24일

구분	코드	계정과목	코드	거래처	적요	차변	대변
차변	802	종업원급여				5,500,000	
대변	254	예수금					450,000
대변	103	보통예금	98001	국민은행(보통)			5,050,000

[일반전표입력] 12월 28일

구분	코드	계정과목	코드	거래처	적요	차변	대변
차변	822	차량유지비				200,000	
차변	817	세금과공과				250,000	
대변	101	현금					450,000

(6)

(7)

(8)

(9)

03 결산

<table>
<tr>
<td rowspan="3">(1)</td>
<td colspan="8">[일반전표입력] 12월 31일</td>
</tr>
<tr>
<td>구분</td><td>코드</td><td>계정과목</td><td>코드</td><td>거래처</td><td>적요</td><td>차변</td><td>대변</td>
</tr>
<tr>
<td colspan="8">
<table>
<tr><td>차변</td><td>901</td><td>이자수익</td><td></td><td></td><td></td><td>400,000</td><td></td></tr>
<tr><td>대변</td><td>263</td><td>선수수익</td><td></td><td></td><td></td><td></td><td>400,000</td></tr>
</table>
</td>
</tr>
</table>

[일반전표입력] 12월 31일 (1)

구분	코드	계정과목	코드	거래처	적요	차변	대변
차변	901	이자수익				400,000	
대변	263	선수수익					400,000

[일반전표입력] 12월 31일 (2)

구분	코드	계정과목	코드	거래처	적요	차변	대변
차변	101	현금				53,000	
대변	930	잡이익					53,000

(3) [원가경비별감가상각명세서] 자산별 당기상각비 확인

유형자산 | 무형자산 | 유형자산총괄 | 무형자산총괄

경비구분 0.전체 ▼   자산구분 1.전체표시 ▼

	경비구분	계정	기초가액	당기증감	기말잔액	전기말상각누…	상각대상금액	당기상각비	당기말상각누…	미상각
1	800 번대	건물	195,000,000		195,000,000	36,580,000	195,000,000	4,875,000	41,455,000	153,
2	800 번대	차량운반구	30,000,000		30,000,000	23,500,000	6,500,000	2,931,500	26,431,500	3,
3	800 번대	비품	5,000,000		5,000,000	2,255,000	2,745,000	1,237,995	3,492,995	1,
4	800 번대	비품		2,000,000	2,000,000		2,000,000	33,333	33,333	1,
5		800번대 경비소계	230,000,000	2,000,000	232,000,000	62,335,000	206,245,000	9,077,828	71,412,828	160,

[결산자료입력] 감가상각비 자산별로 입력

과	목	결산분개금액	결산입력사항금액	결산금액(합계)
4). 감가상각비			9,077,828	9,077,828
	건물		4,875,000	
	차량운반구		2,931,500	
	비품		1,271,328	

(4) [합계잔액시산표] 매출채권과 대손충당금 잔액 확인하여 1% 보충설정액 계산
- 외상매출금의 대손충당금 보충설정액 : (137,660,000원 × 1%) − 730,000원 = 646,600원
- 받을어음의 대손충당금 보충설정액 : (66,450,000원 × 1%) − 0원 = 664,500원

[결산자료입력] 대손상각 매출채권의 보충설정액 입력

5). 대손상각			1,311,100	1,311,100
	외상매출금		646,600	
	받을어음		664,500	

(5) [재고자산수불부] 1월 ~ 12월, 일괄마감

재고자산수불부   마감(F3) | 마감결과(F4) | 기능모음(F11) ▼

전체 | 상품 | 원재료 | 부재료 | 제품 | 반제품 | 부산품 | 저장품

기 간 2025 년 01 월 01 일 ~ 2025 년 12 월 31 일   ...체크해 주세요.
품목코드 처음 ? ~ 끝 ?

마감 ✕

마감선택
○ 마감 ○ 마감취소 ● 일괄마감 ○ 일괄마감취소

출고단가마감
☐ 단가 마감 선택
○ 수량+단가 ● 수량
- 수량
마감시 입고단가를 출고단가에 부여하지 않고, 수량만을
...

	자산	품목코드	품명	마감	일자	수량		금액	수량
1	상품	100	보습젤	여	전기(월)이월	5			50
2	상품	200	로션	여	01/10			7,200,000	10
3	상품	300	향수	여	01/10				160
4	상품	400	BB크림	무	02/07	15			

[재고자산명세서] 12월 조회, 기말상품재고액 48,000,000원 확인
[결산자료입력] 기말상품재고액란에 48,000,000원 입력

2. 매출원가				516,300,000
상품매출원가			516,300,000	516,300,000
(1). 기초 상품 재고액			21,200,000	
(2). 당기 상품 매입액			543,100,000	
(10).기말 상품 재고액			48,000,000	

(3) ~ (5)	[결산자료입력] 입력하고 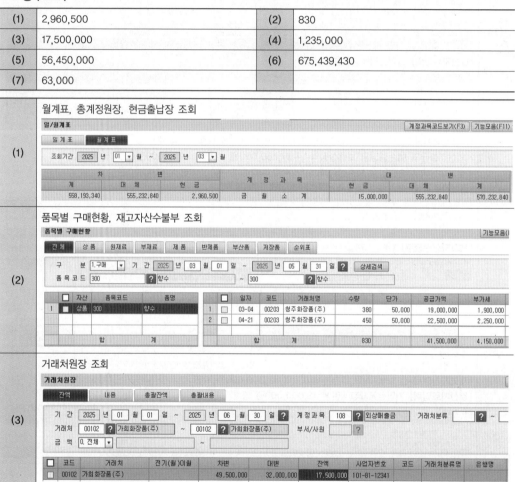 전표추가(F3) → [일반전표입력] 12월 31일 전표 생성 확인							

[결산자료입력] 입력하고 전표추가(F3) → [일반전표입력] 12월 31일 전표 생성 확인

결차	451	상품매출원가		01	상품매출원가 대	516,300,000	
결대	146	상품		04	상품매출원가 대		516,300,000
결차	818	감가상각비		01	당기말 감가상각	9,077,828	
결대	203	감가상각누계액		04	당기감가충당금		4,875,000
결대	209	감가상각누계액		04	당기감가충당금		2,931,500
결대	213	감가상각누계액		04	당기감가충당금		1,271,328
결차	835	대손상각비		01	외상매출금의 대	1,311,100	
결대	109	대손충당금		04	대손충당금 설정		646,600
결대	111	대손충당금		04	대손충당금 설정		664,500

※ 결산재무제표 마감순서는 모의고사 1회, 2회 정답및해설을 참고바랍니다.

04 장부조회

(1)	2,960,500	(2)	830
(3)	17,500,000	(4)	1,235,000
(5)	56,450,000	(6)	675,439,430
(7)	63,000		

(1)	**월계표, 총계정원장, 현금출납장 조회**

일/월계표   계정과목코드보기(F3)   기능모음(F11)

[일 계 표] [월 계 표]

조회기간 2025 년 01 ▼ 월 ~ 2025 년 03 ▼ 월

차 변			계 정 과 목			대 변		
계	대 체	현 금				현 금	대 체	계
558,193,340	555,232,840	2,960,500	금 월 소 계			15,000,000	555,232,840	570,232,840

(2)	**품목별 구매현황, 재고자산수불부 조회**

품목별 구매현황   기능모음(

[전 체] [상품] [원재료] [부재료] [제 품] [반제품] [부산품] [저장품] [순위표]

구 분 1.구매 ▼ 기 간 2025 년 03 월 01 일 ~ 2025 년 05 월 31 일 ? 상세검색
품목코드 300 ? 향수 ~ 300 ? 향수

	□	자산	품목코드	품명		□	일자	코드	거래처명	수량	단가	공급가액	부가세
1	■	상품	300	향수		1	□	03-04	00203	청주화장품(주)	380	50,000	19,000,000	1,900,000
						2	□	04-21	00203	청주화장품(주)	450	50,000	22,500,000	2,250,000
		합	계				합	계		830		41,500,000	4,150,000

(3)	**거래처원장 조회**

거래처원장

[잔액] [내용] [총괄잔액] [총괄내용]

기 간 2025 년 01 월 01 일 ~ 2025 년 06 월 30 일 ? 계정과목 108 ? 외상매출금 거래처분류 ? ~
거래처 00102 ? 가희화장품(주) ~ 00102 ? 가희화장품(주) 부서/사원 ?
금 액 0. 전체 ▼ ~

□	코드	거래처	전기(월)이월	차변	대변	잔액	사업자번호	코드	거래처분류명	은행명
□	00102	가희화장품(주)		49,500,000	32,000,000	17,500,000	101-81-12341			

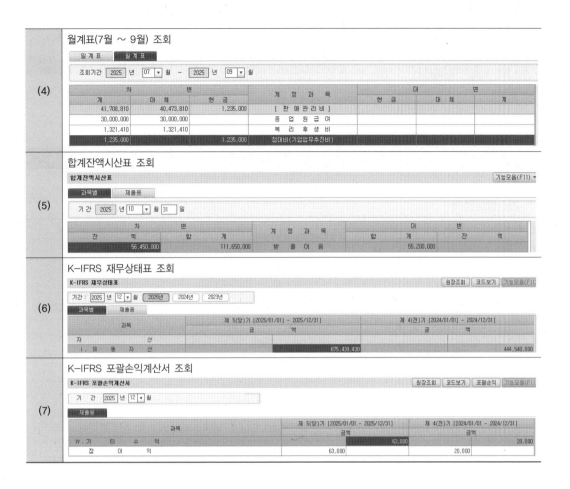

(4) 월계표(7월 ~ 9월) 조회

일계표	월계표

조회기간 2025 년 07 ▼ 월 ~ 2025 년 09 ▼ 월

차 변			계 정 과 목	대 변		
계	대 체	현 금		현 금	대 체	계
41,708,810	40,473,810	1,235,000	[판 매 관 리 비]			
30,000,000	30,000,000		종 업 원 급 여			
1,321,410	1,321,410		복 리 후 생 비			
1,235,000		1,235,000	접대비(기업업무추진비)			

(5) 합계잔액시산표 조회

합계잔액시산표   기능모음(F11) ▼

과목별	제출용

기 간 2025 년 10 ▼ 월 31 일

차 변			계 정 과 목	대 변		
잔 액	합 계			합 계		잔 액
56,450,000		111,650,000	받 을 어 음		55,200,000	

(6) K-IFRS 재무상태표 조회

K-IFRS 재무상태표   원장조회   코드보기   기능모음(F11)

기간 : 2025 년 12 ▼ 월   2025년   2024년   2023년

과목별	제출용

과목	제 5(당)기 [2025/01/01 ~ 2025/12/31]		제 4(전)기 [2024/01/01 ~ 2024/12/31]	
	금 액		금 액	
자 산				
Ⅰ. 유 동 자 산		675,439,430		444,540,000

(7) K-IFRS 포괄손익계산서 조회

K-IFRS 포괄손익계산서   원장조회   코드보기   포괄손익   기능모음(F11)

기 간 2025 년 12 ▼ 월

제출용

과목	제 5(당)기 [2025/01/01 ~ 2025/12/31]		제 4(전)기 [2024/01/01 ~ 2024/12/31]	
	금액		금액	
Ⅳ. 기 타 수 익		63,000		20,000
잡 이 익	63,000		20,000	

PART 3

▶ 영우악기(주) [회사코드 2006]

01 기준정보입력

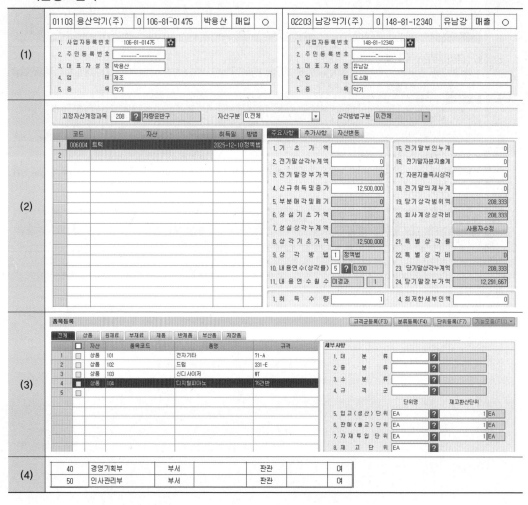

(1) [일반전표입력] 12월 3일 (11월 3일 전표 확인 : 가지급금(조남기) 300,000원)

구분	코드	계정과목	코드	거래처	적요	차변	대변
대변	134	가지급금	00310	조남기			300,000
차변	812	여비교통비				330,000	
대변	101	현금					30,000

(2) [일반전표입력] 12월 5일

구분	코드	계정과목	코드	거래처	적요	차변	대변
대변	101	현금					3,000,000
차변	105	정기적금	98000	외환은행(정기)		3,000,000	

(3) [입고입력] 12월 8일 : 입고입력(지급구분 : 외상) → 전표추가 → 전송

[매입매출전표] 12월 8일 : [1.전자입력]

구분	코드	계정과목	차변	대변	코드	거래처	적요	관리
대변	251	외상매입금		132,000,000	00313	창조악기(주)	디지털피아노 200 X 600,000	
차변	135	부가가치세대급금	12,000,000		00313	창조악기(주)	디지털피아노 200 X 600,000	
차변	146	상품	120,000,000		00313	창조악기(주)	디지털피아노 200 X 600,000	

(4) [일반전표입력] 12월 10일

구분	코드	계정과목	코드	거래처	적요	차변	대변
차변	208	차량운반구				12,500,000	
대변	253	미지급금	00105	사랑자동차(주)			12,000,000
대변	101	현금					500,000

(5) [일반전표입력] 12월 12일

구분	코드	계정과목	코드	거래처	적요	차변	대변
차변	103	보통예금	98004	기업은행(보통)		10,000,000	
대변	108	외상매출금	00101	도레미악기(주)			10,000,000

(6) [출고입력] 12월 17일 : 출고입력(수금구분 : 외상) → 전표추가 → 전송

[매입매출전표] 12월 17일 : [1.전자입력]

구분	코드	계정과목	차변	대변	코드	거래처	적요	관리
차변	108	외상매출금	145,200,000		00104	서울악기(주)	디지털피아노외	
대변	255	부가가치세예수금		13,200,000	00104	서울악기(주)	디지털피아노외	
대변	401	상품매출		132,000,000	00104	서울악기(주)	디지털피아노외	

(7)

[일반전표입력] 12월 19일

구분	코드	계정과목	코드	거래처	적요	차변	대변
차변	253	미지급금	99600	대한카드		1,200,000	
대변	103	보통예금	98004	기업은행(보통)			1,200,000

(8)

[일반전표입력] 12월 22일 : **[자금관리 F3]** 지급어음 관리내역 입력

구분	코드	계정과목	코드	거래처	적요	차변	대변
차변	252	지급어음	00201	제일가전(주)	가나20140004-결제-[E	20,000,000	
대변	102	당좌예금	98003	신한은행(당좌)			20,000,000

● 지급어음 관리 　　　　　　　　　　　　　　　　　　　　　　　　　　　　　　　　　　삭제(F5)

어음상태	3	결제	어음번호	가나20140004	어음종류	1	어음	발 행 일	2025-09-30
만 기 일		2025-12-22	지 급 은 행	98003	신한은행(당좌)	지 점			

(9)

[일반전표입력] 12월 30일

구분	코드	계정과목	코드	거래처	적요	차변	대변
차변	931	이자비용				1,350,000	
대변	101	현금					1,350,000

03 결산

(1)

[일반전표입력] 12월 31일

구분	코드	계정과목	코드	거래처	적요	차변	대변
차변	133	선급비용				300,000	
대변	821	보험료					300,000

(2)

[일반전표입력] 12월 31일

구분	코드	계정과목	코드	거래처	적요	차변	대변
차변	107	당기손익-공정가치측정금융자산				500,000	
대변	905	당기손익-공정가치측정금융자산평가이익					500,000

(3)

[합계잔액시산표] 매출채권과 대손충당금 잔액 확인하여 1% 보충설정액 계산

• 외상매출금의 대손충당금 보충설정액 : (274,300,000원 × 1%) − 660,000원 = 2,083,000원
• 받을어음의 대손충당금 보충설정액 : (64,450,000원 × 1%) − 50,000원 = 594,500원

[결산자료입력] 대손상각 매출채권의 보충설정액 입력

과	목	결산분개금액	결산입력사항금액	결산금액(합계)
5). 대손상각			2,677,500	2,677,500
	외상매출금		2,083,000	
	받을어음		594,500	

(4)

[원가경비별감가상각명세서] 자산별 당기상각비 확인

[유형자산] [무형자산] [유형자산총괄] [무형자산총괄]

경비구분 [0.전체 ▼] 　 자산구분 [유형자산전체 ▼]

	경비구분		계정	기초가액	당기증감	기말잔액	전기말상각누	상각대상금액	당기상각비	당기말상각누	미상각잔액
1	800	변대	건물	180,000,000		180,000,000	20,000,000	180,000,000	4,500,000	24,500,000	155,500,000
2	800	변대	차량운반구		12,500,000	12,500,000		12,500,000	208,333	208,333	12,291,667
3	800	변대	비품	6,470,000		6,470,000	2,255,000	4,215,000	1,900,965	4,155,965	2,314,035
4			800번대 경비소계	186,470,000	12,500,000	198,970,000	22,255,000	196,715,000	6,609,298	28,864,298	170,105,702

[결산자료입력] 감가상각비 자산별로 입력

과	목	결산분개금액	결산입력사항금액	결산금액(합계)
4). 감가상각비			6,609,298	6,609,298
	건물		4,500,000	
	차량운반구		208,333	
	비품		1,900,965	

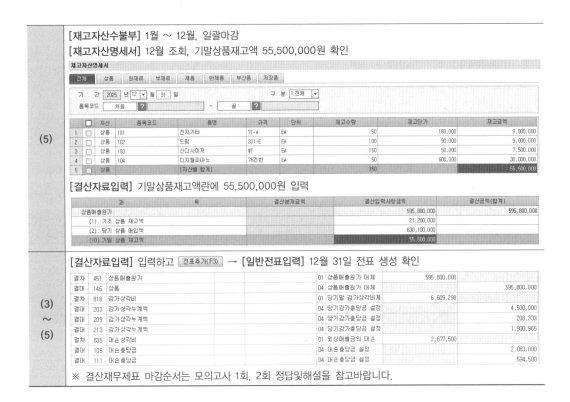

(5)	[재고자산수불부] 1월 ~ 12월, 일괄마감 [재고자산명세서] 12월 조회, 기말상품재고액 55,500,000원 확인 [결산자료입력] 기말상품재고액란에 55,500,000원 입력

재고자산명세서

	자산	품목코드	품명	규격	단위	재고수량	재고단가	재고금액
1	상품	101	전자기타	기-A	EA	50	180,000	9,000,000
2	상품	102	드럼	331-E	EA	100	90,000	9,000,000
3	상품	103	신디사이저	WT	EA	150	50,000	7,500,000
4	상품	104	디지털피아노	76건반	EA	50	600,000	30,000,000
5	상품		[자산별 합계]			350		55,500,000

과	목	결산분개금액	결산입력사항금액	결산금액(합계)
상품매출원가			595,800,000	595,800,000
(1). 기초 상품 재고액			21,200,000	
(2). 당기 상품 매입액			630,100,000	
(10).기말 상품 재고액			55,500,000	

(3) ~ (5)	[결산자료입력] 입력하고 [전표추가(F3)] → [일반전표입력] 12월 31일 전표 생성 확인

결차	451	상품매출원가		01	상품매출원가 대체	595,800,000	
결대	146	상품		04	상품매출원가 대체		595,800,000
결차	818	감가상각비		01	당기말 감가상각비계	6,609,298	
결대	203	감가상각누계액		04	당기감가충당금 설정		4,500,000
결대	209	감가상각누계액		04	당기감가충당금 설정		208,333
결대	213	감가상각누계액		04	당기감가충당금 설정		1,900,965
결차	835	대손상각비		01	외상매출금의 대손	2,677,500	
결대	109	대손충당금		04	대손충당금 설정		2,083,000
결대	111	대손충당금		04	대손충당금 설정		594,500

※ 결산재무제표 마감순서는 모의고사 1회, 2회 정답및해설을 참고바랍니다.

04 장부조회

(1)	3,610,000	(2)	570
(3)	1,500,000	(4)	233,121,110
(5)	13,141,270	(6)	1,050,000
(7)	8,500,000		

(1)	월계표(차변-현금-금월소계) 또는 총계정원장, 현금출납장 조회

월계표

조회기간 2025 년 01 월 ~ 2025 년 05 월

	차 변		계 정 과 목		대 변	
계	대 체	현 금		현 금	대 체	계
1,000,000		1,000,000	소 모 품 비			
350,000		350,000	수 수 료 비 용			
3,600,000	3,600,000		광 고 선 전 비			
			[영 업 외 수 익]	800,000		800,000
			배 당 금 수 익	800,000		800,000
926,851,400	923,241,400	3,610,000	금 월 소 계	23,800,000	923,241,400	947,041,400

(2)	재고자산수불부(또는 품목별 구매현황) 조회

품목별 구매현황

구 분 1.구매 기 간 2025 년 01 월 01 일 ~ 2025 년 06 월 30 일
품 목 코 드 101 전자기타 ~ 101 전자기타

	자산	품목코드	품명
1	상품	101	전자기타
	합	계	

	일자	코드	거래처명	수량	단가	공급가액	부가세	합계금액
1	02-07	00201	제일가전(주)	150	180,000	27,000,000	2,700,000	29,700,000
2	04-08	00201	제일가전(주)	220	180,000	39,600,000	3,960,000	43,560,000
3	06-23	00201	제일가전(주)	200	180,000	36,000,000	3,600,000	39,600,000
	합	계		570		102,600,000	10,260,000	112,860,000

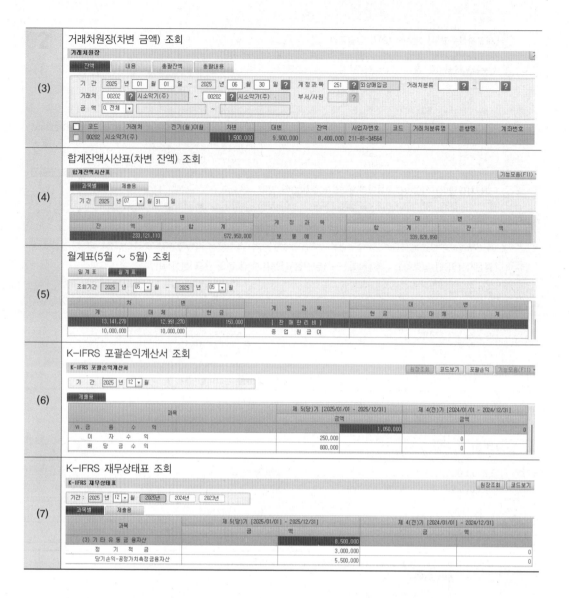

(3) 거래처원장(차변 금액) 조회

거래처원장

잔액	내용	총괄잔액	총괄내용

기 간 2025 년 01 월 01 일 ~ 2025 년 06 월 30 일 [?] 계정과목 251 [?] 외상매입금   거래처분류 [ ] [?] ~ [ ] [?]
거래처 00202 [?] 시소약가(주) ~ 00202 [?] 시소약가(주)   부서/사원 [ ] [?]
금 액 0. 전체 ▼ [   ] ~ [   ]

☐	코드	거래처	전기(월)이월	차변	대변	잔액	사업자번호	코드	거래처분류명	은행명	계좌번호
☐	00202	시소약가(주)		1,500,000	9,900,000	8,400,000	211-81-34564				

(4) 합계잔액시산표(차변 잔액) 조회

합계잔액시산표   기능모음(F11) ▼

과목별	제출용

기 간 2025 년 07 ▼ 월 31 일

차 변			계 정 과 목	대 변		
잔 액	합 계			합 계	잔 액	
233,121,110	572,950,000		보 통 예 금	339,828,890		

(5) 월계표(5월 ~ 5월) 조회

일계표	월계표

조회기간 2025 년 05 ▼ 월 ~ 2025 년 05 ▼ 월

차 변			계 정 과 목	대 변		
계	대 체	현 금		현 금	대 체	계
13,141,270	12,991,270	150,000	[판 매 관 리 비]			
10,000,000	10,000,000		종 업 원 급 여			

(6) K-IFRS 포괄손익계산서 조회

K-IFRS 포괄손익계산서   원장조회 코드보기 포괄손익 기능모음(F11) ▼

기 간 2025 년 12 ▼ 월

제출용	

과목	제 5(당)기 [2025/01/01 ~ 2025/12/31]		제 4(전)기 [2024/01/01 ~ 2024/12/31]	
	금액		금액	
Ⅵ. 금 융 수 익		1,050,000		0
이 자 수 익	250,000		0	
배 당 금 수 익	800,000		0	

(7) K-IFRS 재무상태표 조회

K-IFRS 재무상태표   원장조회 코드보기

기간: 2025 년 12 ▼ 월   2025년 2024년 2023년

과목별	제출용

과목	제 5(당)기 [2025/01/01 ~ 2025/12/31]		제 4(전)기 [2024/01/01 ~ 2024/12/31]	
	금 액		금 액	
(3) 기 타 유 동 금 융 자 산		8,500,000		
정 기 적 금		3,000,000		0
당기손익-공정가치측정금융자산		5,500,000		0

제7회 모의고사 정답 및 해설

▶ **파랑문구(주) [회사코드 2007]**

01 기준정보입력

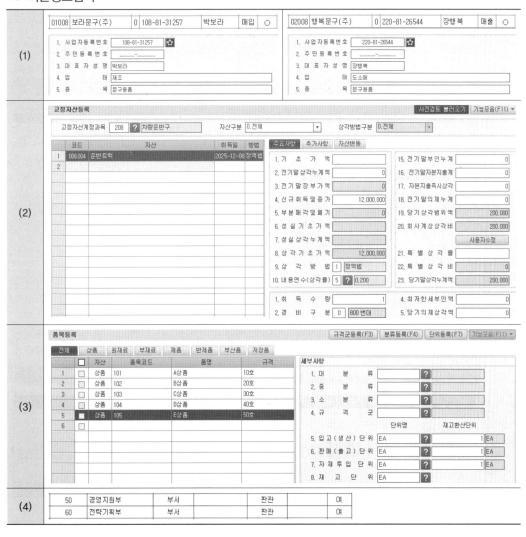

| (1) | 01008 보라문구(주) | 0 | 108-81-31257 | 박보라 | 매입 | ○ | 02008 행복문구(주) | 0 | 220-81-26544 | 장행복 | 매출 | ○ |

(1)

보라문구(주)
1. 사업자등록번호 108-81-31257
2. 주민등록번호   ------ - -------
3. 대표자성명   박보라
4. 업   태   제조
5. 종   목   문구용품

행복문구(주)
1. 사업자등록번호 220-81-26544
2. 주민등록번호   ------ - -------
3. 대표자성명   장행복
4. 업   태   도소매
5. 종   목   문구용품

(2) 고정자산등록

고정자산계정과목 208 ? 차량운반구   자산구분 0.전체   상각방법구분 0.전체

	코드	자산	취득일	방법
1	006.004	운반트럭	2025-12-08	정액법
2				

주요사항 | 추가사항 | 자산변동

1. 기초가액
2. 전기말상각누계액 0
3. 전기말장부가액 0
4. 신규취득및증가 12,000,000
5. 부분매각및폐기 0
6. 성실기초가액 0
7. 성실상각누계액
8. 상각기초가액 12,000,000
9. 상각방법 1 정액법
10. 내용연수(상각률) 5 ? 0.200

15. 전기말부인누계 0
16. 전기말자본지출계 0
17. 자본지출즉시상각
18. 전기말의제누계 0
19. 당기상각범위액 200,000
20. 회사계상상각비 200,000
      사용자수정
21. 특별상각률
22. 특별상각비 0
23. 당기말상각누계액 200,000

1. 취득수량 1
2. 경비구분 0 800 번대

4. 최저한세부인액 0
5. 당기의제상각액 0

(3) 품목등록

전체 | 상품 | 원재료 | 부재료 | 제품 | 반제품 | 부산품 | 저장품

	자산	품목코드	품명	규격
1	상품	101	A상품	10호
2	상품	102	B상품	20호
3	상품	103	C상품	30호
4	상품	104	D상품	40호
5	상품	105	E상품	50호
6				

세부사항

1. 대 분 류 ?
2. 중 분 류 ?
3. 소 분 류 ?
4. 규 격 군 ?

           단위명   재고환산단위
5. 입고(생산)단위 EA ? 1 EA
6. 판매(출고)단위 EA ? 1 EA
7. 자재투입단위 EA ? 1 EA
8. 재고단위 EA ?

(4)

50	경영지원부	부서		판관		여
60	전략기획부	부서		판관		여

02 전표입력

(1)

[일반전표입력] 12월 5일 : [자금관리 F3] 지급어음 관리내역 입력

구분	코드	계정과목	코드	거래처	적요	차변	대변
차변	252	지급어음	00202	신역문구(주)	가라55551114-결	34,100,000	
대변	102	당좌예금	98004	기업은행(당좌)			34,100,000

● 지급어음 관리 　　　　　　　　　　　　　　　　　　　　　　　　　 삭제(F5)

어음상태	3	결제	어음번호	가라55551114		어음종류	1	어음	발 행 일	2025-10-10
만 기 일		2025-12-05	지급은행	98004	기업은행(당좌)	지 점				

: 어음번호는 조회하여 선택한다.

(2)

[일반전표입력] 12월 8일

구분	코드	계정과목	코드	거래처	적요	차변	대변
차변	208	차량운반구				12,000,000	
대변	103	보통예금	98001	국민은행(보통)			12,000,000

(3)

[입고입력] 12월 11일 : 입고입력(지급구분 : 혼합) 어음란에 입력 → 전표추가 → 전송

입고입력　　　　　　　　　　복사/이동(Ctrl+A) 현재고(F4) 미지급금(F7) 전표추가(F3) 기능모음(F11) ▼

일 자 2025 년 12 월 11 일 ?　빠른검색　　　　　　　　　　　　　　　거래처정보 보이기

NO	□	일	처리구분	참조문서	코드	거래처명	코드	부서/사원명	납기일자	입고번호	지급구분	전송	수정
1	□	11	건별과세		00105	보라문구(주)			2025-12-11	2025121100001	혼합	전송	

NO	□	자산	품목코드	품목명	규격	단위	수량	단가	공급가액	부가세	합계금액	코드	창고명
1	■	상품	105	E상품	50호	EA	600	30,000	18,000,000	1,800,000	19,800,000		

현금	수표(당좌수표)	어음	예금	카드	선수금(선급금)	외상	할인금액	합계	프로젝트명
		19,800,000						19,800,000	

[어음등록] 12월 11일

어음책등록　　　　　　　　　　　　　　✕

1. 수　　령　　일　2025-12-11 ?
2. 어　음　종　류　1.어음 ▼
3. 구　　　　분　　수령
4. 어 음 으로 대 체　▼
5. 금　융　기　관　98004 ? 기업은행(당좌)
6. 시 작 어 음 번 호　가라 12589645 ?
7. 매　　　　수　　　　　1

전자어음일괄등록 | 등록(F3) | 편집(F4) | 종료(Esc)

[매입매출전표] 12월 11일 : [1.전자입력], [자금관리 F3] 지급어음 관리내역 입력

매입매출전표입력 123-81-54680　　복수거래 수정세금계산서 어음등록 검색 ▼ 복사(F4) 이동(Ctrl+F4) 기능모음(F11) ▼

일자 2025 년 12 ▼ 월 11 일 현금잔액 138,460,000원　　　　　　　　　입고입력 복수 매입 　50001

□	일	유형	품명	수량	단가	공급가액	부가세	합계	코드	거래처명	사업.주민번호	전자세금	분개
■	11	과세	E상품	600	30,000	18,000,000	1,800,000	19,800,000	00105	보라문구(주)	108-81-31257	전자입력	혼합
□	11												

자금관리　　　　　　　　　　　　　　　　　　　　　　　　　✕

● 지급어음 관리

어음상태	2	발행	어음번호	가라12589645		어음종류	1	어음	발 행 일	2025-12-11
만 기 일		2026-01-20	지급은행	98004	기업은행(당좌)	지 점				

※ 어음번호를 입력합니다.　　　　　　　　　　　　　　　　삭제(F5) | 닫기

| | 업체별 소계 | | 600 | | 18,000,000 | 1,800,000 | 19,800,000 | | | | |

구분	코드	계정과목	차변	대변	코드	거래처	적요	관리
차변	135	부가가치세대급금	1,800,000		00105	보라문구(주)	E상품 600 X 30,000	
차변	146	상품	18,000,000		00105	보라문구(주)	E상품 600 X 30,000	
대변	252	지급어음		19,800,000	00105	보라문구(주)	가라12589645-발행-[만기일자:202	지급어음

(4) [일반전표입력] 12월 12일

구분	코드	계정과목	코드	거래처	적요	차변	대변
차변	103	보통예금	98001	국민은행(보통)		300,000	
대변	257	가수금					300,000

(5) [일반전표입력] 12월 17일

구분	코드	계정과목	코드	거래처	적요	차변	대변
차변	103	보통예금	98001	국민은행(보통)		2,950,000	
대변	107	당기손익-공정가치측정금융자산					2,500,000
대변	906	당기손익-공정가치측정금융자산처분이익					450,000

(6) [출고입력] 12월 19일 : 출고입력(수금구분 : 외상) → 전표추가 → 전송

출고입력 [복사이동(Ctrl+A)] [현재고(F4)] [미수금(F7)] [전표추가] [기능모음(F11) ▼]

일 자 2025 년 12 월 19 일 ? [빠른검색]   [거래처정보 보이기]

NO	□	일	처리구분	참조문서	코드	거래처명	코드	부서/사원명	납기일자	출고번호	수금구분	전송	수정
1	□	19	건별과세		00106	행복문구(주)			2025-12-19	2025121900001	외상	전송	

NO	□	자산	품목코드	출고품목명	규격	단위	수량	단가	공급가액	부가세	합계금액	코드	창고명
1	□	상품	101	A상품	10호	EA	300	100,000	30,000,000	3,000,000	33,000,000		
2	□	상품	102	B상품	20호	EA	100	80,000	8,000,000	800,000	8,800,000		

현금	수표(당좌수표)	어음	예금	카드	선수금(선금금)	외상	할인금액	합계	프로젝트명
						41,800,000		41,800,000	

[매입매출전표] 12월 19일 : [1.전자입력]

매입매출전표입력 123-81-54680 [복수거래] [수정세금계산서] [어음등록] [검색 ▼] [복사(F4)] [이동(Ctrl+F4)] [기능모음(F11) ▼]

일자 2025 년 12 ▼ 월 19 일 현금잔액 138,460,000원   [출고입력] [복수] [매출] 50001

□	일	유형	품명	수량	단가	공급가액	부가세	합계	코드	거래처명	사업.주민번호	전자세금	분개
■	19	과세	A상품외			38,000,000	3,800,000	41,800,000	00106	행복문구(주)	220-81-26544	전자입력	외상

구분	코드	계정과목	차변	대변	코드	거래처	적요	관리
차변	108	외상매출금	41,800,000		00106	행복문구(주)	A상품외	
대변	255	부가가치세예수금		3,800,000	00106	행복문구(주)	A상품외	
대변	401	상품매출		38,000,000	00106	행복문구(주)	A상품외	

(7) [일반전표입력] 12월 22일

번호	구분	코드	계정과목	코드	거래처	적요	차변	대변
00001	차변	101	현금				15,000,000	
00001	대변	108	외상매출금	00102	우성문구(주)			15,000,000

(8) [일반전표입력] 12월 23일

구분	코드	계정과목	코드	거래처	적요	차변	대변
차변	101	현금				30,000,000	
대변	293	장기차입금	98005	하나은행			30,000,000

(9) [일반전표입력] 12월 30일

구분	코드	계정과목	코드	거래처	적요	차변	대변
차변	811	복리후생비				500,000	
차변	933	기부금				200,000	
대변	101	현금					700,000

03 결산

(1) [일반전표입력] 12월 31일 (임차료 12,000,000원 중 미경과분 6,000,000원)

구분	코드	계정과목	코드	거래처	적요	차변	대변
대변	819	임차료					6,000,000
차변	133	선급비용				6,000,000	

(2) [일반전표입력] 12월 31일

구분	코드	계정과목	코드	거래처	적요	차변	대변
차변	116	미수수익				1,200,000	
대변	901	이자수익					1,200,000

PART 3

(3)	**[합계잔액시산표]** 매출채권과 대손충당금 잔액 확인하여 1% 보충설정액 계산 • 외상매출금의 대손충당금 보충설정액 : (165,900,000원 × 1%) − 660,000원 = 999,000원 • 받을어음의 대손충당금 보충설정액 : (56,450,000원 × 1%) − 100,000원 = 464,500원 **[결산자료입력]** 대손상각 매출채권의 보충설정액 입력

과 목	결산분개금액	결산입력사항금액	결산금액(합계)
5). 대손상각		1,463,500	1,463,500
외상매출금		999,000	
받을어음		464,500	

[원가경비별감가상각명세서] 자산별 당기상각비 확인

유형자산	무형자산	유형자산총괄	무형자산총괄

경비구분 0.전체 ▼   자산구분 1.일괄제외시 ▼

	경비구분	계정	기초가액	당기증감	기말잔액	전기말상각누…	상각대상금액	당기상각비	당기말상각누…
1	800 번대	건물	150,000,000		150,000,000	20,000,000	150,000,000	3,750,000	23,750,000
2	800 번대	차량운반구		12,000,000	12,000,000		12,000,000	200,000	200,000
3	800 번대	비품	4,890,000		4,890,000	2,255,000	2,635,000	1,188,385	3,443,385
4		800번대 경비소계	154,890,000	12,000,000	166,890,000	22,255,000	164,635,000	5,138,385	27,393,385

[결산자료입력] 감가상각비 자산별로 입력

과 목	결산분개금액	결산입력사항금액	결산금액(합계)
4). 감가상각비		5,138,385	5,138,385
건물		3,750,000	
차량운반구		200,000	
비품		1,188,385	

[재고자산수불부] 1월 ~ 12월, 일괄마감
[재고자산명세서] 12월 조회, 기말상품재고액 113,850,000원 확인

재고자산명세서

전체	상품	원재료	부재료	제품	반제품	부산품	저장품

기 간 2025 년 12 ▼ 월 31 일   구 분 1.전체 ▼
품목코드 처음 ? ~ 끝 ?

	자산	품목코드	품명	규격	단위	재고수량	재고단가	재고금액
1	상품	101	A상품	10호	EA	280	180,000	50,400,000
2	상품	102	B상품	20호	EA	380	90,000	34,200,000
3	상품	103	C상품	30호	EA	150	50,000	7,500,000
4	상품	104	D상품	40호	EA	150	25,000	3,750,000
5	상품	105	E상품	50호	EA	600	30,000	18,000,000
6	상품		[자산별 합계]			1,560		113,850,000

[결산자료입력] 기말상품재고액란에 113,850,000원 입력

과 목	결산분개금액	결산입력사항금액	결산금액(합계)
상품매출원가		563,400,000	563,400,000
(1). 기초 상품 재고액		21,200,000	
(2). 당기 상품 매입액		656,050,000	
(10).기말 상품 재고액		113,850,000	

[결산자료입력] 입력하고 전표추가(F3) → **[일반전표입력]** 12월 31일 전표 생성 확인

결차	451	상품매출원가		01 상품매출원가 대…	563,400,000	
결대	146	상품		04 상품매출원가 대…		563,400,000
결차	818	감가상각비		01 당기말 감가상각…	5,138,385	
결대	203	감가상각누계액		04 당기감가충당금 …		3,750,000
결대	209	감가상각누계액		04 당기감가충당금 …		200,000
결대	213	감가상각누계액		04 당기감가충당금 …		1,188,385
결차	835	대손상각비		01 외상매출금의 대…	1,463,500	
결대	109	대손충당금		04 대손충당금 설정		999,000
결대	111	대손충당금		04 대손충당금 설정		464,500

※ 결산재무제표 마감순서는 모의고사 1회, 2회 정답및해설을 참고바랍니다.

04 장부조회

(1)	2,240,000	(2)	900
(3)	18,671,270	(4)	20,000,000
(5)	257,846,030	(6)	305,435,000
(7)	80,000,000		

(1) 월계표(또는 총계정원장, 현금출납장) 조회

일계표 **월계표**

조회기간 2025 년 01 ▼ 월 ~ 2025 년 04 ▼ 월

차		변	계 정 과 목	대		변
계	대 체	현 금		현 금	대 체	계
801,607,120	799,367,120	2,240,000	금 월 소 계	20,800,000	799,367,120	820,167,120

(2) 재고자산수불부(또는 품목별 판매현황) 조회

기능모음

품목별 판매현황

전체 상품 원재료 부재료 제품 반제품 부산품 저장품 순위표

구 분 1.판매 ▼ 기 간 2025 년 01 월 01 일 ~ 2025 년 06 월 30 일 ? 상세검색
품목코드 102 ? B상품 ~ 102 ? B상품

	자산	품목코드	품명
1	상품	102	B상품
	합		계

	일자	코드	거래처명	수량	단가	공급가액	부가세
1	01-28	00102	우성문구(주)	150	150,000	22,500,000	2,250,000
2	03-09	00102	우성문구(주)	200	150,000	30,000,000	3,000,000
3	04-24	00102	우성문구(주)	300	150,000	45,000,000	4,500,000
4	06-26	00102	우성문구(주)	250	150,000	37,500,000	3,750,000
	합		계	900		135,000,000	13,500,000

(3) 월계표(1월부터 6월까지 월별로 비교) 조회

1월 ~ 1월 : 13,101,270원, 2월 ~ 2월 : 14,151,270원, 3월 ~ 3월 : 17,391,270원
4월 ~ 4월 : 15,561,270원, 5월 ~ 5월 : 13,141,270원, 6월 ~ 6월 : 18,671,270원

일계표 **월계표**

조회기간 2025 년 06 ▼ 월 ~ 2025 년 06 ▼ 월

차		변	계 정 과 목	대		변
계	대 체	현 금		현 금	대 체	계
18,671,270	18,341,270	330,000	[판 매 관 리 비]			

(4) 거래처원장 조회

기능모음(F11)

거래처원장

잔액 내용 총괄잔액 총괄내용

기 간 2025 년 01 월 01 일 ~ 2025 년 09 월 30 일 ? 계정과목 252 ? 지급어음 거래처분류 ? ~ ?
거래처 00201 ? 재일문구(주) ~ 00201 ? 재일문구(주) 부서/사원 ?
금 액 0.전체 ▼ ~

	코드	거래처	전기(월)이월	차변	대변	잔액	사업자번호	코드	거래처분류명	은행명	계좌번호
	00201	재일문구(주)		39,600,000	59,600,000	20,000,000	211-61-87421				

(5) 합계잔액시산표 조회

기능모음(F11)

합계잔액시산표

과목별 제출용

기 간 2025 년 11 월 30 일

차		변	계 정 과 목	대		변
잔 액	합	계		합	계	잔 액
257,846,030		841,550,000	보 통 예 금		583,703,970	

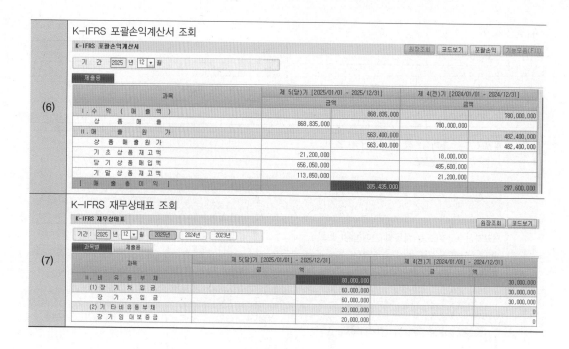

(6) K-IFRS 포괄손익계산서 조회

K-IFRS 포괄손익계산서 [원장조회] [코드보기] [포괄손익] [기능모음(F11)]

기 간 2025 년 12 ▼ 월

제출용

과목	제 5(당)기 [2025/01/01 ~ 2025/12/31] 금액		제 4(전)기 [2024/01/01 ~ 2024/12/31] 금액	
Ⅰ. 수 익 (매 출 액)		868,835,000		780,000,000
상 품 매 출	868,835,000		780,000,000	
Ⅱ. 매 출 원 가		563,400,000		482,400,000
상 품 매 출 원 가		563,400,000		482,400,000
기 초 상 품 재 고 액	21,200,000		18,000,000	
당 기 상 품 매 입 액	656,050,000		485,600,000	
기 말 상 품 재 고 액	113,850,000		21,200,000	
[매 출 총 이 익]		305,435,000		297,600,000

(7) K-IFRS 재무상태표 조회

K-IFRS 재무상태표 [원장조회] [코드보기]

기간 : 2025 년 12 ▼ 월 [2025년] [2024년] [2023년]

과목별 제출용

과목	제 5(당)기 [2025/01/01 ~ 2025/12/31] 금액		제 4(전)기 [2024/01/01 ~ 2024/12/31] 금액	
Ⅱ. 비 유 동 부 채		80,000,000		30,000,000
(1) 장 기 차 입 금		60,000,000		30,000,000
장 기 차 입 금		60,000,000		30,000,000
(2) 기 타 비 유 동 부 채		20,000,000		0
장 기 임 대 보 증 금		20,000,000		0

제8회 모의고사 정답 및 해설

> 우리컴(주) [회사코드 2008]

01 기준정보입력

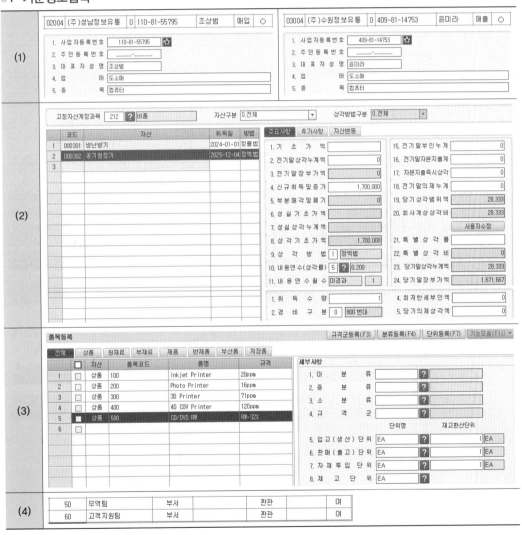

PART 3

(1)

[일반전표입력] 12월 4일

구분	코드	계정과목	코드	거래처	적요	차변	대변
차변	212	비품				1,700,000	
대변	101	현금					1,700,000

(2)

[일반전표입력] 12월 6일

구분	코드	계정과목	코드	거래처	적요	차변	대변
차변	825	교육훈련비				1,000,000	
대변	254	예수금					88,000
대변	101	현금					912,000

(3)

[일반전표입력] 12월 8일

구분	코드	계정과목	코드	거래처	적요	차변	대변
차변	264	유동성장기부채	98006	산업은행		50,000,000	
차변	931	이자비용				250,000	
대변	103	보통예금	98003	신한은행(보통)			50,250,000

(4)

[일반전표입력] 12월 10일

구분	코드	계정과목	코드	거래처	적요	차변	대변
차변	933	기부금				850,000	
대변	101	현금					850,000

(5)

[일반전표입력] 12월 11일

구분	코드	계정과목	코드	거래처	적요	차변	대변
차변	103	보통예금	98003	신한은행(보통)		5,000,000	
대변	259	선수금	00312	(주)광주정보통신			5,000,000

(6)

[입고입력] 12월 13일 : 입고입력(지급구분 : 외상) → 전표추가 → 전송

입고입력   복사/이동(Ctrl+A) 현재고(F4) 미지급금(F7) 전표추가(F3) 기능모음(F11) ▼

일 자 2025 년 12 월 13 일 ?   빠른검색   거래처정보 보이기

NO		일	처리구분	참조문서	코드	거래처명	코드	부서/사원명	납기일자	입고번호	지급구분	전송	수정
1		13	건별과세		00105	(주)대전정보유통			2025-12-13	2025121300001	외상	전송	

NO		자산	품목코드	품목명	규격	단위	수량	단가	공급가액	부가세	합계금액	코드	창고명
1		상품	100	Inkjet Printer	20ppm	EA	40	150,000	6,000,000	600,000	6,600,000		
2		상품	200	Photo Printer	16ppm	EA	50	300,000	15,000,000	1,500,000	16,500,000		

현금	수표(당좌수표)	어음	예금	카드	선수금(선급금)	외상	할인금액	합계	프로젝트명
						23,100,000		23,100,000	

[매입매출전표] 12월 13일 : [1.전자입력]

매입매출전표입력 133-81-26371   복수거래 수정세금계산서 어음등록 검색 ▼ 복사(F4) 이동(Ctrl+F4) 기능모음(F11) ▼

일자 2025 년 12 월 13 일 현금잔액 131,958,000원   입고입력 복수 매입 50001

	일	유형	품명	수량	단가	공급가액	부가세	합계	코드	거래처명	사업.주민번호	전자세금	분개
	13	과세	Photo Printer외			21,000,000	2,100,000	23,100,000	00105	(주)대전정보유통	106-86-43373	전자입력	외상
	13												
		업체별 소계				21,000,000	2,100,000	23,100,000					

구분	코드	계정과목	차변	대변	코드	거래처	적요	관리
대변	251	외상매입금		23,100,000	00105	(주)대전정보유통	Photo Printer외	
차변	135	부가가치세대급금	2,100,000		00105	(주)대전정보유통	Photo Printer외	
차변	146	상품	21,000,000		00105	(주)대전정보유통	Photo Printer외	

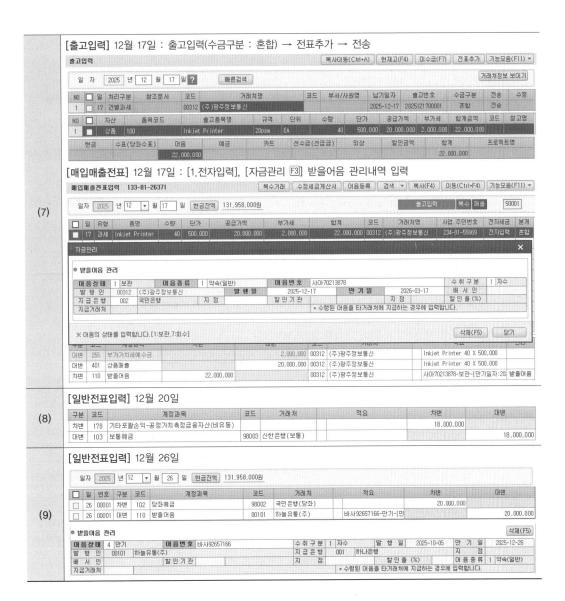

[출고입력] 12월 17일 : 출고입력(수금구분 : 혼합) → 전표추가 → 전송

[매입매출전표] 12월 17일 : [1.전자입력], [자금관리 F3] 받을어음 관리내역 입력

(7)

구분	코드	계정과목	차변	대변	코드	거래처	비고
대변	255	부가가치세예수금		2,000,000	00312	(주)광주정보통신	Inkjet Printer 40 X 500,000
대변	401	상품매출		20,000,000	00312	(주)광주정보통신	Inkjet Printer 40 X 500,000
차변	110	받을어음	22,000,000		00312	(주)광주정보통신	사아70213878-보관-[만기일자:20... 받을어음

(8)

[일반전표입력] 12월 20일

구분	코드	계정과목	코드	거래처	적요	차변	대변
차변	178	기타포괄손익-공정가치측정금융자산(비유동)				18,000,000	
대변	103	보통예금	98003	신한은행(보통)			18,000,000

(9)

[일반전표입력] 12월 26일

□	일	번호	구분	코드	계정과목	코드	거래처	적요	차변	대변
□	26	00001	차변	102	당좌예금	98002	국민은행(당좌)		20,000,000	
□	26	00001	대변	110	받을어음	00101	하늘유통(주)	바사92657166-만기-[만...		20,000,000

03 결산

(1)

[일반전표입력] 12월 31일

구분	코드	계정과목	코드	거래처	적요	차변	대변
차변	931	이자비용				1,600,000	
대변	262	미지급비용					1,600,000

(2)

[합계잔액시산표] 당기손익-공정가치측정금융자산 13,000,000원을 12,000,000원으로 평가

[일반전표입력] 12월 31일

차변	937	당기손익-공정가치측정금융자산평가손실				1,000,000	
대변	107	당기손익-공정가치측정금융자산					1,000,000

[원가경비별감가상각명세서] 자산별 당기상각비 확인

유형자산　무형자산　유형자산총괄　무형자산총괄

경비구분 [0.전체 ▼]　자산구분 [1.전체 표시 ▼]

	경비구분	계정	기초가액	당기증감	기말잔액	전기말상각누…	상각대상금액	당기상각비	당기말상각누…
1	800 번대	건물	150,000,000		150,000,000	20,000,000	150,000,000	3,750,000	23,750,000
2	800 번대	차량운반구	35,000,000		35,000,000	16,980,000	18,020,000	4,667,180	21,647,180
3	800 번대	비품	4,890,000		4,890,000	2,255,000	2,635,000	1,188,385	3,443,385
4	800 번대	비품		1,700,000	1,700,000		1,700,000	28,333	28,333
5		800번대 경비소계	189,890,000	1,700,000	191,590,000	39,235,000	172,355,000	9,633,898	48,868,898

(3)

[결산자료입력] 감가상각비 자산별로 입력

결산자료입력　　　　　　　　　　　　　　　　　　　전표추가(F3)　기능모음(F11) ▼

결 산 일 자 [2025] 년 [01 ▼] 월 부터 [2025] 년 [12 ▼] 월 까지

과	목	결산분개금액	결산입력사항금액	결산금액(합계)
4). 감가상각비			9,633,898	9,633,898
	건물		3,750,000	
	차량운반구		4,667,180	
	비품		1,216,718	

---

(4)

[합계잔액시산표] 매출채권과 대손충당금 잔액 확인하여 1% 보충설정액 계산

• 외상매출금의 대손충당금 보충설정액 : (139,100,000원 × 1%) − 800,000원 = 591,000원
• 받을어음의 대손충당금 보충설정액 : (78,450,000원 × 1%) − 120,000원 = 664,500원

[결산자료입력] 대손상각 매출채권의 보충설정액 입력

결산자료입력　　　　　　　　　　　　　　　　　　　전표추가(F3)　기능모음(F11) ▼

결 산 일 자 [2025] 년 [01 ▼] 월 부터 [2025] 년 [12 ▼] 월 까지

과	목	결산분개금액	결산입력사항금액	결산금액(합계)
5). 대손상각			1,255,500	1,255,500
	외상매출금		591,000	
	받을어음		664,500	

---

(5)

[재고자산수불부] 1월 ~ 12월, 일괄마감

[재고자산명세서] 12월 조회, 기말상품재고액 172,650,000원 확인

재고자산명세서

전체　상품　원재료　부재료　제품　반제품　부산품　저장품

기 간 [2025] 년 [12 ▼] 월 [31] 일　　　　　　구 분 [1.전체 ▼]
품목코드 [처음] [?]　　～　끝 [?]

		자산	품목코드	품명	규격	단위	재고수량	재고단가	재고금액
1	☐	상품	100	Inkjet Printer	20ppm	EA	540	180,000	97,200,000
2	☐	상품	100	Inkjet Printer	20ppm	EA	40	150,000	6,000,000
3	☐	상품	200	Photo Printer	16ppm	EA	480	90,000	43,200,000
4	☐	상품	200	Photo Printer	16ppm	EA	50	300,000	15,000,000
5	☐	상품	300	3D Printer	71ppm	EA	150	50,000	7,500,000
6	☐	상품	400	4D COV Printer	120ppm	EA	150	25,000	3,750,000
7	☐	상품		[자산별 합계]			1,410		172,650,000

[결산자료입력] 기말상품재고액란에 172,650,000원 입력

결산자료입력　　　　　　　　　　　　　　　　　　　전표추가(F3)　기능모음(F11) ▼

결 산 일 자 [2025] 년 [01 ▼] 월 부터 [2025] 년 [12 ▼] 월 까지

과	목	결산분개금액	결산입력사항금액	결산금액(합계)
상품매출원가			507,600,000	507,600,000
(1). 기초 상품 재고액			21,200,000	
(2). 당기 상품 매입액			659,050,000	
(10).기말 상품 재고액			172,650,000	

(3)~(5)	[결산자료입력] 입력하고 전표추가(F3) → [일반전표입력] 12월 31일 전표 생성 확인					
	결차	451	상품매출원가	01 상품매출원가	507,600,000	
	결대	146	상품	04 상품매출원가		507,600,000
	결차	818	감가상각비	01 당기말 감가상	9,633,898	
	결대	203	감가상각누계액	04 당기감가충당		3,750,000
	결대	209	감가상각누계액	04 당기감가충당		4,667,180
	결대	213	감가상각누계액	04 당기감가충당		1,216,718
	결차	835	대손상각비	01 외상매출금의	1,255,500	
	결대	109	대손충당금	04 대손충당금 설		591,000
	결대	111	대손충당금	04 대손충당금 설		664,500

※ 결산재무제표 마감순서는 모의고사 1회, 2회 정답및해설을 참고바랍니다.

04 장부조회

(1)	125,000,000	(2)	900
(3)	153,900,000	(4)	7
(5)	196,915,000	(6)	1,850,000
(7)	902,193,530		

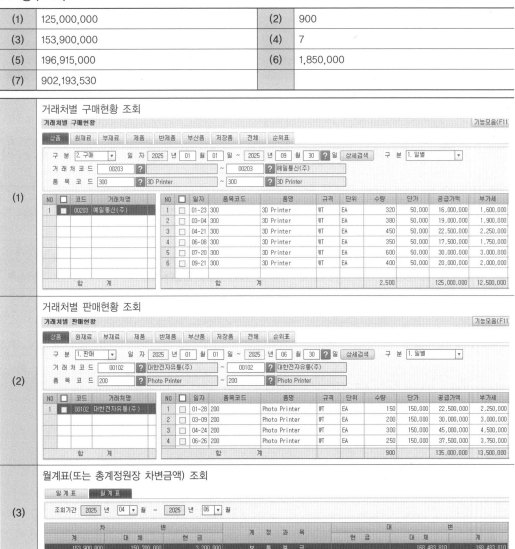

거래처별 구매현황 조회

거래처별 판매현황 조회

월계표(또는 총계정원장 차변금액) 조회

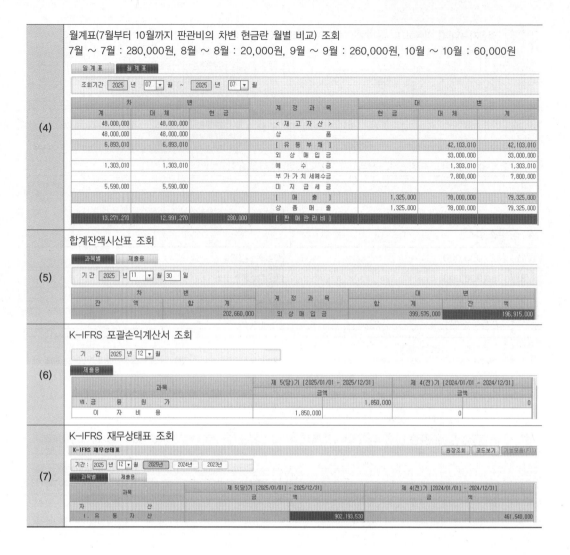

(4)	월계표(7월부터 10월까지 판관비의 차변 현금란 월별 비교) 조회 7월 ~ 7월 : 280,000원, 8월 ~ 8월 : 20,000, 9월 ~ 9월 : 260,000원, 10월 ~ 10월 : 60,000원

일 계 표　　　**월 계 표**

조회기간 2025 년 07 ▼ 월 ~ 2025 년 07 ▼ 월

차	변		계 정 과 목	대	변	
계	대 체	현 금		현 금	대 체	계
48,000,000	48,000,000		< 재 고 자 산 >			
48,000,000	48,000,000		상　　　품			
6,893,010	6,893,010		[유 동 부 채]		42,103,010	42,103,010
			외 상 매 입 금		33,000,000	33,000,000
1,303,010	1,303,010		예　　수　　금		1,303,010	1,303,010
			부 가 가 치 세 예 수 금		7,800,000	7,800,000
5,590,000	5,590,000		미 지 급 세 금			
			[매　　출]	1,325,000	78,000,000	79,325,000
			상 품 매 출	1,325,000	78,000,000	79,325,000
13,271,270	12,991,270	280,000	[판 매 관 리 비]			

(5)	합계잔액시산표 조회

과목별　　제출용

기간 2025 년 11 ▼ 월 30 일

차	변	계 정 과 목	대	변
잔　　액	합　　계		합　　계	잔　　액
	202,660,000	외 상 매 입 금	399,575,000	196,915,000

(6)	K-IFRS 포괄손익계산서 조회

기 간 2025 년 12 ▼ 월

제출용

과목	제 5(당)기 [2025/01/01 ~ 2025/12/31]		제 4(전)기 [2024/01/01 ~ 2024/12/31]	
	금액		금액	
Ⅶ. 금 융 원 가		1,850,000		0
이 자 비 용	1,850,000		0	

(7)	K-IFRS 재무상태표 조회

K-IFRS 재무상태표　　　　　　　　　　　　　　　　　원장조회　코드보기　기능모음(F11)

기간 : 2025 년 12 ▼ 월　2025년　2024년　2023년

과목별　　제출용

과목	제 5(당)기 [2025/01/01 ~ 2025/12/31]		제 4(전)기 [2024/01/01 ~ 2024/12/31]	
	금　　액		금　　액	
자　　　　산				
Ⅰ. 유 동 자 산		902,193,530		461,540,000

▶ **(주)을지유통 [회사코드 2009]**

01 기준정보입력

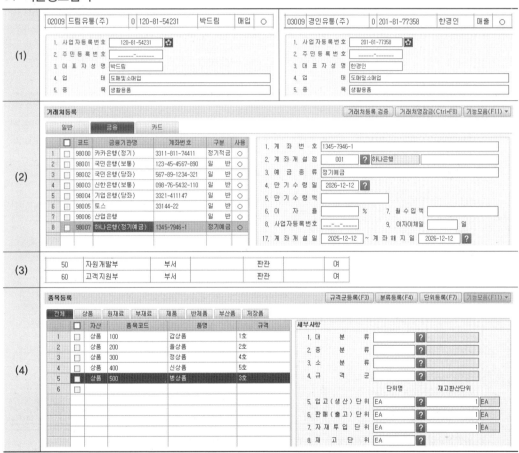

(1)

| 02009 드림유통(주) | 0 | 120-81-54231 | 박드림 | 매입 | ○ |

1. 사업자등록번호 120-81-54231
2. 주 민 등 록 번 호 ------
3. 대 표 자 성 명 박드림
4. 업   태 도매및소매업
5. 종   목 생활용품

| 03009 경인유통(주) | 0 | 201-81-77358 | 한경인 | 매출 | ○ |

1. 사업자등록번호 201-81-77358
2. 주 민 등 록 번 호 ------
3. 대 표 자 성 명 한경인
4. 업   태 도매및소매업
5. 종   목 생활용품

(2)

거래처등록

	코드	금융기관명	계좌번호	구분	사용
1	98000	카카오뱅크(정기)	3311-811-74411	정기적금	○
2	98001	국민은행(보통)	123-45-4567-890	일 반	○
3	98002	국민은행(당좌)	567-89-1234-321	일 반	○
4	98003	신한은행(보통)	098-76-5432-110	일 반	○
5	98004	기업은행(당좌)	3321-411147	일 반	○
6	98005	토스	33144-22	일 반	○
7	98006	산업은행		일 반	○
8	98007	하나은행(정기예금)	1345-7946-1	정기예금	○

1. 계 좌 번 호 1345-7946-1
2. 계 좌 개 설 점 001 하나은행
3. 예 금 종 류 정기예금
4. 만 기 수 령 일 2026-12-12
5. 만 기 수 령 액
6. 이   자   율   %   7. 월 수 입 액
8. 사업자등록번호 ------   9. 이자이체일   일
17. 계 좌 개 설 일 2025-12-12 ~ 계 좌 해 지 일 2026-12-12

(3)

| 50 | 자원개발부 | 부서 | | 판관 | 여 |
| 60 | 고객지원부 | 부서 | | 판관 | 여 |

(4)

품목등록

	자산	품목코드	품명	규격
1	상품	100	갑상품	1호
2	상품	200	을상품	2호
3	상품	300	정상품	4호
4	상품	400	신상품	5호
5	상품	500	병상품	3호
6				

세부사항

1. 대 분 류
2. 중 분 류
3. 소 분 류
4. 규 격 군
                      단위명   재고환산단위
5. 입고(생산)단위 EA   1 EA
6. 판매(출고)단위 EA   1 EA
7. 자재투입단위 EA   1 EA
8. 재 고 단 위 EA

02 전표입력

(1)

[일반전표입력] 12월 3일

구분	코드	계정과목	코드	거래처	적요	차변	대변
차변	257	가수금				1,500,000	
대변	108	외상매출금	00101	가온유통(주)			1,500,000

[입고입력] 12월 7일 : 입고입력(지급구분 : 외상) → 전표추가 → 전송

[매입매출전표] 12월 7일 : [1.전자입력]

(2)

구분	코드	계정과목	차변	대변	코드	거래처	적요	관리
대변	251	외상매입금		2,420,000	00107	현대유통	병상품 200 X 11,000	
차변	135	부가가치세대급금	220,000		00107	현대유통	병상품 200 X 11,000	
차변	146	상품	2,200,000		00107	현대유통	병상품 200 X 11,000	

[일반전표입력] 12월 10일

구분	코드	계정과목	코드	거래처	적요	차변	대변
차변	212	비품				3,600,000	
대변	103	보통예금	98001	국민은행(보통)			3,600,000

(3)

[일반전표입력] 12월 12일

(4)

구분	코드	계정과목	코드	거래처	적요	차변	대변
차변	104	정기예금	98007	하나은행(정기예금)		6,000,000	
대변	103	보통예금	98001	국민은행(보통)			6,000,000

[일반전표입력] 12월 17일 [자금관리 F3] 받을어음 관리내역 입력

(5)

	일	번호	구분	코드	계정과목	코드	거래처	적요	차변	대변
	17	00001	차변	110	받을어음	00103	강남웰빙유통(주)	아차40103333-!	15,000,000	
	17	00001	대변	108	외상매출금	00103	강남웰빙유통(주)			15,000,000

[일반전표입력] 12월 19일

(6)

구분	코드	계정과목	코드	거래처	적요	차변	대변
차변	103	보통예금	98001	국민은행(보통)		32,000	
대변	901	이자수익					32,000

(7)

[출고입력] 12월 20일 : 출고입력(수금구분 : 외상) → 전표추가 → 전송

출고입력 | 복사이동(Ctrl+A) | 현재고(F4) | 미수금(F7) | 전표추가 | 기능모음(F11) ▼

일 자 2025 년 12 월 20 일 [?] 빠른검색 | 거래처정보 보이기

NO	□	일	처리구분	참조문서	코드	거래처명	코드	부서/사원명	납기일자	출고번호	수금구분	전송	수정
1	□	20	건별과세		00108	(주)대림유통			2025-12-20	2025122000001	외상	전송	

NO	□	자산	품목코드	출고품명	규격	단위	수량	단가	공급가액	부가세	합계금액	코드	창고명
1	□	상품	200	흘상품	2호	EA	60	60,000	3,600,000	360,000	3,960,000		
2	□	상품	500	병상품	3호	EA	40	25,000	1,000,000	100,000	1,100,000		

현금	수표(당좌수표)	어음	예금	카드	선수금(선급금)	외상	할인금액	합계	프로젝트명
						5,060,000		5,060,000	

[매입매출전표] 12월 20일 : [1.전자입력]

매입매출전표입력 140-81-12346 | 복수거래 | 수정세금계산서 | 어음등록 | 검색 ▼ | 복사(F4) | 이동(Ctrl+F4) | 기능모음(F11) ▼

일자 2025 년 12 ▼ 월 20 일 현금잔액 135,080,000원 | 출고입력 | 복수 매출 | 50001

□	일	유형	품명	수량	단가	공급가액	부가세	합계	코드	거래처명	사업.주민번호	전자세금	분개
□	20	과세	흘상품외			4,600,000	460,000	5,060,000	00108	(주)대림유통	408-81-34566	전자입력	외상

구분	코드	계정과목	차변	대변	코드	거래처	적요	관리
차변	108	외상매출금	5,060,000		00108	(주)대림유통	흘상품외	
대변	255	부가가치세예수금		460,000	00108	(주)대림유통	흘상품외	
대변	401	상품매출		4,600,000	00108	(주)대림유통	흘상품외	
		전표건별 소계	5,060,000	5,060,000				

(8)

[일반전표입력] 12월 24일

구분	코드	계정과목	코드	거래처	적요	차변	대변
차변	802	종업원급여				2,000,000	
대변	254	예수금					165,000
대변	103	보통예금	98001	국민은행(보통)			1,835,000

(9)

[일반전표입력] 12월 28일 (당좌수표 자금관리는 하지 않음)

구분	코드	계정과목	코드	거래처	적요	차변	대변
차변	251	외상매입금	00201	(주)부산정보유통		1,000,000	
대변	102	당좌예금	98002	국민은행(당좌)			1,000,000

03 결산

(1)

[일반전표입력] 12월 31일

날짜	코드	적요	코드	거래처명	차변	대변
		[누 계]			324,000	
04/01		화재보험료(보험기간:2025.4.1.-2026.3.31)	00304	안심보험(주)	600,000	

구분	코드	계정과목	코드	거래처	적요	차변	대변
차변	133	선급비용				150,000	
대변	821	보험료					150,000

(2)

[일반전표입력] 12월 31일

구분	코드	계정과목	코드	거래처	적요	차변	대변
차변	813	접대비(기업업무추진비)				200,000	
대변	141	현금과부족					200,000

(3)

[합계잔액시산표] 매출채권과 대손충당금 잔액 확인하여 1% 보충설정액 계산
- 외상매출금의 대손충당금 보충설정액 : (127,660,000원 × 1%) − 700,000원 = 576,600원
- 받을어음의 대손충당금 보충설정액 : (91,450,000원 × 1%) − 80,000원 = 834,500원

[결산자료입력] 대손상각 매출채권의 보충설정액 입력

과 목	결산분개금액	결산입력사항금액	결산금액(합계)
5). 대손상각		1,411,100	1,411,100
외상매출금		576,600	
받을어음		834,500	

(4)

[원가경비별감가상각명세서] 자산별 당기상각비 확인

	경비구분	계정	기초가액	당기증감	기말잔액	전기말상각누...	상각대상금액	당기상각비	당기말상각누...
1	800 번대	건물	150,000,000		150,000,000	20,000,000	150,000,000	3,750,000	23,750,000
2	800 번대	차량운반구	35,000,000		35,000,000	16,980,000	18,020,000	4,667,180	21,647,180
3	800 번대	비품	4,890,000		4,890,000	2,255,000	2,635,000	1,188,385	3,443,385
4	800 번대	비품		3,600,000	3,600,000		3,600,000	60,000	60,000
5		800번대 경비소계	189,890,000	3,600,000	193,490,000	39,235,000	174,255,000	9,665,565	48,900,565

[결산자료입력] 감가상각비 자산별로 입력

결산일자 2025 년 01 월 부터 2025 년 12 월 까지

과	목	결산분개금액	결산입력사항금액	결산금액(합계)
4). 감가상각비			9,665,565	9,665,565
건물			3,750,000	
차량운반구			4,667,180	
비품			1,248,385	

(5)

[재고자산수불부] 1월 ~ 12월, 일괄마감
[재고자산명세서] 12월 조회, 기말상품재고액 155,210,000원 확인

기 간 2025 년 12 월 31 일 　　구 분 1.전체
품목코드 처음 ~ 끝

	자산	품목코드	품명	규격	단위	재고수량	재고단가	재고금액
1	상품	100	갑상품	1호	EA	580	180,000	104,400,000
2	상품	200	을상품	2호	EA	420	90,000	37,800,000
3	상품	300	정상품	4호	EA	150	50,000	7,500,000
4	상품	400	신상품	5호	EA	150	25,000	3,750,000
5	상품	500	병상품	3호	EA	160	11,000	1,760,000
6	상품		[자산별 합계]			1,460		155,210,000

[결산자료입력] 기말상품재고액란에 155,210,000원 입력

결산일자 2025 년 01 월 부터 2025 년 12 월 까지

과	목	결산분개금액	결산입력사항금액	결산금액(합계)
상품매출원가			506,240,000	506,240,000
(1). 기초 상품 재고액			21,200,000	
(2). 당기 상품 매입액			640,250,000	
(10).기말 상품 재고액			155,210,000	

(3) ~ (5)

[결산자료입력] 입력하고 전표추가(F3) → **[일반전표입력]** 12월 31일 전표 생성 확인

결차	451	상품매출원가			01	상품매출원가 [	506,240,000	
결대	146	상품			04	상품매출원가 [		506,240,000
결차	818	감가상각비			01	당기말 감가상	9,665,565	
결대	203	감가상각누계액			04	당기감가충당		3,750,000
결대	209	감가상각누계액			04	당기감가충당		4,667,180
결대	213	감가상각누계액			04	당기감가충당		1,248,385
결차	835	대손상각비			01	외상매출금의 [	1,411,100	
결대	109	대손충당금			04	대손충당금 설		576,600
결대	111	대손충당금			04	대손충당금 설		834,500

※ 결산재무제표 마감순서는 모의고사 1회, 2회 정답및해설을 참고바랍니다.

04 장부조회

(1)	110,650,000	(2)	92,700,000
(3)	790	(4)	72,600,000
(5)	110,920,000	(6)	485,721,465
(7)	145,521,365		

(1) 거래처원장 차변금액 조회

(2) 품목별 구매현황(또는 재고자산수불부) 조회

(3) 재고자산수불부 조회

(4) 거래처원장 조회

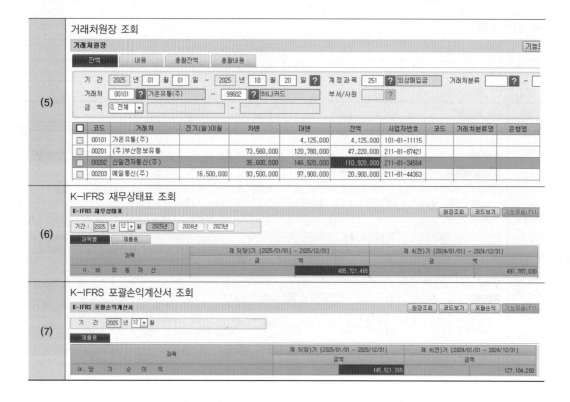

(5) 거래처원장 조회

거래처원장   기능모

| 잔액 | 내용 | 총괄잔액 | 총괄내용 |

기 간 2025 년 01 월 01 일 ~ 2025 년 10 월 20 일 ? 계정과목 251 ? 외상매입금 거래처분류 ? ~
거래처 00101 ? 가온유통(주) ~ 99602 ? 하나카드 부서/사원 ?
금 액 0.전체 ▼   ~

	코드	거래처	전기(월)이월	차변	대변	잔액	사업자번호	코드	거래처분류명	은행명
☐	00101	가온유통(주)			4,125,000	4,125,000	101-81-11115			
☐	00201	(주)부산정보유통		73,560,000	120,780,000	47,220,000	211-81-87421			
☐	00202	신일전자통신(주)		35,600,000	146,520,000	110,920,000	211-81-34564			
☐	00203	예일통신(주)	16,500,000	93,500,000	97,900,000	20,900,000	211-81-44363			

(6) K-IFRS 재무상태표 조회

K-IFRS 재무상태표   원장조회   코드보기   기능모음(F11)

기간: 2025 년 12 ▼ 월   2025년   2024년   2023년

| 과목별 | 제출용 |

과목	제 5(당)기 [2025/01/01] ~ 2025/12/31]		제 4(전)기 [2024/01/01] ~ 2024/12/31]	
	금	액	금	액
II. 비 유 동 자 산		485,721,465		491,787,030

(7) K-IFRS 포괄손익계산서 조회

K-IFRS 포괄손익계산서   원장조회   코드보기   포괄손익   기능모음(F11)

기 간 2025 년 12 ▼ 월

| 제출용 |

과목	제 5(당)기 [2025/01/01 ~ 2025/12/31]	제 4(전)기 [2024/01/01 ~ 2024/12/31]
	금액	금액
IX. 당 기 순 이 익	145,521,365	127,104,280

제10회 모의고사 정답 및 해설

▶ 구리자전거(주) [회사코드 2010]

01 기준정보입력

(1)

| 02005 | 서서자전거 (주) | 0 | 110-81-55795 | 조상용 | 매입 | ○ |

1. 사 업 자 등 록 번 호　110-81-55795
2. 주 민 등 록 번 호　------ - ------
3. 대 표 자 성 명　조상용
4. 업　　　　태　제조업
5. 종　　　　목　자전거및이륜차

| 03005 | 광주자전거 (주) | 0 | 409-81-14753 | 장명순 | 매출 | ○ |

1. 사 업 자 등 록 번 호　409-81-14753
2. 주 민 등 록 번 호　------ - ------
3. 대 표 자 성 명　장명순
4. 업　　　　태　도소매업
5. 종　　　　목　자전거및자전거부품

(2)

고정자산계정과목 212 ? 비품　　자산구분 0.전체　　상각방법구분 0.전체

	코드	자산	취득일	방법
1	000302	책장	2025-12-04	정액법
2				

주요사항　추가사항　자산변동

1. 기 초 가 액
2. 전기말상각누계액　0
3. 전 기 말 장 부 가 액　0
4. 신 규 취 득 및 증 가　1,200,000
5. 부 분 매 각 및 폐 기　0
6. 성 실 기 초 가 액
7. 성 실 상 각 누 계 액
8. 상 각 기 초 가 액　1,200,000
9. 상 각 방 법　1 정액법
10. 내용연수(상각률) 5 ? 0.200
11. 내 용 연 수 월 수　미경과　1

15. 전 기 말 부 인 누 계　0
16. 전기말자본지출계　0
17. 자본지출즉시상각　0
18. 전 기 말 의 제 누 계　0
19. 당 기 상 각 범 위 액　20,000
20. 회 사 계 상 상 각 비　20,000
　　　사용자수정
21. 특 별 상 각 률
22. 특 별 상 각 비　0
23. 당기말상각누계액　20,000
24. 당기말장부가액　1,180,000

1. 취 득 수 량　1
2. 경 비 구 분 0 800 번대

4. 최 저 한 세 부 인 액　0
5. 당 기 의 제 상 각 액　0

(3)

품목등록　　　규격군등록(F3)　분류등록(F4)　단위등록(F7)　기능모음(F11) ▼

전체　상품　원재료　부재료　제품　반제품　부산품　저장품

	자산	품목코드	품명	규격
1	상품	100	시티자전거	RT
2	상품	200	2인승자전거	VTE
3	상품	300	산악용자전거	VE
4	상품	400	도로형자전거	GV
5	상품	500	외발자전거	TT
6				

세부사항

1. 대 분 류　?
2. 중 분 류　?
3. 소 분 류　?
4. 규 격 군　?

　　　단위명　　재고환산단위
5. 입 고 (생 산) 단 위 EA ? 1 EA
6. 판 매 (출 고) 단 위 EA ? 1 EA
7. 자 재 투 입 단 위 EA ? 1 EA
8. 재 고 단 위 EA ?

(4)

40	재무팀	부서		판관		여
50	고객지원팀	부서		판관		여

PART 3

02 전표입력

(1)

[일반전표입력] 12월 4일

구분	코드	계정과목	코드	거래처	적요	차변	대변
차변	212	비품				1,200,000	
대변	103	보통예금	98001	기업은행(보통)			1,200,000

(2)

[일반전표입력] 12월 6일

구분	코드	계정과목	코드	거래처	적요	차변	대변
차변	825	교육훈련비				1,000,000	
대변	254	예수금					44,000
대변	101	현금					956,000

(3)

[입고입력] 12월 8일 : 입고입력(지급구분 : 외상) → 전표추가 → 전송

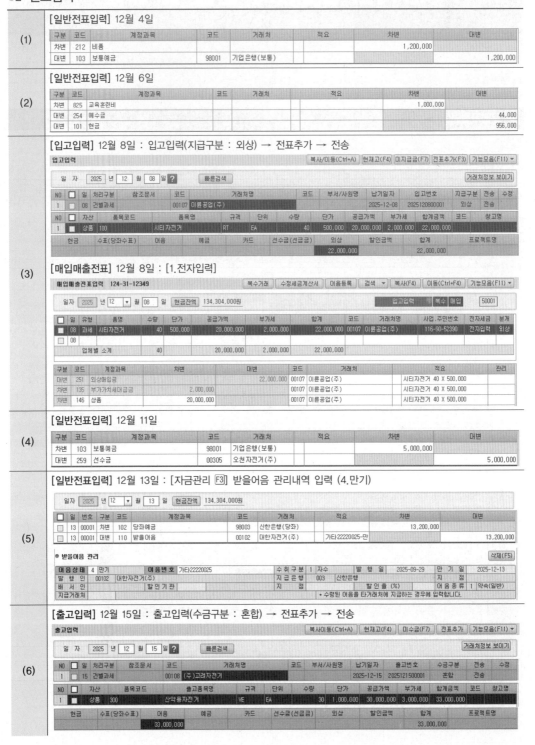

[매입매출전표] 12월 8일 : [1.전자입력]

[일반전표입력] 12월 11일

구분	코드	계정과목	코드	거래처	적요	차변	대변
차변	103	보통예금	98001	기업은행(보통)			5,000,000
대변	259	선수금	00305	오천자전거(주)			5,000,000

(5)

[일반전표입력] 12월 13일 : [자금관리 F3] 받을어음 관리내역 입력 (4.만기)

(6)

[출고입력] 12월 15일 : 출고입력(수금구분 : 혼합) → 전표추가 → 전송

[매입매출전표] 12월 15일 : [1.전자입력], [자금관리 F3] 받을어음 관리내역 입력

(7) **[일반전표입력]** 12월 18일 (기타포괄–금융자산 취득 시 수수료는 취득원가에 포함)

구분	코드	계정과목	코드	거래처	적요	차변	대변
차변	178	기타포괄손익-공정가치 측정금융자산(비유동)				18,100,000	
대변	103	보통예금	98001	기업은행(보통)			18,100,000

(8) **[일반전표입력]** 12월 22일

구분	코드	계정과목	코드	거래처	적요	차변	대변
차변	264	유동성장기부채	00311	신한캐피탈(주)		30,000,000	
차변	931	이자비용				150,000	
대변	293	장기차입금	00311	신한캐피탈(주)			30,000,000
대변	101	현금					150,000

(9) **[일반전표입력]** 12월 26일

구분	코드	계정과목	코드	거래처	적요	차변	대변
차변	813	접대비(기업업무추진비)				850,000	
대변	253	미지급금	99600	KB카드			850,000

03 결산

(1) **[일반전표입력]** 12월 31일

구분	코드	계정과목	코드	거래처	적요	차변	대변
차변	931	이자비용				480,000	
대변	262	미지급비용					480,000

(2) **[일반전표입력]** 12월 31일

구분	코드	계정과목	코드	거래처	적요	차변	대변
차변	107	당기손익-공정가치측정금융자산				7,500,000	
대변	905	당기손익-공정가치측정금융자산평가이익					7,500,000

(3) **[합계잔액시산표]** 매출채권과 대손충당금 잔액 확인하여 1% 보충설정액 계산
- 외상매출금의 대손충당금 보충설정액 : (185,600,000원 × 1%) − 690,000원 = 1,166,000원
- 받을어음의 대손충당금 보충설정액 : (109,450,000원 × 1%) − 70,000원 = 1,024,500원

[결산자료입력] 대손상각 매출채권의 보충설정액 입력

과	목	결산분개금액	결산입력사항금액	결산금액(합계)
5). 대손상각			2,190,500	2,190,500
	외상매출금		1,166,000	
	받을어음		1,024,500	

[원가경비별감가상각명세서] 자산별 당기상각비 확인

유형자산 | 무형자산 | 유형자산총괄 | 무형자산총괄

경비구분 0.전체 ▼   자산구분 1.전체 표시 ▼

	경비구분	계정	기초가액	당기증감	기말잔액	전기말상각누…	상각대상금액	당기상각비	당기말상각누…
1	800 번대	건물	200,100,000		200,100,000	20,000,000	200,100,000	5,002,500	25,002,500
2	800 번대	차량운반구	35,000,000		35,000,000	24,500,000	10,500,000	2,719,500	27,219,500
3	800 번대	비품		1,200,000	1,200,000		1,200,000	20,000	20,000
4		800번대 경비소계	235,100,000	1,200,000	236,300,000	44,500,000	211,800,000	7,742,000	52,242,500

[결산자료입력] 감가상각비 자산별로 입력

과	목	결산분개금액	결산입력사항금액	결산금액(합계)
4). 감가상각비			7,742,000	7,742,000
	건물		5,002,500	
	차량운반구		2,719,500	
	비품		20,000	

[재고자산수불부] 1월 ~ 12월, 일괄마감
[재고자산명세서] 12월 조회, 기말상품재고액 182,750,000원 확인

재고자산명세서

전체 | 상품 | 원재료 | 부재료 | 제품 | 반제품 | 부산품 | 저장품

기 간 2025 년 12 ▼ 월 31 일   구 분 1.전체 ▼
품목코드 처음 ? ~ 끝 ?

	자산	품목코드	품명	규격	단위	재고수량	재고단가	재고금액
1	상품	100	시티자전거	RT	EA	580	180,000	104,400,000
2	상품	100	시티자전거	RT	EA	40	500,000	20,000,000
3	상품	200	2인승자전거	VTE	EA	480	90,000	43,200,000
4	상품	300	산악용자전거	VE	EA	120	50,000	6,000,000
5	상품	400	도로형자전거	GY	EA	120	45,000	5,400,000
6	상품	400	도로형자전거	GY	EA	150	25,000	3,750,000
7	상품		[자산별 합계]			1,490		182,750,000

[결산자료입력] 기말상품재고액란에 182,750,000원 입력

결산자료입력   전표추가(F3) | 기능모음(F11) ▼

결 산 일 자 2025 년 01 ▼ 월 부터 2025 년 12 ▼ 월 까지

과	목	결산분개금액	결산입력사항금액	결산금액(합계)
상품매출원가			501,900,000	501,900,000
(1). 기초 상품 재고액			26,600,000	
(2). 당기 상품 매입액			658,050,000	
(10).기말 상품 재고액			182,750,000	

[결산자료입력] 입력하고 전표추가(F3) → **[일반전표입력]** 12월 31일 전표 생성 확인

대변	905	당기손익-공정가치측정금융자산평가이익			7,500,000
결차	451	상품매출원가		01 상품매출 501,900,000	
결대	146	상품		04 상품매출	501,900,000
결차	818	감가상각비		01 당기말 결 7,742,000	
결대	203	감가상각누계액		04 당기감가	5,002,500
결대	209	감가상각누계액		04 당기감가	2,719,500
결대	213	감가상각누계액		04 당기감가	20,000
결차	835	대손상각비		01 외상매출 2,190,500	
결대	109	대손충당금		04 대손충당	1,166,000
결대	111	대손충당금		04 대손충당	1,024,500

※ 결산재무제표 마감순서는 모의고사 1회, 2회 정답및해설을 참고바랍니다.

04 장부조회

(1)	340,800,000	(2)	5
(3)	10,000,000	(4)	1,510
(5)	145,020,000	(6)	7,660,000
(7)	635,022,520		

(1) 월계표(또는 총계정원장) 조회

일계표 | **월계표**

조회기간 2025 년 01 월 ~ 2025 년 05 월

차변			계정과목	대변		
계	대체	현금		현금	대체	계
340,800,000	339,050,000	1,750,000	보 통 예 금	15,000,000	228,866,350	243,866,350

(2) 총계정원장 조회

월별 | 일별

조회기간 2025 년 01 월 01 일 ~ 2025 년 12 월 31 일 ? 계정과목 401 ? 상품매출 ~ 401 ? 상품매출

□ 코드	계정과목	날짜	차변	대변	잔액
■ 401	상품매출	[전기이월]			
		2025년 01월		34,500,000	34,500,000
		2025년 02월		69,000,000	103,500,000
		2025년 03월		62,000,000	165,500,000
		2025년 04월		45,000,000	210,500,000
		2025년 05월		95,000,000	305,500,000
		2025년 06월		61,500,000	367,000,000

(3) 월계표 조회

일계표 | **월계표**

조회기간 2025 년 05 월 ~ 2025 년 05 월

차변			계정과목	대변		
계	대체	현금		현금	대체	계
13,141,270	12,991,270	150,000	[판 매 관 리 비]			
10,000,000	10,000,000		종 업 원 급 여			
440,470	440,470		복 리 후 생 비			
150,000		150,000	여 비 교 통 비			
442,800	442,800		세 금 과 공 과			
2,000,000	2,000,000		임 차 료			
108,000	108,000		보 험 료			

(4) 재고자산수불부 조회(7월 20일까지 조회하는 것이 중요)

7월 20일 현재 : 2인승자전거 710개 + 산악용자전거 800개 = 1,510개

재고자산수불부   마감(F3) | 마감결과(F4) | 기능모음(F11) ▼

전체 | 상품 | 원재료 | 부재료 | 제품 | 반제품 | 부산품 | 저장품

기 간 2025 년 01 월 01 일 ~ 2025 년 07 월 31 일 ?   ※기능모음→데이터체크를 실행하여 재마감 대상 품목을 체크해 주세요.

품목코드 처음 ? ~ 끝 ?   마감여부 0.전체 ▼

	자산	품목코드	품명	마감	일자	당기입고			당기출고			당기재고
						수량	단가	금액	수량	단가	금액	수량
1	상품	100	시티자전거	부	전기(월)이월	80	90,000	7,200,000				80
2	상품	200	2인승자전거	부	01/06	100	90,000	9,000,000				180
3	상품	300	산악용자전거	부	01/28				150			30
4	상품	400	도로형자전거	부	02/20	200	90,000	18,000,000				230
5	상품	500	외발자전거	부	03/09				200			30
					03/25	350	90,000	31,500,000				380
					03/27	380	90,000	34,200,000				760
					04/24				300			460
					05/06	300	90,000	27,000,000				760
					06/26				250			510
					07/06	200	90,000	18,000,000				710

재고자산수불부   마감(F3) | 마감결과(F4) | 기능모음(F11) ▼

전체 | 상품 | 원재료 | 부재료 | 제품 | 반제품 | 부산품 | 저장품

기 간 2025 년 01 월 01 일 ~ 2025 년 07 월 31 일 ?   ※기능모음→데이터체크를 실행하여 재마감 대상 품목을 체크해 주세요.

품목코드 처음 ? ~ 끝 ?   마감여부 0.전체 ▼

	자산	품목코드	품명	마감	일자	당기입고			당기출고			당기재고
						수량	단가	금액	수량	단가	금액	수량
1	상품	100	시티자전거	부	전기(월)이월	100	50,000	5,000,000				100
2	상품	200	2인승자전거	부	01/23	320	50,000	16,000,000				420
3	상품	300	산악용자전거	부	02/11				300			120
4	상품	400	도로형자전거	부	03/04	380	50,000	19,000,000				500
5	상품	500	외발자전거	부	03/27				400			100
					04/21	450	50,000	22,500,000				550
					05/08				400			150
					06/08	350	50,000	17,500,000				500
					06/11				300			200
					07/20	600	50,000	30,000,000				800

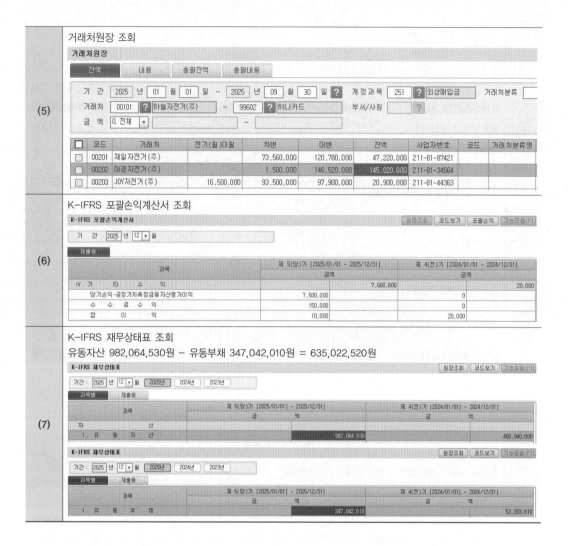

(5)	거래처원장 조회
(6)	K-IFRS 포괄손익계산서 조회
(7)	K-IFRS 재무상태표 조회 유동자산 982,064,530원 - 유동부채 347,042,010원 = 635,022,520원

거래처원장 조회

거래처원장

잔액 | 내용 | 총괄잔액 | 총괄내용

기 간 2025 년 01 월 01 일 ~ 2025 년 09 월 30 일 ? 계정과목 251 ? 외상매입금 거래처분류

거래처 00101 ? 하늘자전거(주) ~ 99602 ? 하나카드 부서/사원 ?

금 액 0. 전체 ▼ ~

	코드	거래처	전기(월)이월	차변	대변	잔액	사업자번호	코드	거래처분류명
☐	00201	재일자전거(주)		73,560,000	120,780,000	47,220,000	211-81-87421		
☐	00202	대경자전거(주)		1,500,000	146,520,000	145,020,000	211-81-34564		
☐	00203	JOY자전거(주)	16,500,000	93,500,000	97,900,000	20,900,000	211-81-44363		

K-IFRS 포괄손익계산서 조회

K-IFRS 포괄손익계산서 [원장조회] [코드보기] [포괄손익] [기능모음(F1)]

기 간 2025 년 12 ▼ 월

제출용

과목	제 5(당)기 [2025/01/01 ~ 2025/12/31] 금액		제 4(전)기 [2024/01/01 ~ 2024/12/31] 금액	
Ⅳ. 기 타 수 익		7,660,000		20,000
당기손익-공정가치측정금융자산평가이익	7,500,000		0	
수 수 료 수 익	150,000		0	
잡 이 익	10,000		20,000	

K-IFRS 재무상태표 조회

유동자산 982,064,530원 - 유동부채 347,042,010원 = 635,022,520원

K-IFRS 재무상태표 [원장조회] [코드보기] [기능모음(F1)]

기간: 2025 년 12 ▼ 월 [2025년] [2024년] [2023년]

과목별 | 제출용

과목	제 5(당)기 [2025/01/01] ~ 2025/12/31] 금 액	제 4(전)기 [2024/01/01] ~ 2024/12/31] 금 액
자 산		
Ⅰ. 유 동 자 산	982,064,530	466,940,000

K-IFRS 재무상태표 [원장조회] [코드보기] [기능모음(F1)]

기간: 2025 년 12 ▼ 월 [2025년] [2024년] [2023년]

과목별 | 제출용

과목	제 5(당)기 [2025/01/01] ~ 2025/12/31] 금 액	제 4(전)기 [2024/01/01] ~ 2024/12/31] 금 액
Ⅰ. 유 동 부 채	347,042,010	53,203,010

▶ 소망화장품(주) [회사코드 2011]

01 기준정보입력

<table>
<tr>
<td rowspan="2">(1)</td>
<td colspan="4">02006 (주)창조화장품 0 129-81-54320 정창조 매입 ○</td>
<td colspan="4">03006 그린화장품(주) 0 314-81-44885 김그린 매출 ○</td>
</tr>
<tr>
<td colspan="4">
1. 사업자등록번호 129-81-54320
2. 주민등록번호 ------
3. 대표자성명 정창조
4. 업태 제조
5. 종목 화장품
</td>
<td colspan="4">
1. 사업자등록번호 314-81-44885
2. 주민등록번호 ------
3. 대표자성명 김그린
4. 업태 도소매
5. 종목 화장품
</td>
</tr>
<tr>
<td>(2)</td>
<td colspan="4">98006 농협(보통) 111-02-56789-1 일반 ○</td>
<td colspan="4">
1. 계좌번호 111-02-56789-1
2. 계좌개설점 040 ? 농협
3. 예금종류 보통예금 0 보통
</td>
</tr>
<tr>
<td rowspan="2">(3)</td>
<td>50</td>
<td>인사관리부</td>
<td>부서</td>
<td>판관</td>
<td colspan="4">여</td>
</tr>
<tr>
<td>60</td>
<td>고객상담부</td>
<td>부서</td>
<td>판관</td>
<td colspan="4">여</td>
</tr>
<tr>
<td>(4)</td>
<td colspan="4">
■ 상품 400 미백크림 3호
</td>
<td colspan="4">
3. 소분류 ?
4. 규격군 ?
단위명 재고환산단위
5. 입고(생산)단위 EA ? 1 EA
6. 판매(출고)단위 EA ? 1 EA
7. 자재투입단위 EA ? 1 EA
8. 재고단위 EA ?
</td>
</tr>
</table>

02 전표입력

<table>
<tr>
<td rowspan="3">(1)</td>
<td colspan="7">[일반전표입력] 12월 3일</td>
</tr>
<tr>
<th>코드</th><th>계정과목</th><th>코드</th><th>거래처</th><th>적요</th><th>차변</th><th>대변</th>
</tr>
<tr>
<td>102</td><td>당좌예금</td><td>98003</td><td>신한은행(당좌)</td><td></td><td>3,000,000</td><td></td>
</tr>
<tr>
<td></td><td>108</td><td>외상매출금</td><td>00102</td><td>가회화장품(주)</td><td></td><td></td><td>3,000,000</td>
</tr>
<tr>
<td rowspan="4">(2)</td>
<td colspan="7">[일반전표입력] 12월 4일 (합계잔액시산표 조회 : 보유주식수 500주 5,000,000원 확인)</td>
</tr>
<tr>
<th>코드</th><th>계정과목</th><th>코드</th><th>거래처</th><th>적요</th><th>차변</th><th>대변</th>
</tr>
<tr>
<td>107</td><td>당기손익-공정가치측정금융자산</td><td></td><td></td><td></td><td></td><td>3,000,000</td>
</tr>
<tr>
<td>103</td><td>보통예금</td><td>98001</td><td>국민은행(보통)</td><td></td><td>2,385,000</td><td></td>
</tr>
<tr>
<td></td><td>938</td><td>당기손익-공정가치측정금융자산처분손실</td><td></td><td></td><td></td><td>615,000</td><td></td>
</tr>
</table>

PART 3

[일반전표입력] 12월 5일

구분	코드	계정과목	코드	거래처	적요	차변	대변
차변	212	비품				3,000,000	
대변	103	보통예금	98001	국민은행(보통)			3,000,000

(3)

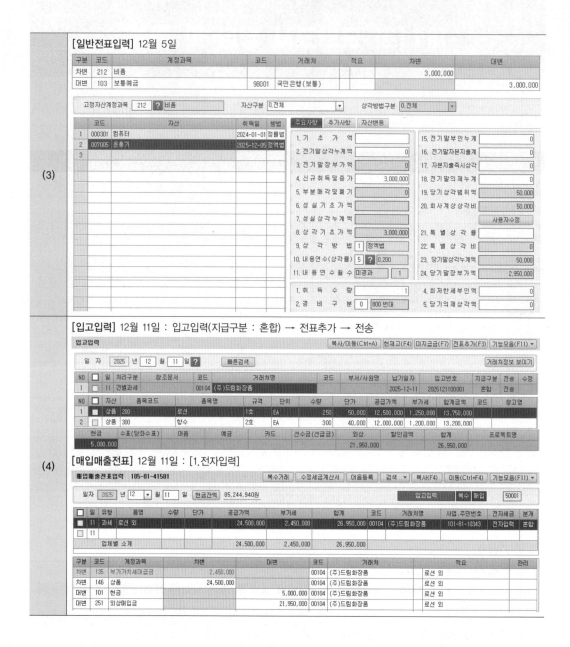

고정자산계정과목 212 ? 비품   자산구분 0.전체   상각방법구분 0.전체

	코드	자산	취득일	방법
1	000301	컴퓨터	2024-01-01	정률법
2	007005	온풍기	2025-12-05	정액법
3				

주요사항 / 추가사항 / 자산변동

1. 기 초 가 액
2. 전기말상각누계액 0
3. 전 기 말 장 부 가 액 0
4. 신 규 취 득 및 증 가 3,000,000
5. 부 분 매 각 및 폐 기 0
6. 성 실 기 초 가 액 0
7. 성 실 상 각 누 계 액
8. 상 각 기 초 가 액 3,000,000
9. 상 각 방 법 1 정액법
10. 내용연수(상각률) 5 ? 0.200
11. 내 용 연 수 월 수 미경과 1

15. 전 기 말 부 인 누 계 0
16. 전기말자본지출계 0
17. 자본지출즉시상각 0
18. 전 기 말 의 제 누 계 0
19. 당 기 상 각 범 위 액 50,000
20. 회 사 계 상 상 각 비 50,000
사용자수정
21. 특 별 상 각 률
22. 특 별 상 각 비 0
23. 당기말상각누계액 50,000
24. 당 기 말 장 부 가 액 2,950,000

1. 취 득 수 량 1
2. 경 비 구 분 0 800 번대

4. 최 저 한 세 부 인 액 0
5. 당 기 의 제 상 각 액 0

[입고입력] 12월 11일 : 입고입력(지급구분 : 혼합) → 전표추가 → 전송

입고입력   복사/이동(Ctrl+A) 현재고(F4) 미지급금(F7) 전표추가(F3) 기능모음(F11) ▼

일 자 2025 년 12 월 11 일 ?   빠른검색   거래처정보 보이기

NO	□	일	처리구분	참조문서	코드	거래처명	코드	부서/사원명	납기일자	입고번호	지급구분	전송	수정
1	□	11	건별과세		00104	(주)드림화장품			2025-12-11	2025121100001	혼합	전송	

NO	□	자산	품목코드	품목명	규격	단위	수량	단가	공급가액	부가세	합계금액	코드	창고명
1	□	상품	200	로션	1호	EA	250	50,000	12,500,000	1,250,000	13,750,000		
2	□	상품	300	향수	2호	EA	300	40,000	12,000,000	1,200,000	13,200,000		

현금	수표(당좌수표)	어음	예금	카드	선수금(선급금)	외상	할인금액	합계	프로젝트명
5,000,000						21,950,000		26,950,000	

(4)

[매입매출전표] 12월 11일 : [1.전자입력]

매입매출전표입력 185-81-41581   복수거래 수정세금계산서 어음등록 검색 ▼ 복사(F4) 이동(Ctrl+F4) 기능모음(F11) ▼

일자 2025 년 12 ▼ 월 11 일 현금잔액 85,244,940원   입고입력 복수 매입 50001

□	일	유형	품명	수량	단가	공급가액	부가세	합계	코드	거래처명	사업.주민번호	전자세금	분개
■	11	과세	로션 외			24,500,000	2,450,000	26,950,000	00104	(주)드림화장품	101-81-10343	전자입력	혼합
□	11												
		업체별 소계				24,500,000	2,450,000	26,950,000					

구분	코드	계정과목	차변	대변	코드	거래처	적요	관리
차변	135	부가가치세대급금	2,450,000		00104	(주)드림화장품	로션 외	
차변	146	상품	24,500,000		00104	(주)드림화장품	로션 외	
대변	101	현금		5,000,000	00104	(주)드림화장품	로션 외	
대변	251	외상매입금		21,950,000	00104	(주)드림화장품	로션 외	

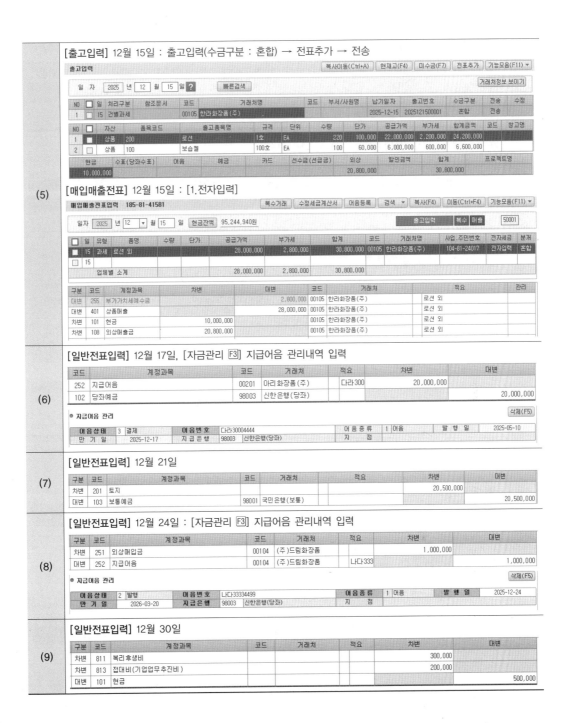

[출고입력] 12월 15일 : 출고입력(수금구분 : 혼합) → 전표추가 → 전송

출고입력

NO	□	일	처리구분	참조문서	코드	거래처명	코드	부서/사원명	납기일자	출고번호	수금구분	전송	수정
1	□	15	건별과세		00105	한라화장품 (주)			2025-12-15	2025121500001	혼합	전송	

NO	□	자산	품목코드	출고품목명	규격	단위	수량	단가	공급가액	부가세	합계금액	코드	창고명
1	□	상품	200	로션	1호	EA	220	100,000	22,000,000	2,200,000	24,200,000		
2	□	상품	100	보습젤	100호	EA	100	60,000	6,000,000	600,000	6,600,000		

현금	수표(당좌수표)	어음	예금	카드	선수금(선금금)	외상	할인금액	합계	프로젝트명
10,000,000						20,800,000		30,800,000	

(5) [매입매출전표] 12월 15일 : [1.전자입력]

매입매출전표입력 185-81-41581

일자 2025 년 12 월 15 일 현금잔액 95,244,940원   출고입력   복수   매출   50001

□	일	유형	품명	수량	단가	공급가액	부가세	합계	코드	거래처명	사업.주민번호	전자세금	분개
■	15	과세	로션 외			28,000,000	2,800,000	30,800,000	00105	한라화장품 (주)	104-81-24017	전자입력	혼합
□	15												
			업체별 소계			28,000,000	2,800,000	30,800,000					

구분	코드	계정과목	차변	대변	코드	거래처	적요	관리
대변	255	부가가치세예수금		2,800,000	00105	한라화장품(주)	로션 외	
대변	401	상품매출		28,000,000	00105	한라화장품(주)	로션 외	
차변	101	현금	10,000,000		00105	한라화장품(주)	로션 외	
차변	108	외상매출금	20,800,000		00105	한라화장품(주)	로션 외	

[일반전표입력] 12월 17일, [자금관리 F3] 지급어음 관리내역 입력

코드	계정과목	코드	거래처	적요	차변	대변
252	지급어음	00201	아리화장품 (주)	다라300	20,000,000	
102	당좌예금	98003	신한은행 (당좌)			20,000,000

(6)

● 지급어음 관리   삭제(F5)

어음상태	3 결제	어음번호	다라30004444	어음종류	1 어음	발 행 일	2025-05-10
만 기 일	2025-12-17	지급은행	98003 신한은행(당좌)	지 점			

(7) [일반전표입력] 12월 21일

구분	코드	계정과목	코드	거래처	적요	차변	대변
차변	201	토지				20,500,000	
대변	103	보통예금	98001	국민은행(보통)			20,500,000

[일반전표입력] 12월 24일 : [자금관리 F3] 지급어음 관리내역 입력

구분	코드	계정과목	코드	거래처	적요	차변	대변
차변	251	외상매입금	00104	(주)드림화장품		1,000,000	
대변	252	지급어음	00104	(주)드림화장품	나다333		1,000,000

(8)

● 지급어음 관리   삭제(F5)

어음상태	2 발행	어음번호	나다33334499	어음종류	1 어음	발 행 일	2025-12-24
만 기 일	2026-03-20	지급은행	98003 신한은행(당좌)	지 점			

[일반전표입력] 12월 30일

구분	코드	계정과목	코드	거래처	적요	차변	대변
차변	811	복리후생비				300,000	
차변	813	접대비(기업업무추진비)				200,000	
대변	101	현금					500,000

(9)

PART 3

03 결산

<table>
<tr>
<td rowspan="4">(1)</td>
<td colspan="9">[일반전표입력] 12월 31일 (결산일 현재 현금 부족액은 현금과부족으로 처리하지 않고 즉시 잡손실로 처리함)</td>
</tr>
</table>

(1) [일반전표입력] 12월 31일 (결산일 현재 현금 부족액은 현금과부족으로 처리하지 않고 즉시 잡손실로 처리함)

구분	코드	계정과목	코드	거래처	적요	차변	대변
대변	101	현금					60,000
차변	812	여비교통비				40,000	
차변	960	잡손실				20,000	

(2) [일반전표입력] 12월 31일 (3월 1일 보험료 1,440,000원 확인)

날짜	코드	적요	코드	거래처명	차변	대변
		[누 계]			216,000	
03/01		2025.3.1 ~ 2026. 2. 28.				1,440,000

구분	코드	계정과목	코드	거래처	적요	차변	대변
차변	133	선급비용				240,000	
대변	821	보험료					240,000

(3) [원가경비별감가상각명세서] 자산별 당기상각비 확인

유형자산 무형자산 **유형자산총괄** 무형자산총괄

경비구분 [0.전체 ▼] 자산구분 [1.전체표시 ▼]

	경비구분	계정	기초가액	당기증감	기말잔액	전기말상각누	상각대상금액	당기상각비	당기말상각누
1	800 번대	건물	195,000,000		195,000,000	36,580,000	195,000,000	4,875,000	41,455,000
2	800 번대	차량운반구	30,000,000		30,000,000	23,500,000	6,500,000	2,931,500	26,431,500
3	800 번대	비품	5,000,000		5,000,000	2,255,000	2,745,000	1,237,995	3,492,995
4	800 번대	비품		3,000,000	3,000,000		3,000,000	50,000	50,000
5		800번대 경비소계	230,000,000	3,000,000	233,000,000	62,335,000	207,245,000	9,094,495	71,429,495

[결산자료입력] 감가상각비 자산별로 입력

과	목	결산분개금액	결산입력사항금액	결산금액(합계)
4). 감가상각비			9,094,495	9,094,495
	건물		4,875,000	
	차량운반구		2,931,500	
	비품		1,287,995	

(4) [합계잔액시산표] 매출채권과 대손충당금 잔액 확인하여 1% 보충설정액 계산

• 외상매출금의 대손충당금 보충설정액 : (142,800,000원 × 1%) − 730,000원 = 698,000원
• 받을어음의 대손충당금 보충설정액 : (56,450,000원 × 1%) − 60,000원 = 504,500원

[결산자료입력] 대손상각 매출채권의 보충설정액 입력

과	목	결산분개금액	결산입력사항금액	결산금액(합계)
5). 대손상각			1,202,500	1,202,500
	외상매출금		698,000	
	받을어음		504,500	

(5) [재고자산수불부] 1월 ~ 12월, 일괄마감
[재고자산명세서] 12월 조회, 기말상품재고액 69,500,000원 확인
[결산자료입력] 기말상품재고액란에 69,500,000원 입력

결산일자 [2025] 년 [01 ▼] 월 부터 [2025] 년 [12 ▼] 월 까지

과	목	결산분개금액	결산입력사항금액	결산금액(합계)
상품매출원가			540,000,000	540,000,000
	(1). 기초 상품 재고액		23,000,000	
	(2). 당기 상품 매입액		586,500,000	
	(10).기말 상품 재고액		69,500,000	

(3) ~ (5) [결산자료입력] 입력하고 [전표추가(F3)] → [일반전표입력] 12월 31일 전표 생성 확인

코드	계정과목	적요코드	적요	차변	대변
821	보험료				240,000
451	상품매출원가	01	상품매출원가 대체	540,000,000	
146	상품	04	상품매출원가 대체		540,000,000
818	감가상각비	01	당기말 감가상각비계	9,094,495	
203	감가상각누계액	04	당기감가충당금 설정		4,875,000
209	감가상각누계액	04	당기감가충당금 설정		2,931,500
213	감가상각누계액	04	당기감가충당금 설정		1,287,995
835	대손상각비	01	외상매출금의 대손	1,202,500	
109	대손충당금	04	대손충당금 설정		698,000
111	대손충당금	04	대손충당금 설정		504,500

※ 결산재무제표 마감순서는 모의고사 1회, 2회 정답및해설을 참고바랍니다.

04 장부조회

(1)	31,700,000	(2)	58,400,000
(3)	180	(4)	20,500,000
(5)	4	(6)	473,192,535
(7)	635,000		

(1) 거래처원장 조회

(2) 월계표(또는 총계정원장) 대변금액 조회

(3) 재고자산수불부 조회

(4) 거래처원장 조회

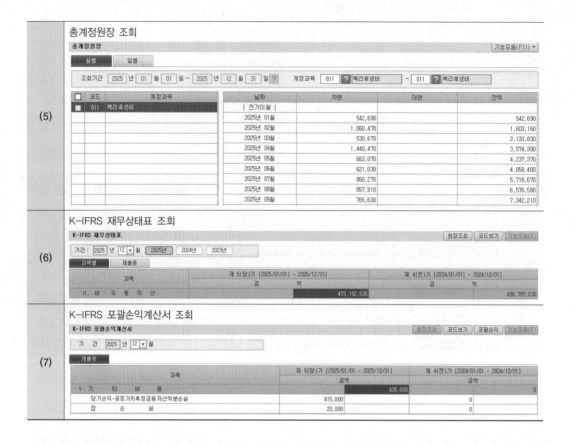

총계정원장 조회

총계정원장　　　　　　　　　　　　　　　　　　　　　　　　　　　　　기능모음(F11) ▼

[월별] [일별]

조회기간 [2025] 년 [01] 월 [01] 일 ~ [2025] 년 [12] 월 [31] 일 [?]　계정과목 [811] [?] 복리후생비 ~ [811] [?] 복리후생비

☐	코드	계정과목		날짜	차변	대변	잔액
☐	811	복리후생비		[전기이월]			
				2025년 01월	542,690		542,690
				2025년 02월	1,060,470		1,603,160
				2025년 03월	530,670		2,133,830
				2025년 04월	1,440,470		3,574,300
				2025년 05월	663,070		4,237,370
				2025년 06월	621,030		4,858,400
				2025년 07월	860,270		5,718,670
				2025년 08월	857,910		6,576,580
				2025년 09월	765,630		7,342,210

K-IFRS 재무상태표 조회

K-IFRS 재무상태표　　　　　　　　　　　　　　　　　[원장조회] [코드보기] 기능모음(F1)

기간 : [2025] 년 [12] ▼ 월 [2025년] [2024년] [2023년]

[과목별] [제출용]

과목	제 5(당)기 [2025/01/01] ~ 2025/12/31]		제 4(전)기 [2024/01/01] ~ 2024/12/31]	
	금	액	금	액
Ⅱ. 비　유　동　자　산		473,192,535		438,787,030

K-IFRS 포괄손익계산서 조회

K-IFRS 포괄손익계산서　　　　　　　　　　　[원장조회] [코드보기] [포괄손익] 기능모음(F1)

기 간 [2025] 년 [12] ▼ 월

[제출용]

과목	제 5(당)기 [2025/01/01 ~ 2025/12/31]	제 4(전)기 [2024/01/01 ~ 2024/12/31]
	금액	금액
Ⅴ. 기　　타　비　용	635,000	0
당기손익-공정가치측정금융자산처분손실	615,000	0
잡　　손　　실	20,000	0

(5)

(6)

(7)

제12회 모의고사 정답 및 해설

▶ 대한가전(주) [회사코드 2012]

01 기준정보입력

PART 3

02 전표입력

(1) [일반전표입력] 12월 1일

구분	코드	계정과목	코드	거래처	적요	차변	대변
차변	212	비품				4,000,000	
대변	103	보통예금	98003	신한은행(보통)			1,000,000
대변	253	미지급금	99602	농협카드			3,000,000

(2) [일반전표입력] 12월 4일

구분	코드	계정과목	코드	거래처	적요	차변	대변
차변	825	교육훈련비				100,000	
차변	826	도서인쇄비				20,000	
대변	141	현금과부족					120,000

(3) [입고입력] 12월 5일 : 입고입력(지급구분 : 혼합) → 전표추가 → 전송

[매입매출전표] 12월 5일 : [1.전자입력], [자금관리 F3] 지급어음 관리내역 입력

구분	코드	계정과목	차변	대변	코드	거래처	적요	관리
차변	135	부가가치세대급금	1,800,000		00104	(주)수국	압력밥솥외	
차변	146	상품	18,000,000		00104	(주)수국	압력밥솥외	
대변	251	외상매입금		9,800,000	00104	(주)수국	압력밥솥외	
대변	252	지급어음		10,000,000	00104	(주)수국	가나11111114-발행-[만기일자:20:	지급어음

(4) [일반전표입력] 12월 7일

구분	코드	계정과목	코드	거래처	적요	차변	대변
차변	254	예수금				300,000	
차변	254	예수금				150,000	
차변	811	복리후생비				150,000	
대변	101	현금					600,000

(5) [출고입력] 12월 13일 : 출고입력(수금구분 : 혼합) → 전표추가 → 전송

[매입매출전표] 12월 13일 : [1.전자입력], 보통예금 거래처 신한은행(보통)으로 수정

[일반전표입력] 12월 15일

구분	코드	계정과목	코드	거래처	적요	차변	대변
차변	107	당기손익-공정가치측정금융자산				1,600,000	
차변	946	수수료비용				20,000	
대변	102	당좌예금	98001	국민은행(당좌)			1,620,000

(6)

[일반전표입력] 12월 20일

번호	구분	코드	계정과목	코드	거래처	적요	차변	대변
00001	차변	822	차량유지비				200,000	
00001	대변	101	현금					200,000

(7)

[일반전표입력] 12월 22일 : [자금관리 F3] 지급어음 관리내역 입력

구분	코드	계정과목	코드	거래처	적요	차변	대변
차변	252	지급어음	00201	제일가전(주)	가나11111119-결제-[	12,000,000	
대변	103	보통예금	98003	신한은행(보통)			12,000,000

● 지급어음 관리   삭제(F5)

어음상태	3	결제	어음번호	가나11111119			어음종류	1	어음	발 행 일	2025-10-01
만 기 일		2025-12-22	지 급 은 행	98003	신한은행(보통)		지 점				

(8)

[일반전표입력] 12월 26일

구분	코드	계정과목	코드	거래처	적요	차변	대변
차변	811	복리후생비				500,000	
차변	813	접대비(기업업무추진비)				300,000	
대변	253	미지급금	99602	농협카드			800,000

(9)

03 결산

[일반전표입력] 12월 31일 (10월 1일 보험료 1,200,000원 중 900,000원 선급비용)

10/01		화재 보험료 (보험기간:2025.10.1.~2026.9.30)	00304	안심보험(주)			1,200,000	

구분	코드	계정과목	코드	거래처	적요	차변	대변
차변	133	선급비용				900,000	
대변	821	보험료					900,000

(1)

[합계잔액시산표] 소모품비 2,500,000원 중 미사용액 70,000원을 자산(소모품)으로 대체
[일반전표입력] 12월 31일

구분	코드	계정과목	코드	거래처	적요	차변	대변
차변	172	소모품				70,000	
대변	830	소모품비					70,000

(2)

[합계잔액시산표] 매출채권과 대손충당금 잔액 확인하여 1% 보충설정액 계산
• 외상매출금의 대손충당금 보충설정액 : (291,040,000원 × 1%) − 772,000원 = 2,138,400원
• 받을어음의 대손충당금 보충설정액 : (53,200,000원 × 1%) − 150,000원 = 382,000원
[결산자료입력] 대손상각 매출채권의 보충설정액 입력

과	목	결산분개금액	결산입력사항금액	결산금액(합계)
5). 대손상각			2,520,400	2,520,400
	외상매출금		2,138,400	
	받을어음		382,000	

(3)

[원가경비별감가상각명세서] 자산별 당기상각비 확인

유형자산　무형자산　**유형자산총괄**　무형자산총괄

경비구분 0.전체 ▼　자산구분 1.전체 표시 ▼

	경비구분	계정	기초가액	당기증감	기말잔액	전기말상각누…	상각대상금액	당기상각비	당기말상각누
1	800 번대	건물	156,000,000		156,000,000	20,000,000	156,000,000	3,900,000	23,900,000
2	800 번대	차량운반구	30,000,000		30,000,000	25,000,000	5,000,000	2,255,000	27,255,000
3	800 번대	비품	4,150,000		4,150,000	2,255,000	1,895,000	854,645	3,109,645
4	800 번대	비품		4,000,000	4,000,000		4,000,000	66,666	66,666
5		800번대 경비소계	190,150,000	4,000,000	194,150,000	47,255,000	166,895,000	7,076,311	54,331,311

[결산자료입력] 감가상각비 자산별로 입력

과	목	결산분개금액	결산입력사항금액	결산금액(합계)
4). 감가상각비			7,076,311	7,076,311
	건물		3,900,000	
	차량운반구		2,255,000	
	비품		921,311	

(4)

[재고자산수불부] 1월 ~ 12월, 일괄마감

[재고자산명세서] 12월 조회, 기말상품재고액 45,400,000원 확인

[결산자료입력] 기말상품재고액란에 45,400,000원 입력

결산일자 2025 년 01 ▼ 월 부터 2025 년 12 ▼ 월 까지

과	목	결산분개금액	결산입력사항금액	결산금액(합계)
상품매출원가			503,900,000	503,900,000
(1). 기초 상품 재고액			21,200,000	
(2). 당기 상품 매입액			528,100,000	
(10).기말 상품 재고액			45,400,000	

(5)

[결산자료입력] 입력하고 전표추가(F3) → **[일반전표입력]** 12월 31일 전표 생성 확인

결차	451	상품매출원가	01	상품매출원가 대체	503,900,000	
결대	146	상품	04	상품매출원가 대체		503,900,000
결차	818	감가상각비	01	당기말 감가상각비계	7,076,311	
결대	203	감가상각누계액	04	당기감가충당금 설정		3,900,000
결대	209	감가상각누계액	04	당기감가충당금 설정		2,255,000
결대	213	감가상각누계액	04	당기감가충당금 설정		921,311
결차	835	대손상각비	01	외상매출금의 대손	2,520,400	
결대	109	대손충당금	04	대손충당금 설정		2,138,400
결대	111	대손충당금	04	대손충당금 설정		382,000

(3)
~
(5)

※ 결산재무제표 마감순서는 모의고사 1회, 2회 정답및해설을 참고바랍니다.

04 장부조회

(1)	2,493,960	(2)	297,212,390
(3)	900	(4)	72,600,000
(5)	82,860,000	(6)	178,780,681
(7)	268,494,530		

월계표(또는 총계정원장, 현금출납장) 조회

일계표　**월계표**

조회기간 2025 년 02 ▼ 월 ~ 2025 년 04 ▼ 월

	차　　　변			계 정 과 목		대　　　변	
계	대 체	현 금			현 금	대 체	계
563,692,840	561,198,880	2,493,960	금　월　소　계		3,300,000	561,198,880	564,498,880

(1)

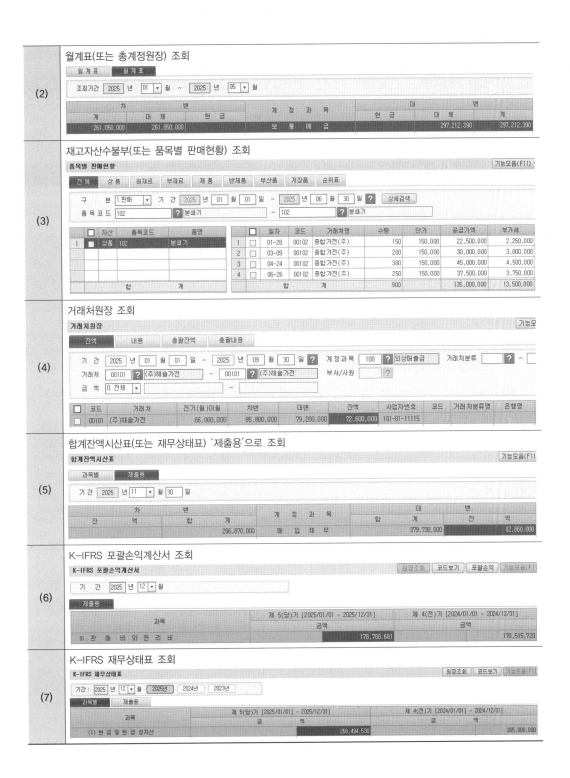

(2) 월계표(또는 총계정원장) 조회

| 일계표 | 월계표 |

조회기간 2025 년 01 ▼ 월 ~ 2025 년 05 ▼ 월

차		변	계 정 과 목	대		변
계	대 체	현 금		현 금	대 체	계
261,050,000	261,050,000		보 통 예 금		297,212,390	297,212,390

(3) 재고자산수불부(또는 품목별 판매현황) 조회

품목별 판매현황   기능모음(F11)

| 전체 | 상품 | 원재료 | 부재료 | 제품 | 반제품 | 부산품 | 저장품 | 순위표 |

구 분 1.판매 ▼ 기 간 2025 년 01 월 01 일 ~ 2025 년 06 월 30 일 ? 상세검색
품 목 코 드 102 ? 분쇄기 ~ 102 ? 분쇄기

	자산	품목코드	품명
1	상품	102	분쇄기
		합	계

	일자	코드	거래처명	수량	단가	공급가액	부가세
1	01-28	00102	종합가전(주)	150	150,000	22,500,000	2,250,000
2	03-09	00102	종합가전(주)	200	150,000	30,000,000	3,000,000
3	04-24	00102	종합가전(주)	300	150,000	45,000,000	4,500,000
4	06-26	00102	종합가전(주)	250	150,000	37,500,000	3,750,000
	합		계	900		135,000,000	13,500,000

(4) 거래처원장 조회

거래처원장   기능모

| 잔액 | 내용 | 총괄잔액 | 총괄내용 |

기 간 2025 년 01 월 01 일 ~ 2025 년 09 월 30 일 ? 계정과목 108 ? 외상매출금 거래처분류 ? ~
거래처 00101 ? (주)해솔가전 ~ 00101 ? (주)해솔가전 부서/사원 ?
금 액 0.전체 ▼ ~

	코드	거래처	전기(월)이월	차변	대변	잔액	사업자번호	코드	거래처분류명	은행명
	00101	(주)해솔가전	66,000,000	85,800,000	79,200,000	72,600,000	101-81-11115			

(5) 합계잔액시산표(또는 재무상태표) '제출용'으로 조회

합계잔액시산표   기능모음(F11)

| 과목별 | 제출용 |

기 간 2025 년 11 ▼ 월 30 일

차		변	계 정 과 목	대		변
잔 액	합	계		합	계	잔 액
		296,870,000	매 입 채 무		379,730,000	82,860,000

(6) K-IFRS 포괄손익계산서 조회

K-IFRS 포괄손익계산서   원장조회 코드보기 포괄손익 기능모음(F1)

기 간 2025 년 12 ▼ 월

제출용		
과목	제 5(당)기 [2025/01/01 ~ 2025/12/31]	제 4(전)기 [2024/01/01 ~ 2024/12/31]
	금액	금액
Ⅲ. 판 매 비 와 관 리 비	178,780,681	170,515,720

(7) K-IFRS 재무상태표 조회

K-IFRS 재무상태표   원장조회 코드보기 기능모음(F11)

기간 : 2025 년 12 ▼ 월 2025년 2024년 2023년

| 과목별 | 제출용 |

과목	제 5(당)기 [2025/01/01 ~ 2025/12/31]	제 4(전)기 [2024/01/01 ~ 2024/12/31]
	금 액	금 액
(1) 현 금 및 현 금 성 자 산	268,494,530	265,000,000

PART 3

▶ 구씨명품(주) [회사코드 2013]

01 기준정보입력

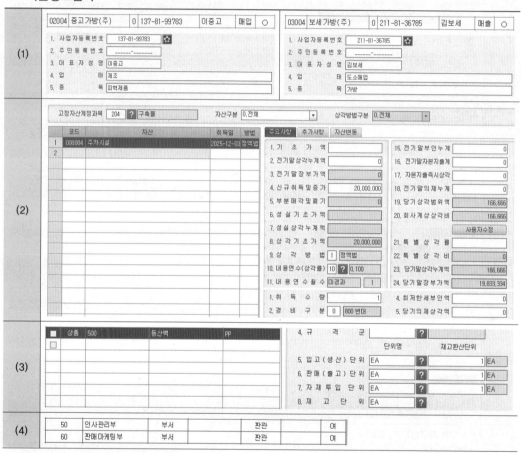

(1)	
(2)	
(3)	
(4)	50 인사관리부 부서 판관 여 / 60 판매마케팅부 부서 판관 여

02 전표입력

[일반전표입력] 12월 3일

(1)

구분	코드	계정과목	코드	거래처	적요	차변	대변
차변	204	구축물				20,000,000	
대변	253	미지급금	00102	대한전자(주)			20,000,000

(2) [일반전표입력] 12월 4일

구분	코드	계정과목	코드	거래처	적요	차변	대변
차변	107	당기손익-공정가치측정금융자산				3,600,000	
차변	946	수수료비용				7,000	
대변	101	현금					3,607,000

(3) [입고입력] 12월 6일 : 입고입력(지급구분 : 외상) → 전표추가 → 전송

[매입매출전표] 12월 6일 : [1.전자입력]

(4) [출고입력] 12월 10일 : 출고입력(수금구분 : 혼합) → 전표추가 → 전송

[매입매출전표] 12월 10일 : [1.전자입력]

(5) [일반전표입력] 12월 12일

구분	코드	계정과목	코드	거래처	적요	차변	대변
대변	141	현금과부족					50,000
차변	813	접대비(기업업무추진비)				50,000	

(6) [일반전표입력] 12월 17일

구분	코드	계정과목	코드	거래처	적요	차변	대변
차변	802	종업원급여				3,000,000	
대변	254	예수금					300,000
대변	103	보통예금	98004	기업은행(보통)			2,700,000

<table>
<tr><td rowspan="3">(7)</td><td colspan="2">[일반전표입력] 12월 20일, [자금관리 F3] 받을어음 관리내역 입력</td></tr>
</table>

[일반전표입력] 12월 20일, **[자금관리 F3]** 받을어음 관리내역 입력

(7)

| 일자 | 2025 년 12 ▼ 월 20 일 현금잔액: 152,638,000원 |

	일	번호	구분	코드	계정과목	코드	거래처	적요	차변	대변
☐	20	00001	차변	102	당좌예금	98002	국민은행(당좌)		22,000,000	
☐	20	00001	대변	110	받을어음	00110	파라곤벽(주)	가라22364455-만기-[발		22,000,000

● 받을어음 관리   삭제(F5)

어음상태	4 만기	어음번호	가라22364455		수취구분	1 자수	발행일	2025-09-10	만기일	2025-12-20
발행인	00110	파라곤벽(주)			지급은행	002	국민은행		지점	
배서인		할인기관		지점		할인율(%)			어음종류	1 약속(일반)
지급거래처					* 수령된 어음을 타거래처에 지급하는 경우에 입력합니다.					

[일반전표입력] 12월 26일

(8)

구분	코드	계정과목	코드	거래처	적요	차변	대변
차변	811	복리후생비				1,000,000	
대변	253	미지급금	99602	비씨카드			1,000,000

[일반전표입력] 12월 28일

(9)

구분	코드	계정과목	코드	거래처	적요	차변	대변
차변	103	보통예금	98004	기업은행(보통)		40,000	
대변	901	이자수익					40,000

03 결산

[합계잔액시산표] 소모품비(비용) 1,500,000원 중 사용액 850,000원을 제외한 미사용액 650,000원을 소모품(자산)
으로 대체

(1) **[일반전표입력]** 12월 31일

구분	코드	계정과목	코드	거래처	적요	차변	대변
차변	172	소모품				650,000	
대변	830	소모품비					650,000

[일반전표입력] 12월 31일

(2)

차변	257	가수금				1,500,000	
대변	259	선수금	00312	데이지벽(주)			1,500,000

[합계잔액시산표] 매출채권과 대손충당금 잔액 확인하여 1% 보충설정액 계산

- 외상매출금의 대손충당금 보충설정액 : (252,790,000원 × 1%) − 730,000원 = 1,797,900원
- 받을어음의 대손충당금 보충설정액 : (76,450,000원 × 1%) − 70,000원 = 694,500원

(3) **[결산자료입력]** 대손상각 매출채권의 보충설정액 입력

과	목	결산분개금액	결산입력사항금액	결산금액(합계)
5). 대손상각			2,492,400	2,492,400
	외상매출금		1,797,900	
	받을어음		694,500	

[원가경비별감가상각명세서] 자산별 당기상각비 확인

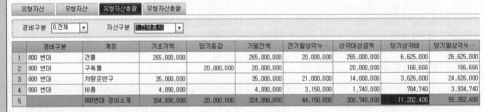

	경비구분	계정	기초가액	당기증감	기말잔액	전기말상각누…	상각대상금액	당기상각비	당기말상각누…
1	800 번대	건축물	265,000,000		265,000,000	20,000,000	265,000,000	6,625,000	26,625,000
2	800 번대	구축물		20,000,000	20,000,000		20,000,000	166,666	166,666
3	800 번대	차량운반구	35,000,000		35,000,000	21,000,000	14,000,000	3,626,000	24,626,000
4	800 번대	비품	4,890,000		4,890,000	3,150,000	1,740,000	784,740	3,934,740
5		800번대 경비소계	304,890,000	20,000,000	324,890,000	44,150,000	300,740,000	11,202,406	55,352,406

[결산자료입력] 감가상각비 자산별로 입력

(4)

과	목	결산분개금액	결산입력사항금액	결산금액(합계)
4). 감가상각비			11,202,406	11,202,406
	건물		6,625,000	
	구축물		166,666	
	차량운반구		3,626,000	
	비품		784,740	

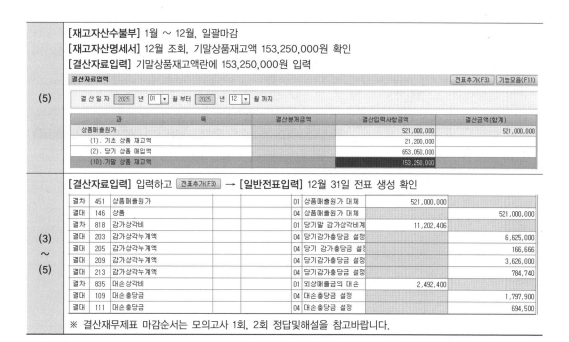

(5)	**[재고자산수불부]** 1월 ~ 12월, 일괄마감 **[재고자산명세서]** 12월 조회, 기말상품재고액 153,250,000원 확인 **[결산자료입력]** 기말상품재고액란에 153,250,000원 입력

결산자료입력　　　　　　　　　　　　　　　　　　　　　　　　　　　전표추가(F3)　기능모음(F11)

결산일자 2025 년 01 ▼ 월 부터 2025 년 12 ▼ 월 까지

과　　　　　　　　목	결산분개금액	결산입력사항금액	결산금액(합계)
상품매출원가		521,000,000	521,000,000
(1). 기초 상품 재고액		21,200,000	
(2). 당기 상품 매입액		653,050,000	
(10).기말 상품 재고액		153,250,000	

(3) ~ (5)	**[결산자료입력]** 입력하고 전표추가(F3) → **[일반전표입력]** 12월 31일 전표 생성 확인

결차	451	상품매출원가			01	상품매출원가 대체	521,000,000	
결대	146	상품			04	상품매출원가 대체		521,000,000
결차	818	감가상각비			01	당기말 감가상각비계	11,202,406	
결대	203	감가상각누계액			04	당기감가충당금 설정		6,625,000
결대	205	감가상각누계액			04	당기 감가충당금 설정		166,666
결대	209	감가상각누계액			04	당기감가충당금 설정		3,626,000
결대	213	감가상각누계액			04	당기감가충당금 설정		784,740
결차	835	대손상각비			01	외상매출금의 대손	2,492,400	
결대	109	대손충당금			04	대손충당금 설정		1,797,900
결대	111	대손충당금			04	대손충당금 설정		694,500

※ 결산재무제표 마감순서는 모의고사 1회, 2회 정답및해설을 참고바랍니다.

04 장부조회

(1)	86,310,000	(2)	46,773,810
(3)	530	(4)	26,400,000
(5)	234,893,020	(6)	1,090,000
(7)	50,000,000		

월계표(총계정원장) 조회

(1)

일계표　**월계표**

조회기간 2025 년 01 ▼ 월 ~ 2025 년 05 ▼ 월

차	변		계 정 과 목	대	변	
계	대　체	현　금		현　금	대　체	계
86,310,000	86,310,000		외 상 매 입 금		265,430,000	265,430,000

월계표 조회

(2)

일계표　**월계표**

조회기간 2025 년 04 ▼ 월 ~ 2025 년 06 ▼ 월

차	변		계 정 과 목	대	변	
계	대　체	현　금		현　금	대　체	계
46,773,810	46,123,810	650,000	[판 매 관 리 비]			
30,000,000	30,000,000		종 업 원 급 여			
1,321,410	1,321,410		복 리 후 생 비			
150,000		150,000	여 비 교 통 비			
930,000	600,000	330,000	수 도 광 열 비			
1,328,400	1,328,400		세 금 과 공 과			
6,000,000	6,000,000		임 차 료			
924,000	924,000		보 험 료			
3,550,000	3,550,000		차 량 유 지 비			
170,000		170,000	수 수 료 비 용			
2,400,000	2,400,000		건 물 관 리 비			

재고자산수불부 조회

재고자산수불부

전체 | 상품 | 원재료 | 부재료 | 제품 | 반제품 | 부산품 | 저장품

마감(F3) | 마감결과(F4) | 기능모음(F11) ▼

기 간 2025 년 01 월 01 일 ~ 2025 년 05 월 31 일 ? ※기능모음->데이터체크를 실행하여 재마감 대상 품목을 체크해 주세요.

품목코드 100 ? 토트백 ~ 100 ? 토트백 마감여부 0.전체 ▼

	자산	품목코드	품명	마감	일자	당기입고			당기출고			당기재고
						수량	단가	금액	수량	단가	금액	수량
1	상품	100	토트백	부	전기(월)이월	50	180,000	9,000,000				50
					01/10				40			10
					02/07	150	180,000	27,000,000				160
					02/27				150			10
					03/27	500	180,000	90,000,000				510
					04/08	220	180,000	39,600,000				730
					05/22				200			530

거래처원장 조회

거래처원장

잔액 | 내용 | 총괄잔액 | 총괄내용

기 간 2025 년 01 월 01 일 ~ 2025 년 09 월 30 일 ? 계정과목 108 ? 외상매출금 거래처분류

거래처 00103 ? 한슬가방(주) ~ 00103 ? 한슬가방(주) 부서/사원 ?

금 액 0.전체 ▼ ~

☐	코드	거래처	전기(월)이월	차변	대변	잔액	사업자번호	코드	거래처분류명
☐	00103	한슬가방(주)		79,200,000	52,800,000	26,400,000	101-81-17555		

합계잔액시산표 조회

합계잔액시산표

기능모음(F11)

과목별 | 제출용

기 간 2025 년 11 ▼ 월 12 일

차	변		계 정 과 목	대	변	
잔 액	합	계		합	계	잔 액
234,893,020		785,250,000	보 통 예 금		550,356,980	

K-IFRS 포괄손익계산서 조회

K-IFRS 포괄손익계산서

원장조회 | 코드보기 | 포괄손익 | 기능모음(F11)

기 간 2025 년 12 ▼ 월

제출용

과목	제 5(당)기 [2025/01/01 ~ 2025/12/31]	제 4(전)기 [2024/01/01 ~ 2024/12/31]
	금액	금액
VI. 금 융 수 익	1,090,000	0
이 자 수 익	290,000	0
배 당 금 수 익	800,000	0

K-IFRS 재무상태표 조회

K-IFRS 재무상태표

원장조회 | 코드보기 | 기능모음(F11)

기간: 2025 년 12 ▼ 월 2025년 | 2024년 | 2023년

과목별 | 제출용

과목	제 5(당)기 [2025/01/01] ~ 2025/12/31]		제 4(전)기 [2024/01/01] ~ 2024/12/31]	
	금	액	금	액
(2) 기 타 유 동 부 채		50,000,000		50,000,000
유 동 성 장 기 부 채		50,000,000		50,000,000

(3)
(4)
(5)
(6)
(7)

제14회 모의고사 정답 및 해설

▶ (주)감성캠핑 [회사코드 2014]

01 기준정보입력

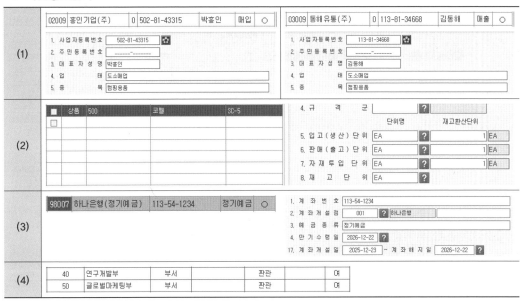

(1)	02009	홍인기업(주)	0	502-81-43315	박홍인	매입	○	

(1)
홍인기업(주)
1. 사업자등록번호 502-81-43315
2. 주민등록번호 _____-_____
3. 대 표 자 성 명 박홍인
4. 업   태 도소매업
5. 종   목 캠핑용품

동해유통(주) 03009 0 113-81-34668 김동해 매출 ○
1. 사업자등록번호 113-81-34668
2. 주민등록번호 _____-_____
3. 대 표 자 성 명 김동해
4. 업   태 도소매업
5. 종   목 캠핑용품

(2)
상품 500   코펠   SC-5
4. 규 격 군 [?]
            단위명   재고환산단위
5. 입고(생산) 단위 EA [?] 1 EA
6. 판매(출고) 단위 EA [?] 1 EA
7. 자재투입 단위 EA [?] 1 EA
8. 재 고 단 위 EA [?]

(3)
98007 하나은행(정기예금) 113-54-1234 정기예금 ○
1. 계 좌 번 호 113-54-1234
2. 계 좌 개 설 점 001 [?] 하나은행
3. 예 금 종 류 정기예금
4. 만 기 수 령 일 2026-12-22 [?]
17. 계 좌 개 설 일 2025-12-23 ~ 계 좌 해 지 일 2026-12-22 [?]

(4)

40	연구개발부	부서		판관		여
50	글로벌마케팅부	부서		판관		여

02 전표입력

[일반전표입력] 12월 2일

구분	코드	계정과목	코드	거래처	적요	차변	대변
차변	257	가수금				1,650,000	
대변	901	이자수익					1,650,000

[입고입력] 12월 3일 : 입고입력(지급구분 : 외상) → 전표추가 → 전송

입고입력   복사/이동(Ctrl+A) 현재고(F4) 미지급금(F7) 전표추가(F3) 기능모음(F11) ▼

일 자 2025 년 12 월 03 일 [?]   빠른검색   거래처정보 보이기

NO	□	일	처리구분	참조문서	코드	거래처명	코드	부서/사원명	납기일자	입고번호	지급구분	전송	수정
1	□	03	건별과세		00109	신성기업(주)			2025-12-03	2025120300001	외상	전송	

NO	□	자산	품목코드	품목명	규격	단위	수량	단가	공급가액	부가세	합계금액	코드	창고명
1	□	상품	500	코펠	SC-5	EA	250	50,000	12,500,000	1,250,000	13,750,000		

현금	수표(당좌수표)	어음	예금	카드	선수금(선금금)	외상	할인금액	합계	프로젝트명
						13,750,000		13,750,000	

PART 3

제14회 모의고사 정답 및 해설 • **221**

[매입매출전표] 12월 3일 : [1.전자입력]

매입매출전표입력 133-81-12348 　　복수거래｜수정세금계산서｜어음등록｜검색 ▾｜복사(F4)｜이동(Ctrl+F4)｜기능모음(F11) ▾

일자 2025 년 12 ▾ 월 03 일 현금잔액 119,410,000원 　　입고입력｜복수｜매입｜50001

□	일	유형	품명	수량	단가	공급가액	부가세	합계	코드	거래처명	사업.주민번호	전자세금	분개
■	03	과세	코펠	250	50,000	12,500,000	1,250,000	13,750,000	00109	신성기업(주)	137-16-78612	전자입력	외상
□	03												
		업체별 소계		250		12,500,000	1,250,000	13,750,000					

구분	코드	계정과목	차변	대변	코드	거래처	적요	관리
대변	251	외상매입금		13,750,000	00109	신성기업(주)	코펠 250 X 50,000	
차변	135	부가가치세대급금	1,250,000		00109	신성기업(주)	코펠 250 X 50,000	
차변	146	상품	12,500,000		00109	신성기업(주)	코펠 250 X 50,000	

(3)

[일반전표입력] 12월 4일 → 고정자산등록(단, 당좌수표 발행의 자금관리는 하지 않음)

구분	코드	계정과목	코드	거래처	적요	차변	대변
차변	208	차량운반구				6,000,000	
대변	102	당좌예금	98002	국민은행(당좌)			6,000,000

	코드	자산	취득일	방법
1	000400	화물차	2023-05-04	정률법
2	006003	업무용승합차	2025-12-04	정액법
3				

주요사항 ｜ 추가사항 ｜ 자산변동

1. 기 초 가 액		15. 전기말부인누계	0
2. 전기말상각누계액	0	16. 전기말자본지출계	0
3. 전 기 말 장 부 가 액	0	17. 자본지출즉시상각	0
4. 신규취득및증가	6,000,000	18. 전기말의제누계	0
5. 부분매각및폐기	0	19. 당기상각범위액	100,000
6. 성 실 기 초 가 액		20. 회사계상상각비	100,000
7. 성실상각누계액			사용자수정
8. 상 각 기 초 가 액	6,000,000	21. 특 별 상 각 률	
9. 상 각 방 법	1 정액법	22. 특 별 상 각 비	0
10. 내용연수(상각률)	5 ? 0.200	23. 당기말상각누계액	100,000
11. 내 용 연 수 월 수	미경과 1	24. 당기말장부가액	5,900,000
1. 취 득 수 량	1	4. 최저한세부인액	0
2. 경 비 구 분	0 800번대	5. 당기의제상각액	0

(4)

[일반전표입력] 12월 5일

구분	코드	계정과목	코드	거래처	적요	차변	대변
차변	811	복리후생비				500,000	
대변	253	미지급금	99602	비씨카드			500,000

(5)

[일반전표입력] 12월 9일

구분	코드	계정과목	코드	거래처	적요	차변	대변
차변	178	기타포괄손익-공정가치측정금융자산(비유동)				2,000,000	
대변	103	보통예금	98004	기업은행(보통)			2,000,000

(6)

[출고입력] 12월 12일 : 출고입력(수금구분 : 외상) → 전표추가 → 전송

출고입력 　　복사이동(Ctrl+A)｜현재고(F4)｜미수금(F7)｜전표추가｜기능모음(F11) ▾

일 자 2025 년 12 월 12 일 ? 빠른검색 　　거래처정보 보이기

NO	□	일	처리구분	참조문서	코드	거래처명	코드	부서/사원명	납기일자	출고번호	수금구분	전송	수정
1	□	12	건별과세		00105	용산기업(주)			2025-12-12	2025121200001	외상	전송	

NO	□	자산	품목코드	출고품목명	규격	단위	수량	단가	공급가액	부가세	합계금액	코드	창고명
1	■	상품	100	버너	CS-1	EA	30	180,000	5,400,000	540,000	5,940,000		
2	□	상품	500	코펠	SC-5	EA	100	120,000	12,000,000	1,200,000	13,200,000		

현금	수표(당좌수표)	어음	예금	카드	선수금(선급금)	외상	할인금액	합계	프로젝트명
						19,140,000		19,140,000	

[매입매출전표] 12월 12일 : [1.전자입력]

매입매출전표입력 133-81-12348 　　복수거래｜수정세금계산서｜어음등록｜검색 ▾｜복사(F4)｜이동(Ctrl+F4)｜기능모음(F11) ▾

일자 2025 년 12 ▾ 월 12 일 현금잔액 119,410,000원 　　출고입력｜복수｜매출｜50001

□	일	유형	품명	수량	단가	공급가액	부가세	합계	코드	거래처명	사업.주민번호	전자세금	분개
■	12	과세	코펠외			17,400,000	1,740,000	19,140,000	00105	용산기업(주)	106-86-43373	전자입력	외상
□	12												
		업체별 소계				17,400,000	1,740,000	19,140,000					

구분	코드	계정과목	차변	대변	코드	거래처	적요	관리
차변	108	외상매출금	19,140,000		00105	용산기업(주)	코펠외	
대변	255	부가가치세예수금		1,740,000	00105	용산기업(주)	코펠외	
대변	401	상품매출		17,400,000	00105	용산기업(주)	코펠외	

(7)	**[일반전표입력]** 12월 17일							

코드	계정과목	코드	거래처	적요	차변	대변
933	기부금				1,000,000	
253	미지급금	99602	비씨카드			1,000,000

(8)	**[일반전표입력]** 12월 23일

코드	계정과목	코드	거래처	적요	차변	대변
104	정기예금	98007	하나은행(정기예금)		3,000,000	
101	현금					3,000,000

(9)	**[일반전표입력]** 12월 27일 (수익적지출에 해당하므로 비용(수선비)으로 처리함)

구분	코드	계정과목	코드	거래처	적요	차변	대변
차변	820	수선비				100,000	
대변	101	현금					100,000

03 결산

[합계잔액시산표] 소모품비(비용) 2,000,000원 중 미사용액 500,000원 소모품(자산)으로 대체
[일반전표입력] 12월 31일

구분	코드	계정과목	코드	거래처	적요	차변	대변
차변	172	소모품				500,000	
대변	830	소모품비					500,000

(1)

[합계잔액시산표] 당기손익-공정가치측정금융자산 13,000,000원 잔액 조회하여 평가
[일반전표입력] 12월 31일

차변	107	당기손익-공정가치측정금융자산				500,000	
대변	905	당기손익-공정가치측정금융자산평가이익					500,000

(2)

[합계잔액시산표] 매출채권과 대손충당금 잔액 확인하여 1% 보충설정액 계산
- 외상매출금의 대손충당금 보충설정액 : (206,310,000원 × 1%) − 300,000원 = 1,763,100원
- 받을어음의 대손충당금 보충설정액 : (99,050,000원 × 1%) − 100,000원 = 890,500원

[결산자료입력] 대손상각 매출채권의 보충설정액 입력

과 목	결산분개금액	결산입력사항금액	결산금액(합계)
5). 대손상각		2,653,600	2,653,600
외상매출금		1,763,100	
받을어음		890,500	

(3)

[원가경비별감가상각명세서] 자산별 당기상각비 확인

유형자산 · 무형자산 · 유형자산총괄 · 무형자산총괄

경비구분 `0.전체` · 자산구분 `1.전체표시`

	경비구분	계정	기초가액	당기증감	기말잔액	전기말상각누…	상각대상금액	당기상각비	당기말상각누…
1	800 번대	건물	350,000,000		350,000,000	20,000,000	350,000,000	8,750,000	28,750,000
2	800 번대	차량운반구	35,000,000		35,000,000	19,800,000	15,200,000	3,936,800	23,736,800
3	800 번대	차량운반구		6,000,000	6,000,000		6,000,000	100,000	100,000
4	800 번대	비품	4,890,000		4,890,000	3,160,000	1,730,000	780,230	3,940,230
5		800번대 경비소계	389,890,000	6,000,000	395,890,000	42,960,000	372,930,000	13,567,030	56,527,030

[결산자료입력] 감가상각비 자산별로 입력

과 목	결산분개금액	결산입력사항금액	결산금액(합계)
4). 감가상각비		13,567,030	13,567,030
건물		8,750,000	
차량운반구		4,036,800	
비품		780,230	

(4)

PART 3

<table>
<tr><td rowspan="6">(5)</td><td colspan="5">[재고자산수불부] 1월 ~ 12월, 일괄마감
[재고자산명세서] 12월 조회, 기말상품재고액 146,910,000원 확인
[결산자료입력] 기말상품재고액란에 146,910,000원 입력</td></tr>
</table>

(5)	[재고자산수불부] 1월 ~ 12월, 일괄마감 [재고자산명세서] 12월 조회, 기말상품재고액 146,910,000원 확인 [결산자료입력] 기말상품재고액란에 146,910,000원 입력

결 산 일 자 2025 년 01 ▼ 월 부터 2025 년 12 ▼ 월 까지

과 목		결산분개금액	결산입력사항금액	결산금액(합계)
상품매출원가			400,640,000	400,640,000
(1). 기초 상품 재고액			21,200,000	
(2). 당기 상품 매입액			526,350,000	
(10).기말 상품 재고액			146,910,000	

(3) ~ (5)

[결산자료입력] 입력하고 [전표추가(F3)] → [일반전표입력] 12월 31일 전표 생성 확인

451	상품매출원가		01	상품매출원	400,640,000	
146	상품		04	상품매출원		400,640,000
818	감가상각비		01	당기말 감가	13,567,030	
203	감가상각누계액		04	당기감가충		8,750,000
209	감가상각누계액		04	당기감가충		4,036,800
213	감가상각누계액		04	당기감가충		780,230
835	대손상각비		01	외상매출금	2,653,600	
109	대손충당금		04	대손충당금		1,763,100
111	대손충당금		04	대손충당금		890,500

※ 결산재무제표 마감순서는 모의고사 1회, 2회 정답및해설을 참고바랍니다.

04 장부조회

(1)	6	(2)	82,940,000
(3)	150	(4)	19,150,000
(5)	110,920,000	(6)	183,205,400
(7)	420,928,010		

(1)	월계표 조회 4월 ~ 4월 : 14,961,270원, 5월 ~ 5월 : 13,141,270원, 6월 ~ 6월 : 18,671,270원

일/월계표 계정과목코드보기(F3) 기능모음(F11)

[일 계 표] [월 계 표]

조회기간 2025 년 06 ▼ 월 ~ 2025 년 06 ▼ 월

	차 변		계 정 과 목	대 변		
계	대 체	현 금		현 금	대 체	계
18,671,270	18,341,270	330,000	[판 매 관 리 비]			
10,000,000	10,000,000		종 업 원 급 여			
440,470	440,470		복 리 후 생 비			
930,000	600,000	330,000	수 도 광 열 비			

(2)	합계잔액시산표 조회

합계잔액시산표 기능모음(F11)

[과목별] [제출용]

기 간 2025 년 10 ▼ 월 28 일

차 변		계 정 과 목	대 변	
잔 액	합 계		합 계	잔 액
82,940,000	175,200,000	당 좌 예 금	92,260,000	

재고자산수불부 조회

재고자산수불부 [마감(F3)] [마감결과(F4)] [기능모음(F11)]

[전체] [상품] [원재료] [부재료] [제품] [반제품] [부산품] [저장품]

기 간 2025 년 01 월 01 일 ~ 2025 년 12 월 31 일 ? ※기능모음->데이터체크를 실행하여 재마감 대상 품목을 체크해 주세요.

품목코드 300 ? 접이식테이블 ~ 300 ? 접이식테이블 마감여부 0.전체 ▼

(3)

	자산	품목코드	품명	마감	일자	당기입고			당기출고			당기재고
						수량	단가	금액	수량	단가	금액	수량
1	상품	300	접이식테이블	여	05/08				100	50,000	5,000,000	
					11/30				300	50,000	15,000,000	
					11/30				100	50,000	5,000,000	150
					당기입고	2,850		142,500,000				
					당기출고				2,700		135,000,000	
					당기재고					150	50,000	7,500,000

월계표(또는 총계정원장, 현금출납장) 조회

[일계표] [월계표]

(4)

조회기간 2025 년 04 ▼ 월 ~ 2025 년 09 ▼ 월

차 변			계 정 과 목	대 변		
계	대 체	현 금		현 금	대 체	계
1,332,815,680	1,313,665,680	19,150,000	금 월 소 계	10,825,000	1,313,665,680	1,324,490,680

거래처원장 조회

거래처원장 [기능

[잔액] [내용] [총괄잔액] [총괄내용]

(5)

기 간 2025 년 01 월 01 일 ~ 2025 년 10 월 31 일 ? 계정과목 251 ? 외상매입금 거래처분류 ? ~

거래처 00202 ? 일룸(주) ~ 00202 ? 일룸(주) 부서/사원 ?

금 액 0.전체 ▼

□	코드	거래처	전기(월)이월	차변	대변	잔액	사업자번호	코드	거래처분류명	은행명
□	00202	일룸(주)		35,600,000	146,520,000	110,920,000	211-81-34564			

K-IFRS 포괄손익계산서 조회

K-IFRS 포괄손익계산서 [원장조회] [코드보기] [포괄손익] [기능모음(F11)]

기 간 2025 년 12 ▼ 월

[제출용]

(6)

과목	제 5(당)기 [2025/01/01 ~ 2025/12/31]	제 4(전)기 [2024/01/01 ~ 2024/12/31]
	금액	금액
광 고 선 전 비	3,600,000	3,856,000
대 손 상 각 비	2,653,600	0
건 물 관 리 비	4,400,000	4,255,000
[영 업 이 익]	183,205,400	127,084,280

K-IFRS 재무상태표 조회

K-IFRS 재무상태표 [원장조회] [코드보기] [기능모음(F11)]

기간: 2025 년 12 ▼ 월 [2025년] [2024년] [2023년]

[과목별] [제출용]

(7)

과목	제 5(당)기 [2025/01/01 ~ 2025/12/31]	제 4(전)기 [2024/01/01 ~ 2024/12/31]
	금 액	금 액
(2) 기 타 비 유 동 부 채	20,000,000	0
장 기 임 대 보 증 금	20,000,000	0
부 채 총 계	420,928,010	97,803,010

제15회 모의고사 정답 및 해설

01 기준정보입력

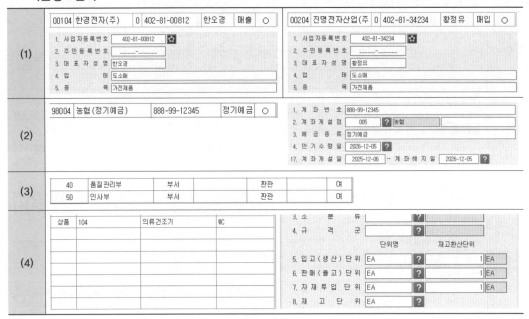

(1)	00104 한경전자(주) 0 402-81-00812 한오경 매출 ○ / 00204 진명전자산업(주 0 402-81-34234 황정유 매입 ○ 1. 사업자등록번호 402-81-00812 / 1. 사업자등록번호 402-81-34234 2. 주민등록번호 _____-_____ / 2. 주민등록번호 _____-_____ 3. 대표자성명 한오경 / 3. 대표자성명 황정유 4. 업태 도소매 / 4. 업태 도소매 5. 종목 가전제품 / 5. 종목 가전제품
(2)	98004 농협(정기예금) 888-99-12345 정기예금 ○ 1. 계좌번호 888-99-12345 2. 계좌개설점 005 ? 농협 3. 예금종류 정기예금 4. 만기수령일 2026-12-05 ? 17. 계좌개설일 2025-12-06 ~ 계좌해지일 2026-12-05 ?
(3)	40 품질관리부 부서 판관 여 50 인사부 부서 판관 여
(4)	상품 104 의류건조기 WC 3. 소분류 ? 4. 규격군 ? 단위명 / 재고환산단위 5. 입고(생산)단위 EA ? 1 EA 6. 판매(출고)단위 EA ? 1 EA 7. 자재투입단위 EA ? 1 EA 8. 재고단위 EA ?

02 전표입력

(1)	**[일반전표입력] 12월 3일** (취득 시 수수료는 기타포괄손익-금융자산 취득원가에 포함)

구분	코드	계정과목	코드	거래처	적요	차변	대변
차변	178	기타포괄손익-공정가치 측정금융자산(비유				5,100,000	
대변	103	보통예금	98001	국민은행(보통)			5,100,000

(2)	**[일반전표입력] 12월 6일**

구분	코드	계정과목	코드	거래처	적요	차변	대변
차변	104	정기예금	98004	농협(정기예금)		20,000,000	
대변	103	보통예금	98001	국민은행(보통)			20,000,000

(3)	**[일반전표입력] 12월 8일**

구분	코드	계정과목	코드	거래처	적요	차변	대변
차변	251	외상매입금	00203	으뜸가전(주)		10,000,000	
대변	102	당좌예금	98002	하나은행(당좌)			10,000,000

(4)	**[일반전표입력] 12월 11일**

구분	코드	계정과목	코드	거래처	적요	차변	대변
대변	103	보통예금	98001	국민은행(보통)			700,000
차변	825	교육훈련비				700,000	

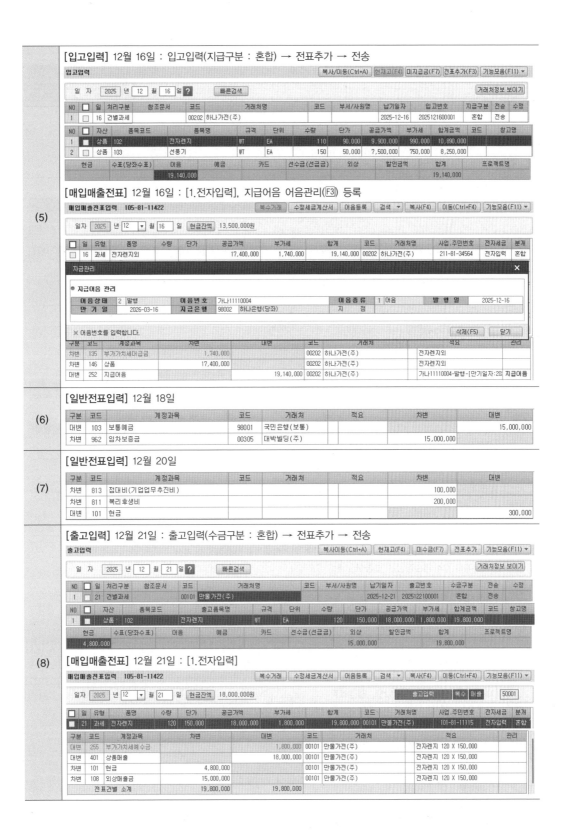

[입고입력] 12월 16일 : 입고입력(지급구분 : 혼합) → 전표추가 → 전송

[매입매출전표] 12월 16일 : [1.전자입력], 지급어음 어음관리(F3) 등록

(5)

[일반전표입력] 12월 18일

구분	코드	계정과목	코드	거래처	적요	차변	대변
대변	103	보통예금	98001	국민은행(보통)			15,000,000
차변	962	임차보증금	00305	대박빌딩(주)		15,000,000	

(6)

[일반전표입력] 12월 20일

구분	코드	계정과목	코드	거래처	적요	차변	대변
차변	813	접대비(기업업무추진비)				100,000	
차변	811	복리후생비				200,000	
대변	101	현금					300,000

(7)

[출고입력] 12월 21일 : 출고입력(수금구분 : 혼합) → 전표추가 → 전송

[매입매출전표] 12월 21일 : [1.전자입력]

(8)

PART 3

(9)

[일반전표입력] 12월 24일

구분	코드	계정과목	코드	거래처	적요	차변	대변
차변	102	당좌예금	98002	하나은행(당좌)		20,000,000	
대변	291	사채					20,000,000

03 결산

(1)

[일반전표입력] 12월 31일

구분	코드	계정과목	코드	거래처	적요	차변	대변
차변	931	이자비용				1,000,000	
대변	262	미지급비용					1,000,000

(2)

[합계잔액시산표] 당기손익–금융자산 장부가액 30,000,000원 – 공정가치 28,000,000 : 평가손실 2,000,00원
[일반전표입력] 12월 31일

대변	107	당기손익-공정가치측정금융자산					2,000,000
차변	937	당기손익-공정가치측정금융자산평가손실				2,000,000	

(3)

[원가경비별감가상각명세서] 자산별 당기상각비 확인

원가경비별감가상각명세서 　　　　　　　　　　　　　　　　　　　　　　　　　　　　　　　　　　　기능모음(F1

유형자산　　무형자산　　**유형자산총괄**　　무형자산총괄

경비구분 [0.전체 ▼]　　자산구분 [1.유형감가 ▼]

	경비구분	계정	기초가액	당기증감	기말잔액	전기말상각누…	상각대상금액	당기상각비	당기말상각누…
1	800 번대	건물	200,000,000		200,000,000	20,000,000	200,000,000	5,000,000	25,000,000
2	800 번대	차량운반구	30,000,000		30,000,000	20,957,970	9,042,030	4,077,955	25,035,925
3	800 번대	비품	5,000,000		5,000,000	2,255,000	2,745,000	1,237,995	3,492,995
4		800번대 경비소계	235,000,000		235,000,000	43,212,970	211,787,030	10,315,950	53,528,920

[결산자료입력] 감가상각비 자산별로 입력

결산일자 [2025] 년 [01 ▼] 월 부터 [2025] 년 [12 ▼] 월 까지

과	목	결산분개금액	결산입력사항금액	결산금액(합계)
4). 감가상각비			10,315,950	10,315,950
	건물		5,000,000	
	차량운반구		4,077,955	
	비품		1,237,995	

(4)

[합계잔액시산표] 매출채권과 대손충당금 잔액 확인하여 1% 보충설정액 계산
• 외상매출금의 대손충당금 보충설정액 : (97,500,000원 × 1%) – 660,000원 = 315,000원
• 받을어음의 대손충당금 보충설정액 : (35,200,000원 × 1%) – 0원 = 352,000원
[결산자료입력] 대손상각 매출채권의 보충설정액 입력

결산일자 [2025] 년 [01 ▼] 월 부터 [2025] 년 [12 ▼] 월 까지

과	목	결산분개금액	결산입력사항금액	결산금액(합계)
5). 대손상각			667,000	667,000
	외상매출금		315,000	
	받을어음		352,000	

(5)

[재고자산수불부] 1월 ~ 12월, 일괄마감
[재고자산명세서] 12월 조회, 기말상품재고액 37,500,000원 확인
[결산자료입력] 기말상품재고액란에 37,500,000원 입력

결산일자 [2025] 년 [01 ▼] 월 부터 [2025] 년 [12 ▼] 월 까지

과	목	결산분개금액	결산입력사항금액	결산금액(합계)
2. 매출원가				511,200,000
	상품매출원가		511,200,000	511,200,000
	(1). 기초 상품 재고액		21,200,000	
	(2). 당기 상품 매입액		527,500,000	
	(10).기말 상품 재고액		37,500,000	

[결산자료입력] 입력하고 `전표추가(F3)` → **[일반전표입력]** 12월 31일 전표 생성 확인

(3) ~ (5)								
	결차	451	상품매출원가			01	상품매출원가 대	511,200,000	
	결대	146	상품			04	상품매출원가 대		511,200,000
	결차	818	감가상각비			01	당기말 감가상각	10,315,950	
	결대	203	감가상각누계액			04	당기감가충당금		5,000,000
	결대	209	감가상각누계액			04	당기감가충당금		4,077,955
	결대	213	감가상각누계액			04	당기감가충당금		1,237,995
	결차	835	대손상각비			01	외상매출금의 대	667,000	
	결대	109	대손충당금			04	대손충당금 설정		315,000
	결대	111	대손충당금			04	대손충당금 설정		352,000

※ 결산재무제표 마감순서는 모의고사 1회, 2회 정답및해설을 참고바랍니다.

04 장부조회

(1)	52,500,000	(2)	34,650,000
(3)	8	(4)	500
(5)	35,200,000	(6)	300,000,000
(7)	10,000		

(1) 품목별 판매현황 조회

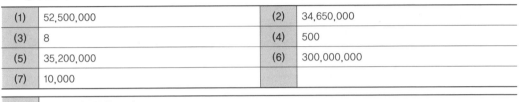

(2) 월계표(또는 총계정원장) 조회

품목별 구매현황(또는 재고자산수불부) 조회

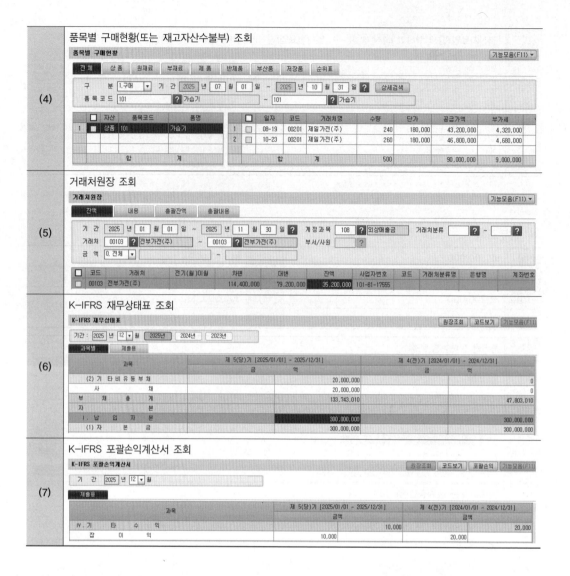

(4)

품목별 구매현황   기능모음(F11) ▼

전체 | 상품 | 원재료 | 부재료 | 제품 | 반제품 | 부산품 | 저장품 | 순위표

구 분 1.구매 ▼ 기 간 2025 년 07 월 01 일 ~ 2025 년 10 월 31 일 ? 상세검색
품목코드 101 ? 가습기 ~ 101 ? 가습기

	자산	품목코드	품명
1	상품	101	가습기
	합		계

	일자	코드	거래처명	수량	단가	공급가액	부가세
1	08-19	00201	제일가전(주)	240	180,000	43,200,000	4,320,000
2	10-23	00201	제일가전(주)	260	180,000	46,800,000	4,680,000
	합		계	500		90,000,000	9,000,000

거래처원장 조회

(5)

거래처원장   기능모음(F11) ▼

잔액 | 내용 | 총괄잔액 | 총괄내용

기 간 2025 년 01 월 01 일 ~ 2025 년 11 월 30 일 ? 계정과목 108 ? 외상매출금 거래처분류 [ ] ? ~ [ ] ?
거래처 00103 ? 전부가전(주) ~ 00103 ? 전부가전(주) 부서/사원 [ ] ?
금 액 0. 전체 ▼ ~

	코드	거래처	전기(월)이월	차변	대변	잔액	사업자번호	코드	거래처분류명	은행명	계좌번호
	00103	전부가전(주)		114,400,000	79,200,000	35,200,000	101-81-17555				

K-IFRS 재무상태표 조회

(6)

K-IFRS 재무상태표   원장조회 | 코드보기 | 기능모음(F11)

기간 : 2025 년 12 ▼ 월 2025년 2024년 2023년
과목별 | 제출용

과목	제 5(당)기 [2025/01/01 ~ 2025/12/31] 금 액	제 4(전)기 [2024/01/01 ~ 2024/12/31] 금 액
(2) 기 타 비 유 동 부 채	20,000,000	0
사 채	20,000,000	0
부 채 총 계	133,743,010	47,803,010
자 본		
I . 납 입 자 본	300,000,000	300,000,000
(1) 자 본 금	300,000,000	300,000,000

K-IFRS 포괄손익계산서 조회

(7)

K-IFRS 포괄손익계산서   원장조회 | 코드보기 | 포괄손익 | 기능모음(F11)

기 간 2025 년 12 ▼ 월
제출용

과목	제 5(당)기 [2025/01/01 ~ 2025/12/31] 금액	제 4(전)기 [2024/01/01 ~ 2024/12/31] 금액
Ⅳ. 기 타 수 익	10,000	20,000
잡 이 익	10,000	20,000

무료 동영상 강의를 제공하는 전산회계운용사 3급 실기

개정2판1쇄 발행	2025년 4월 10일(인쇄 2025년 2월 20일)
발 행 인	박영일
책 임 편 집	이해욱
편 저	박명희
편 집 진 행	김준일 · 백한강 · 권민협
표지디자인	조혜령
편집디자인	최미림 · 고현준
발 행 처	(주)시대고시기획
출 판 등 록	제10-1521호
주 소	서울시 마포구 큰우물로 75 [도화동 538 성지 B/D] 9F
전 화	1600-3600
팩 스	02-701-8823
홈 페 이 지	www.sdedu.co.kr
I S B N	979-11-383-8850-4 (13320)
정 가	19,000원

시대에듀
회계 · 세무 관련 수험서 시리즈

한국 세무사회	전산회계 1급 이론 + 실무 + 기출문제 한권으로 끝내기	4×6배판	25,000원
	전산세무 2급 이론 + 실무 + 기출문제 한권으로 끝내기	4×6배판	26,000원
	hoa 기업회계 2 · 3급 한권으로 끝내기	4×6배판	34,000원
	hoa 세무회계 2 · 3급 전과목 이론 + 모의고사 + 기출문제 한권으로 끝내기	4×6배판	36,000원
	전산회계 1급 엄선기출 20회 기출문제해설집	4×6배판	20,000원
삼일 회계법인	hoa 재경관리사 전과목 핵심이론 + 적중문제 + 기출 동형문제 한권으로 끝내기	4×6배판	37,000원
	hoa 재경관리사 3주 완성	4×6배판	28,000원
	hoa 회계관리 1급 전과목 핵심이론 + 적중문제 + 기출문제 한권으로 끝내기	4×6배판	27,000원
	hoa 회계관리 2급 핵심이론 + 최신 기출문제 한권으로 끝내기	4×6배판	23,000원
한국공인 회계사회	TAT 2급 기출문제해설집 7회	4×6배판	19,000원
	FAT 1급 기출문제해설 10회 + 핵심요약집	4×6배판	20,000원
	FAT 2급 기출문제해설 10회 + 핵심요약집	4×6배판	18,000원
대한상공 회의소	무료 동영상 강의를 제공하는 전산회계운용사 2급 필기	4×6배판	20,000원
	무료 동영상 강의를 제공하는 전산회계운용사 2급 실기	4×6배판	20,000원
	무료 동영상 강의를 제공하는 전산회계운용사 3급 필기	4×6배판	19,000원
	무료 동영상 강의를 제공하는 전산회계운용사 3급 실기	4×6배판	19,000원
한국생산성 본부	ERP 정보관리사 회계 2급 기출문제해설집 14회	4×6배판	17,000원
	ERP 정보관리사 인사 2급 기출문제해설집 14회	4×6배판	18,000원
	ERP 정보관리사 생산 2급 기출문제해설집 10회	4×6배판	17,000원
	ERP 정보관리사 물류 2급 기출문제해설집 10회	4×6배판	17,000원
한국산업 인력공단	세무사 1차 회계학개론 기출문제해설집 10개년	4×6배판	24,000원
	세무사 1차 세법학개론 기출문제해설집 8개년	4×6배판	23,000원
	세무사 1차 재정학 기출문제해설집 10개년	4×6배판	23,000원

※ 도서의 제목 및 가격은 변동될 수 있습니다.

시대에듀와 함께하는
합격의 STEP

Step. 1 회계를 처음 접하는 당신을 위한 도서

★☆☆☆☆
회계 입문자

무료 동영상 + 기출 24회
전산회계운용사
3급 필기

전강 무료강의 제공
hoa 전산회계운용사
3급 실기

핵심이론 + 기출 600제
hoa 회계관리 2급
한권으로 끝내기

자격증, 취업, 실무를 위한
회계 입문서
왕초보 회계원리

Step. 2 회계의 기초를 이해한 당신을 위한 도서

★★☆☆☆
회계 초급자

무료 동영상 + 기출 23회
전산회계운용사
2급 필기

전강 무료강의 제공
hoa 전산회계운용사
2급 실기

기출 핵심요약집을 제공하는
[기출이 답이다]
FAT 1급

무료 동영상으로 학습하는
[기출이 답이다]
전산회계 1급

Step. 3 회계의 기본을 이해한 당신을 위한 도서

★★★☆☆
회계 중급자

전과목 핵심이론 +
기출 1,700제가 수록된
hoa 세무회계 2·3급
한권으로 끝내기

핵심이론 + 적중문제 +
기출문제로 합격하는
hoa 회계관리 1급
한권으로 끝내기

기출 트렌드를
분석하여 정리한
hoa 기업회계 2·3급
한권으로 끝내기

동영상 강의 없이
혼자서도 쉽게 합격하는
[기출이 답이다]
TAT 2급

Step. 4 회계의 전반을 이해한 당신을 위한 도서

★★★★★
회계 상급자

기출유형이 완벽 적용된
hoa 재경관리사
3주 완성

합격으로 가는 최단코스
hoa 재경관리사
한권으로 끝내기

※ 도서의 이미지 및 세부사항은 변경될 수 있습니다.

퀄리티 높은 저자 직강
전강 무제한 무료 제공

전산회계운용사 3급 실기 동영상 강좌!

실기 핵심 이론 + 모의고사 15회 전강 제공
최신 New Splus 프로그램 적용

유튜브 채널 **[박명희 세무회계]**에서 **전강 무료 제공**합니다.

▶ YouTube

박명희 세무회계 🔍